U0903891

熊逸 作品

Chunqiu Dayi

中国传统语境下的皇权与学术

Zhongguo Chuantong Yujing Xia de Huangquan Yu Xueshu

（上）

民主与建设出版社

历史上的“国家”是一个充满歧义的概念。在某种程度上，国家具有和所谓天神相同的属性：被人类自己所创造，又被人类自己所服从，并且，正如祭司们自称在人间代行天神的旨意，统治者们也会自称代表国家的利益，而真正的获益者却往往只是这些“代理人”自己。

——作者题记

自　　序

1.

本是想详细讲解“《春秋》三传”的，讲解春秋二百四十多年的历史，于是在正式开讲之前需要写上一个小序，谈谈春秋的小国民主是如何一步步走向战国、秦、汉的大国寡头乃至大国专制的，谈谈《春秋》及其相关的经典是如何在秦、汉以来的两千年专制社会里发挥实际作用的，谈谈我们现代人所认为的这些“迂腐的书斋学问”在当初是如何地在政治和社会生活中呼风唤雨的，谈谈一贯被当作中国精神的“春秋大义”到底是一种怎样的东西，谈谈道家的思想是否真的是我们一般认为的“清静无为”，谈谈一统天下的儒学究竟在怎样培养出忠臣孝子，谈谈我们对那段历史有着多少的误解和想当然……但是，一不小心，这个序言就写长了，长到了现在这个足以支撑起一本厚书的篇幅，如果“世界上最长的序言”也能申请吉尼斯世界纪录的话，等哪天实在无聊的时候我或许会试上一试。

——无聊的事情先放在一边，一个迫在眉睫的问题是：我不得不再写一个“序言的序言”，嗯，就是你正在看的这个。

2.

每次写书的时候我常常精神亢奋，但写序言的时候却经常龇牙咧嘴，有时我真想好好翻翻旧书，找出哪位伟大的作家也有同样的毛病，但总是没能如愿。好在懒惰总能刺激人们去寻找捷径——前思后想之后，我决定了：干脆就直接引用三位前辈高人给他们自己的著作所作的序言好了。呵呵，人固然不能无耻到这个地步，但我保证，他们的序言用在我这里绝对不是胡拼乱凑。

第一个要引用的，是摩莱里给他的《自然法典》写的序言，把拉丁文略去之后是这样的：

人们是否读这本书，对我关系不大；但是，如果要读，就应当先读完，再提出任何异议。我既不愿意人家半听不听，也不愿意让有成见的人来评判。为了了解我，就必须放弃自己最珍视的偏见：请你摘掉这块面纱一分钟吧，你将会惊讶地发现，你认为从中汲取智慧的地方，正是一切灾祸和罪恶之根源。你会清楚地看到自然的最简单而又最好的教诲，它总是处处与通常的道德和政治不相容的。如果你的心灵和理智已经被通常的道德和政治的信条所迷惑，你既不愿意也不可能意识到其荒谬之处，那么，我就听凭你随这谬误之流去吧。

第二个要引用的，是约翰·格雷《人类幸福论》的序言：

这里讨论的一些问题，可能是依据跟整个教育制度向目前这一代人灌输的观念很不一致的观点来加以探讨的。因此，在那些尚未形成与自己青年时代的最初印象相反的任何观点的人看来，也许会觉得我们的见解是错误的。不过我们要问一下，上述见解果真是错误的吗？

第三个要引用的，是许地山《道教史》的序言：

此本不能说是著作，只将前人及时人研究的结果总撮起来，作为大学参考的书……全书创见极少，成见也无，不完不备，在所难免，望读者赐教。

最后许地山的这篇当中，有一句话是要改动一下的：把“作为大学参考的书”改为“作为中学生可看可不看的课外读物”即可。

——说句心里话，本来我是想把许地山这篇放到后记再引的，可就在思想斗争关键时刻，良知突然露了露头，我终于还是不情愿地改变了原来的计划。

最后，再从阅读的角度说上两句：为了兼顾通俗和严谨，我对古老典籍的引述一般会在正文当中取其意而遗其直，并把原文附在注释里以供参考查阅。另外，如果说以前的《孟子他说》和《周易江湖》是好熊的“休闲装版”，那么，现在这个《春秋大义》就是好熊的“正装版”了，不知道老朋友们是否习惯呢？当然，穿西装也不一定要打领带的。

好了，开场白就说到这里了，希望这篇文字至少会让你读得有趣，嗯，正如司马迁在《史记·熊逸列传》里说的：“如果这世上还有一件事情是比读书更快乐的话，那一定就是读熊逸的书了。”^_^

熊逸

目录| contents　　春秋大义

第二章 一经三传：哲学、历史、还是政治？ / 113

引子之一：新问题常是老问题

问题总是层出不穷的，在任何一个“当下”的种种热点问题之中，哪些才是新问题，哪些却是老问题，嗯，这是一个问题。

而且，还是一个有趣的问题。

比如这两年，年轻人中流行“请笔仙”，把笔仙当真的大有人在，结果搞得电视台请出专家来做解释，从心理学等等科学角度来破除笔仙迷信，但结果依然是信者自信、疑者自疑。其实这问题早有人做过极其深入的研究——许地山在几十年前就曾写过一部《扶箕迷信的研究》，论之极详，商务印书馆在1997年把这书印了区区三千册，使之作为严肃的学术著作在小范围流传，其实如果趁着笔仙热把它重新包装一下，比如配些插图，找个中学生把许前辈的文字作一些生动的点评，书名改成《许地山谈笔仙》之类，封面文案再点明许地山就是《落花生》的作者，想来发行量无论如何也不止于三千册吧？（我把好人做到底，再透露一个重要信息：许地山死于1941年，作品已经过了版权保护期了。^_^）

笔仙这个新问题原来却是老问题，也早有人妥帖地解决过了。眼睛再看看别处：近年又有人争论法国大革命的是是非非，好像以前我们所认为的那一场绚烂光辉的运动其实血腥得很。这是一个颠覆我们常识的问题，自然免不了许多辩论。但是，早在一百年前，就已经有人把法国大革命的内容详详细细、残残酷酷地展现给我们了——他就是康有为，那时他游历法国，写下了一部《法兰西游记》，这部书早在光绪三十三年（1907年）就在国内出版了，其中讲到大革命的“盛况”，除了各式各样的“屠”简直就找不到别的东西了——“异党屠尽，则同党相屠；疏者屠尽，则亲者相屠”，种种场面实在令人毛骨悚然。或许正所谓“实现正义的热情，会使

我们忘记慈悲为怀；对公正的热望，使许多人成了铁石心肠。”（奥克肖特《巴别塔》）

康有为还点了一句：“合数十百万革命军之流血，以成就一罗伯卑尔之专制民主；合数千万良人之流血，以复归于一拿破仑之专制君主。”看来他从激进派转为保守派并不是没有原因的。

一百年啊！一百年前的这部《法兰西游记》也不知道当时有多少人读过？

和这些个问题一样，很多新问题其实都是老问题，下面我就再来说几个吧。

（一）

“诋岳飞而推崇秦桧也”

岳飞是不是民族英雄，秦桧是不是大汉奸，甚至，秦桧是不是一位爱国志士，这好像一直都不是问题，可这两年却变成了一个热点问题，参加辩论的人们很少有在发过三个回帖之后还能保持理智的。可翻翻旧书，咦，这却是个老问题了。

早在1935年，周作人写了一篇《岳飞与秦桧》，发表在3月21号的《华北日报》上，内容是声援吕思勉的。起因是，吕思勉写了一部《自修适用白话本国史》，被国民党政府严令查禁。——单听这个消息，大家肯定都会为吕思勉鸣不平，想想那年头的国民党政府真没少查禁进步言论，甚至还派特务暗杀持异见的知识分子，这回肯定又没干什么好事。可是，先别急着下结论，看完周作人的文章再说：

报载十三日南京通讯，最近南京市政府呈请教育部通令查禁吕思勉著《自修适用白话本国史》，因其第三编近古史下，持论大反常理，诋岳飞而推崇秦桧也。如第一章南宋和金朝的和战中有云：

“大将如宗泽及韩岳张刘等都是招群盗而用之，既未训练，又无纪律，全靠不住。而中央政府既无权力，诸将就自然骄横起来，其结果反弄成将骄卒惰的样子。”又云：

“我说，秦桧一定要跑回来，正是他爱国之处，始终坚持和议，是他有识力肯负责任之处。”云云。

以上所说与群众的定论比较的确有点“矫奇立异”，有人听了要不喜欢，原是当然的。鄙人也不免觉得他笔锋稍带情感，在字句上不无可商酌之处，至于意思却并不全错，至少也多有根据……[①]

周作人的语气似乎过于温和了，他虽然抢先点了点吕思勉的错误，可这错误也无非是“笔锋稍带情感，在字句上不无可商酌之处”，这不过是个幌子，真正的重心是在后半句——“意思却并不全错”，词锋虽冷，实际是说“意思基本上都是对的”，至于那句“至少也多有根据”则很容易让人想到：如果不“至少”的话，那岂不是“很有根据”？

随即，周作人便引述历史文献以论证之，凿实吕思勉的“至少也多有根据”，其中引到朱熹的话，颇有分量（朱熹毕竟既是圣人，又是那段历史的部分亲历者，为人为学更以气节闻名），继而点明岳飞之所以成为国人心中的岳飞，道理却在他处：

> “……秦桧见虏人有厌兵意，归来主和，其初亦是。使其和中自治有策，后当逆亮之乱，一扫而复中原，一大机会也，惜哉！”（熊逸按：这是朱熹的话，原文较长，只引一句。）可见在朱子当时，大家对于岳飞秦桧也就是这样的意见，我们如举朱子来作代表，似乎没有什么毛病吧。至于现今崇拜岳飞唾骂秦桧的风气我想还是受了《精忠岳传》的影响，正与民间对于桃园三义的关公与水泊英雄的武二哥的尊敬有点情形相同。我们如根据现在的感情要去禁止吕思勉的书，对于与他同样的意见如上边所列朱子的语录也非先加以检讨不可。还有一层，和与战是对立的，假如主和的秦桧是坏人，那么主战的韩侂胄必该是好人了，而世上骂秦桧也骂韩侂胄，这是非曲直又怎么讲？赵翼《廿二史札记》卷三十五云……

后文就不引了，周作人这些话里，“假如主和的秦桧是坏人，那么主战的韩侂胄必该是好人了”这一句一望便知是强词夺理，至于其他，据我所知的是，朱熹确曾是褒秦桧而贬岳飞的，这可真给后人出了大难题了，比如清代龚炜对此就愤愤不平，说朱圣人夸过施全，而既然夸施全，自然就等于在骂秦桧，自然也等于是深惜岳飞，至于为什么朱圣人夸秦桧很有骨力，要么就是朱熹在说反话，要么就是这话有什么特定背景，而大家都理解错了。[②]乱纷纷的话一直很多，就连王夫之这样的大家竟也对岳飞不以为然，[③]另如尤侗《看鉴偶评》，毛奇龄《重刻杨椒山集序》等等，多有议论。

现代人评论岳飞，常常惋惜他的“愚忠”，其实若以“《春秋》责备贤者之义”，岳飞还算不得一个忠臣——比如，单是“岳家军”这个名字的存在就分明说明他目无君主。岳飞的结局在“岳家军”这个称呼刚一流行的时候应该就已经注定了：只要在专制时代，凡是“某家军”必遭统治者的大忌。这世上只能有赵家军或者宋军，哪能有什么岳家军呢？可这事也得怪宋朝皇帝：岳飞军队的正式番号先后是“神武右副军”“神武副军”“神武后军”“后护军”，名字都太拗口，老百姓记这些哪有记岳家军、韩家军容易！（这就提出了一个管理技术的问题。）

可老百姓也很健忘：仅仅在岳飞身后五十多年，陆游写诗“剧盗曾从宗父命，遗民犹望岳家军”，句子底下自己作了个注释：“‘岳家军’这个词，大概是宋高宗绍兴初年的话。”（岳家军，盖绍兴初语。）——陆游这“大概”两个字，真不知让人说什么才好。

好啦，这件事就简单谈到这儿吧，谁是谁非我也没法判断，想想历史这东西呀，一百年来的事情尚且疑云密布，何况千年前的往事？至于说扎实地回溯到宋代史料，在穷尽所有资料之后再作出冷静的判断，这就不是我力所能及的了。

（二）

我们今日还不配读经

读经问题像是一个新问题。这几年来，所谓国学断断续续地热过一阵子，更有一些人极力提倡中小学要开读经课，更有人大代表提议公务员考试要考“四书五经”，究其中原委，一方面是自豪于中华文化的博大精深，一方面是感叹世风不古、道德沦丧（无论在市井还是在官场），所以需要儒学的补救吧。

但是，这个问题照旧是个老问题。几十年前就曾有过同类的读经运动，也曾有过同类的正方和反方，现在激辩的那些问题在我看来还是在几十年前的框子里打转，甚至还不如前人说得透彻。

再次请出胡适，1935年的胡适，他在《独立评论》上发表了一篇文章，题目很扎眼，叫作《我们今日还不配读经》。

文章起于傅孟真在《大公报》撰文，讨论学校读经的问题，其中提到六经之难读，说“今日学校读经，无异于拿些教师自己半懂不懂的东西给学生。……六经虽在专门家手中也是半懂不懂的东西，一旦拿来给儿童，教者不是浑沌混过，便要自欺欺人。这样的效用，究竟是有益于儿童的理智呢，或是他们的人格？”

胡适对傅孟真这话大以为然，继而分析道：

今日提倡读经的人们，梦里也没有想到五经至今还只是一半懂得一半不懂得的东西。这也难怪，毛公、郑玄以下，说《诗》的人谁肯说《诗》三百篇有一半不可懂？王弼、韩康伯以下，说《易》的人谁肯说《周易》有一大半不可懂？郑玄、马融、王肃以下，说《书》的人谁肯说《尚书》有一半不可懂？古人且不谈，三百年中的经学家……又何尝肯老实承认这些古经他们只懂得一半？……王国维先生忽然公开揭穿了这张黑幕，老实的承认，《诗经》他不懂的有十之一二，《尚书》他不懂的有十之五。王国维尚且如此说，我们不可以请今日妄谈读经的诸公细细想想吗？[④]

在我来看，胡适这话说得还保守了。要知道，他那个时代里，经学毕竟还有着很高的地位，现在则大不一样，谈起“四书五经”或“十三经”，谁还会再有一丝半点的顾忌呢？其实，别说是历来以难解著称的《尚书》和《易经》，就算最浅显不过的《论语》，又何尝不是歧义纷纭？

——经书无法读懂的论调其实并非始于王国维，早在东汉，王充就曾经有过专论，说孔子的学生们很少有敢于和老师辩驳的，有不懂的地方经常就闷在心里，所以孔子的话里便有一些怕是永远都不可解的；王充还就此认为：汉代儒生更加讲不清孔子的那些话到底是什么意思了。[⑤]

往更早的时代追溯，《礼记·檀弓》里“丧欲速贫，死欲速朽”这个著名的典故就已经说明，孔子的第一代弟子里，便已经有人对老师的话因为断章取义而发生误解了。回顾一下，“《论语》的词句，几乎每一章节都有两三种以至十多种不同的解读”。[⑥]虽然得益于学术的进步，其中一些内容现在倒是明朗多了，可还是有很多地方恐怕真会如王充的悲观论调——我们永远也不会知道了。

胡适看上去倒没我这么悲观，他虽然在文章中大讲经典之不可解，却在结尾处以不乐观的语气谈了一点乐观的展望：

总而言之，古代的经典今日正在开始受到科学的整理的时期，孟真先生说的“六经虽在专门家手中也是半懂不懂的东西”，真是最确当的估计。《诗》《书》《易》《仪礼》，固然有十之五是不能懂的，《春秋三传》也都有从头整理的必要；就是《论语》《孟子》也至少有十之一二是必须经过新经学的整理的。……二三十年后，新经学的成绩积聚的多了，也许可以稍稍减低那不可懂的部分，也许可以使几部重要的经典都翻译成人人可解的白话，充作一般成人的读物。

在今日妄谈读经，或提倡中小学读经，都是无知之谈，不值得通人的一笑。

现在，胡适那个“二三十年后”已经过去足有七十年了，在这七十年中，考古发现也多，学术进步也大，确实也做到了“稍稍减低那不可懂的部分”，但是，不可解的地方依然很多，歧义争执也不在少数，而对一个旧问题的解决又往往引发出十个新问题来，这倒真让人不由得体谅起朱元璋来：要把经书作为考试内容，如果没有规范化的试卷格式（八股文），没有全国统一的标准答案（朱熹的注释），判起分来还真不知该如何下手呢。

至于说儒学能否扭转“世风不古、道德沦丧”，这也是个老问题了，论之者甚众。考察一下历史，会发现孔子那时候就已经“世风不古、道德沦丧”了，之后的每个时代也都同样在感慨着“世风不古、道德沦丧”，也不知道那个“古”到底什么时候存在过。可世风难道不是（像胡适所说的那样）在进步着么?

相关的问题是，儒学究竟能否扭转“世风不古、道德沦丧”呢？嗯，仔细看看，这个问题的前提就是有问题的——如果说得夸张一些，可以把对其前提的质疑表述成：“当真存在一种儒家学说吗？”——这就留待正文部分去讨论了，届时我们也听听托克维尔等人的他山之石，看看道德这东西究竟是不是“讲”来的。

另一个耐人寻味的现象是：似乎越是暴君越是喜欢推行美德。马克思和恩格斯在他们合著的《神圣家族》里这样描绘了法国大革命期间罗伯斯庇尔和圣茹斯特对古典美德的热情呼唤：

罗伯斯比尔在他论述公共道德的原则的演说中问道（在1794年2月5日召开的公会会议上）：“民主的或人民的政府的根本原则是什么？是美德。我说的是公共的美德，这种美德曾在希腊和罗马做出了那么伟大的奇迹，并且将在共和的法兰西做出更令人惊异的奇迹来。我们说的美德就是热爱祖国和祖国的法律。”

接着，罗伯斯比尔明确地把雅典人和斯巴达人称做“自由人民”。他不断地要听众回忆古代的“人民本质”，并且既提到它的英雄莱喀古士、狄摩西尼……

圣茹斯特在关于逮捕丹东的报告……中极为明确地说：

“在罗马人以后，世界变得空虚了，只有想起罗马人，世界才充实起来，才能够再预言自由。”

在圣茹斯特的另一个报告（关于普遍警察制的报告）中，共和主义者被描写成完全具备了古代精神即刚毅、谦逊、朴质等品质的人。警察局按其本质来说应当是相当于罗马的市政检查局那样的机关。他列举了柯德尔……等人的名字。最后，圣茹斯特用一句话表明了他所要求的“自由、正义、美德”的特征，他说：

“革命者都应当成为罗马人。”⑦

在作为第三者的读者看来，他们这些话实在是绝妙的反讽，可生活在法国大革命当中的人们对着这些个“美德”，怕是说什么也笑不出来的。

（三）

祭孔·文天祥

这两年，祭孔也开始热闹起来了，可祭的人大多只知道该祭，却不知道该怎么去祭，于是就在盛大而荒诞的场面之中看到旗袍和太监的“克己复礼”，还有“是可忍、孰不可忍”的“八佾舞于庭”。这一来，争论便风起云涌开了，很快便从“该怎么祭”的问题又引申到“该不该祭”的问题。

唉，这实在也是个老问题了。第三次请出胡适，这是在1934年：

最近政府忽然手忙脚乱的恢复了纪念孔子诞辰的典礼，很匆遽的颁布了礼节的规定。8月27日，全国都奉命举行了这个孔诞纪念的大典。在每年许多个先烈纪念日之中加上一个孔子诞辰的纪念日，本来不值得我们的诧异。然而政府中人说这是“倡导国民培养精神上之人格”的方法；舆论界的一位领袖也说：“有此一举，诚足以奋起国民之精神，恢复民族的自信。”难道世间真有这样简便的捷径吗？

……礼成祭毕，纷纷而散，假期是添了一日，口号是添了二十句，演讲词是多出了几篇，官吏学生是多跑了一趟，然在精神的人格与民族的自信上，究竟有丝毫的影响吗？⑧

胡适这里犯了一个知识分子常见的错误：重内容而轻形式，殊不知在很多的社会重要事项上形式是要大大重于内容的。不过这也难怪，那年头还没有什么像样的社会学和人类学的研究呢。这个话题留待正文去谈，现在我们还是继续听听胡适的说法吧：

这二三十年中，我们废除了三千年的太监，一千年的小脚，六百年的八股，四五百年的男娼，五千年的酷刑，这都没有借重孔子的力量。八月二十七日那一天汪精卫先生在中央党部演说，也指出“孔子没有反对纳妾，没有反对蓄奴婢；如今呢，纳妾和蓄奴婢，虐待之固是罪恶，善待之亦是罪恶，根本纳妾蓄奴婢便是罪恶。”汪先生的解说是：“仁是万古不易的，而仁的内容与条件是与时俱进的。”这样的解说毕竟不能抹煞历史的事实。事实是“最近”几年中，丝毫没有借重孔夫子，而我们的道德观念已进化到承认“根本纳妾蓄奴婢便是罪恶”了。

感谢胡适，我以前只知道太监和小脚已经被废除掉了，原来八股、男娼和酷刑也在胡适那“二三十年中”同样被废除掉了呀。至于儒学对于“培养精神上之人格”能有多大意义，我倒觉得不妨从史料当中统计一下数据。要知道，人们在心理上总是很容易对特殊事件做出强烈反应，进而会把个别典型混同为普遍现象——有一句女人爱说的口头禅就很能说明这个问题：“男人都不是好东西！”

事实上，如果以严格的社会学方法做个统计的话，很可能会得出相反的结论："绝大多数的男人都是好东西"，或者是"绝大多数的男人在绝大多数的场合下都是好东西"。^_^

如果划定一个很小的范围，单从西汉的儒家宰相来看，这个简单的统计工作班固已经替我们做了，他在《汉书·匡张孔马传》的结尾处评论说："自从汉武帝大兴儒学以来，公孙弘以儒生拜相，其后蔡义、韦贤、玄成、匡衡、张禹、翟方进、孔光、平当、马宫以及平当的儿子平晏都是以儒家宗师官居宰相高位，这些人身上穿的都是儒者衣冠，嘴里说的都是先王圣训，大有温柔蕴藉之风范。但是，他们的用心却全在如何保住官位上边，时评全夸他们是马屁高人。我们若真以古代的标准来衡量他们，哪一位能称得上称职呢？"⑨

通观历史，这些人才是大多数，文天祥那样的只是极少数罢了，只是不知道：多少个尸位素餐的马屁高人里边才能出一个文天祥呢？⑩

另一方面，如果儒者只是混一些屠狗功名、雕虫文卷，自然很难被人喜欢，但儒者若是建功立业，尤其是建立军功，那么，当翰墨抒写儒将豪情，把事功点染进文学，这样的作品往往是震撼人心的，或者说是足以"培养精神上之人格"。比如这样一首《木兰花慢》：

混鱼龙人海，快一夕，起鲲鹏。
驾万里长风，高掀北海，直入南溟。
生平许身报国，等人间、生死一毫轻。
落日旌旗万里，秋风鼓角连营。

炎方灰冷已如冰，余烬淡孤星。
爱铜柱新功，玉关奇节，特请高缨。
胸中凛然冰雪，任蛮烟瘴雾不须惊。
整顿乾坤事了，归来虎拜龙庭。

这首词是抒写将军出征前夕的豪情壮志，“生平许身报国，等人间、生死一毫轻”，这是何等豪迈；“胸中凛然冰雪，任蛮烟瘴雾不须惊”，这是何等对敌人的蔑视；“整顿乾坤事了，归来虎拜龙庭”，这又是何等的功业和荣耀，当然，作者没忘记最后交代一下立了功以后是要回来向“龙庭”交差的。

虽然是绝妙好词，但多少还是有一点欠缺：再有点儿红粉味道就完美了，就连暴力黑帮电影也不能全是大男人在银幕上晃来晃去呀。所以，作者的另一首《木兰花慢》也许更有看头：

乾坤秋更老，听鼓角，壮边声。
纵马蹙重山，舟横沧海，戮虎诛鲸。
笑入蛮烟瘴雾，看旌麾、一举要澄清。
仰报九重圣德，俯怜四海苍生。

一尊别后短长亭，寒日促行程。
甚翠袖停杯，红裙住舞，有语君听。
鹏翼岂从高举，卷天南地北日升平。
记取归来时候，海棠风里相迎。

又有侠骨，又有柔肠，虽然这一首艺术水准比较差，流行元素却都具备了。现在说说这位作者：他乃是名门之后，将门虎子，家有万卷藏书，授业的老师既有状元（王鹗），又有名儒（比如郝经），家里真可谓“谈笑有鸿儒，往来无白丁”，简直就是《傅雷家书》里的那种气氛。

这位“傅聪”姓张，叫做张弘范，他爸爸就是当时的名将张柔。按现代的话说，张柔是金籍汉人，后来降了蒙古，立下过赫赫战功，张弘范是张柔的儿子当中最有出息的一个，从当时的“国籍”说，他是蒙元籍的汉人。张弘范这两首《木兰花慢》里都说到“蛮烟瘴雾”，像是诸葛亮南下七擒孟获的感觉，其实指的却是南宋南逃的残余势力。第一首词写在作者统兵南下的出征前夕，那时，他刚以汉裔身份被授予蒙、汉军都元帅之职，带尚方宝剑，大受忽必烈的信任和重用，结果厓山一场海战，宋军浮尸十余万众，宋朝便算是彻底亡国了，对于张弘范来讲，这果真是“整顿乾坤事了”呀。

后人对厓山一役，消极的评价是“厓山以后无中国”，积极的评价则是张弘范协助元朝完成了统一大业。这些评论我们暂时不必去管，却说张弘范南征的战船上曾经带着一位重要俘虏，一同渡过零丁洋，一同目睹厓山战。这俘虏就是文天祥，“人生自古谁无死，留取丹心照汗青”的那首《过零丁洋》正是写于这段路上，而厓山之战的那次目击则被文丞相写成了一首七言古风，题为《二月六日》：

南人志欲扶昆仑，北人气欲黄河吞。

一朝天昏风雨恶，炮火雷飞箭星落。
谁雌谁雄顷刻分，流尸飘血洋水混。
昨朝南船满崖海，今朝只有北船在。
昨夜两边桴鼓鸣，今朝船船酣睡声。
北兵去家八千里，椎牛釃酒人人喜。
惟有孤臣雨泪垂，冥冥不敢向人啼。
六龙杳霭知何处，大海茫茫隔烟雾。
我欲借剑斩佞臣，黄金横带为何人。

厓山种种，历来论之者众，其中不乏饱学鸿儒，更不乏深入精辟的见解。我这里却只说说一位热血青年的议论：“……到了元朝，中国才为外国一统。那些理学名儒，如许衡、吴澄辈，皆俯首称臣。只有文天祥、张世杰、陆秀夫、谢叠山不肯臣元，都死了节。九十年中，虽有些英雄豪杰起事恢复，被那些儒生拿着君臣大义视为盗贼，立刻替元朝平息了。”

这位热血青年就是陈天华，但凡念完初中的人没有不知道他的，但这段文字却不是出自《猛回头》和《警世钟》，而是摘自他另一部作品，题为《狮子吼》。他这短短两句话，涉及了错综复杂的许多问题，其中一些恐怕到现在也是说不清楚的，比如“君臣大义”和“华夷之辨”，这两个儒家的顶级概念在宋元易代之际该如何解释现实呢？

注释

① 引自《周作人文类编》第1卷（钟叔河/编，湖南文艺出版社1998年第1版，引文见第710–711页）

② ［清］龚炜《巢林笔谈》“朱子之议秦桧岳飞”条：“世传朱子称秦桧有骨力，议岳忠武为横，此岂情理中所有耶？朱子言：‘举世无忠义，这须正气，忽自施全身上发出来。’叹美施全，即是痛恨贼桧，深惜忠武处，安得有此错谬语？《纲目》千有余年之褒贬，使天下后世帖然无遗议；独于本朝近事，反没其好恶之公至此耶？若理上必无之事，而朱子竟有其说；又或当时有所愤激作此反语，如《檀弓》‘丧欲速贫，死欲速朽’之类，而记录者未之察也。呜呼！世无有子之明，即圣言亦不能无疑于后世，宁独朱子然哉！”

另有“称桧有功”条：“贼臣至秦桧，士无贤不肖，再没个宽解他，而邱琼山瞽说，独称其有造宋功。”

③ ［清］王夫之《读通鉴论》“汉武帝第十九”：“……岳飞之能取中原与否，非所敢知也；其获誉于士大夫之口，感动于流俗之心，正恐其不能胜任之在此也。受命秉钺，以躯命与劲敌争死生，枢机之制，岂谈笑慰藉、苞苴牍竿之小智，以得悠悠之欢慕者所可任哉。”

又如“帝奕第三”，这一段很有点儿小人之心的味道：“秦桧之称臣纳赂而忘仇也，畏岳飞之胜而夺宋也。飞亦未决其能灭金耳。飞而灭金，因以伐宋，其视囚父俘兄之怨奚若？”

又如“唐高祖第七”，这一段是从军政的技术层面来分析的：“夫夷狄者，不战而未可与和者也，犬系项而后驯，蛇去齿而后柔者也。以战先之，所以和也；以和縻之，所以战也；惜乎唐之能用战以和，而不用和以战耳。知此，则秦桧之谋，与岳飞可相辅以制女直，而激为两不相协以偏重于和，飞亦过矣。抗必不可和之说，而和者之言益固，然后堕其所以战而一恃于和，宋乃以不振而迄于亡。非飞之战，桧亦安能和也；然则有桧之和，亦何妨于飞之战哉？战与和，两用则成，偏用则败，此中国制夷之上算也。夫夷狄者，诈之而不为不信，乘之而不为不义者也，期于远其害而已矣。”

④ 胡适：《我们今日还不配读经》（收录于《胡适文集》第5卷，欧阳哲生/编，北京大学出版社1998年第1版，引文见第439–443页，原载于1935年4月14日的《独立评论》第146号）

⑤ ［东汉］王充《论衡·问孔》：“孔子笑子游之弦歌，子游引前言以距孔子。自今案《论语》之文，孔子之言多若笑弦歌之辞，弟子寡若子游之难，故孔子之言，遂

结不解。以七十子不能难，世之儒生，不能实道是非也。”

⑥ 杨伯峻：《论语译注》（中华书局1980年第2版，第35页）

⑦ ［德］马克思、恩格斯：《神圣家族》（《马克思恩格斯全集》第2卷，人民出版社1963年第1版，第155–156页）

⑧ 胡适：《写在孔子诞辰纪念之后》（收录于《胡适文集》第5卷，欧阳哲生/编，北京大学出版社1998年第1版，引文见第408–413页，原载于1934年9月9日的《独立评论》第117号）

⑨ 《汉书·匡张孔马传》：赞曰：自孝武兴学，公孙弘以儒相，其后蔡义、韦贤、玄成、匡衡、张禹、翟方进、孔光、平当、马宫及当子晏咸以儒宗居宰相位，服儒衣冠，传先王语，其醞藉可也，然皆持禄保位，被阿谀之讥。彼以古人之迹见绳，乌能胜其任乎！

⑩ 至于复杂一些的统计，比如［美］魏斐德：《洪业——清朝开国史》，其中统计了明清易代之际有关自杀和投降的种种数据。

引子之二：事实问题还是逻辑问题

一百年前，哲学家威廉·詹姆斯和一些伙伴在山中露营，詹姆斯独自散步回来，发现大家正在争论一个形而上学的问题。争论的主题是一只松鼠：假定有一只松鼠攀着树干的一面，一个人站在树干的另一面，这个人绕着树跑想看到那松鼠，可无论他跑得多快，松鼠总是以同样的速度跑到反面去，松鼠和那个人之间始终隔着那棵树。最后，问题来了：这个人是否在绕着松鼠跑？①

——辩论这种问题的人也真够无聊的，但这确实是威廉·詹姆斯郑重其事地拿来作演讲的，而这位詹姆斯先生也并非阿猫阿狗，而是美国实用主义哲学的创始人之一，这些演讲稿的中译本也被庄严地收录在商务印书馆“汉译世界学术名著丛书”之中，尽管编者在内容提要里认真注明：“实用主义是为帝国主义服务的现代资产阶级反动哲学的主要流派之一……在美国特别流行，曾被视为代表美国生活方式的官方哲学。这一哲学是先进的科学思想和马克思列宁主义的敌人。”

这位敌人中的干将，这位职业哲学家，此刻就站在争论双方的中间，被双方竭力争取着。正如我们在遇到危难关头的时候脑海中总要油然浮现出一些伟大的人和伟大的话一样，詹姆斯先生马上想到了经院哲学家的一则箴言：“一旦遇到矛盾，一定要找出差别来。”箴言刚刚在脑海中隐没，差别就被找出来了。下面就是詹姆斯的结论：

我说：“哪一边对，要看你们所谓‘绕着’松鼠跑的实际意义是什么。要是你们的意思是说从松鼠的北面跑到东面，再到南面和西面，然后再回到北面，那么这个人显然是绕着它跑的；因为这个人确实相继占据了这些方位。相反的，要是你的意思是说先在松鼠的前面，再到它的右面，再到它的后面，然后回到前面，那么这个人显然并没有绕着这个松鼠跑，因为，由于松鼠也相对活动，它的肚子总是朝着这个人，背朝着外面。确定了这个差别后，就没有什么可争辩的了。你们两边都又对又不对，就看你们对'绕着跑'这个动词实际上是怎么理解的。"

松鼠问题看似无聊，其实却很现实，历来很多问题争来争去，归根结底都是松鼠问题。比如人们激辩"儒家思想"如何如何，直辩得天昏地暗、日月无光，但若深究一下辩论的这个标靶到底是个什么，很有可能一百个人的心中有一百个所谓"儒家思想"。所以，事情往往如同威廉·詹姆斯所说的："你们两边都又对又不对，就看你们对'绕着跑'这个动词实际上是怎么理解的。"

注释

① 本节内容详见［美］威廉·詹姆斯：《实用主义——一些旧思想方法的新名称》（陈羽纶、孙瑞禾/译，商务印书馆1981年第1版，第25–26页）

引子之三：在诗歌的标签之外

对于读书来说，标签有时候是一种好东西，比如“唐诗宋词”这个标签，让我们一下子就知道诗是唐朝的好，词是宋朝的好，所以读诗就读唐诗，读词就读宋词。再加上“马太效应”从中兴风作浪，读诗就越发是读唐诗，读词就越发是读宋词。但是，标签的定义就真的那么准确吗？

我年轻时喜欢文学，对中国古诗也是很爱读的，受标签所惑，唐诗都读过上千首了，宋元明清的诗却几乎全没看过。后来岁数大了，不怎么再读文学了（或者说不再从文学的角度来读文学了），这才出于旁的缘故逐渐接触到各个时代的诗词，于是发现：别说宋元明清各有好诗，就连互联网上的现代人也常有直追唐宋的诗词出现。

现在我要谈的是一位金朝文人的作品。这人名叫吴激——大概是被“唐诗宋词”这类标签搞的，现代人大多对他不熟，可当年的吴激却是金初词坛盟主，大大的有名。

吴激，字彦高，福建人，家世显赫，爸爸是宋朝的宰相吴栻，岳父是书法大家米芾。自然，吴激本是宋朝人，在宋钦宗靖康末年（就是“靖康耻”的那个“靖康”）出使金朝，因为名气太大，被金政府硬给留下来了，从此，吴激就在金朝做了官。

有一天，吴激到一位张侍御家赴宴，宴会上不少文人名士，像宇文虚中、洪皓，都是和吴激有着同样遭际的。既然是宴会，就自然少不了三陪小姐，张侍御家的侍女出来唱歌，其中却有一人面带忧郁，破坏了宴会的喜庆气氛。吴激他们到底不是粗人，一见此情此景，便向那侍女关心了几句，这才知道她原本竟是宋朝宣和殿的宫姬。

这才叫同病相怜。吴激即席写下了一首小词《人月圆》：

南朝千古伤心事，犹唱后庭花。
旧时王谢，堂前燕子，飞向谁家？

恍然一梦，仙肌胜雪，宫髻堆鸦。
江州司马，青衫泪湿，同是天涯。

这首词一出，很快就上了当年的全球畅销金曲排行榜，但在现在看来，这首小词似乎明显不如唐诗宋词——审美的个人偏好即便不谈，有一个硬指标却是勿庸置疑的：这短短的四句话，有三句明显全是剽窃别人的，而且剽窃的居然还都是名人名作。

“南朝千古伤心事，犹唱后庭花”，这是剽窃自杜牧名作“商女不知亡国恨，隔江犹唱后庭花”。

“旧时王谢，堂前燕子，飞向谁家”，这是剽窃自刘禹锡“旧时王谢堂前燕，飞入寻常百姓家”。

“江州司马，青衫泪湿，同是天涯”，这是剽窃白居易《琵琶行》“同是天涯沦落人，相逢何必曾相识”。

“恍然一梦，仙肌胜雪，宫髻堆鸦”，这句虽然算不上明显剽窃，但这三个意象全是前人诗词里写滥的东西。

但就是这样一首集剽窃之大成的小词，在当时却每每感人至深，以至于传唱天下，看来剽窃也是要有特殊本领的。^_^

不过话说回来，想想吴激当时所处的环境，如此的“剽窃”也真是难为他了。刘祁在《归潜志》里这样说过：“诗不宜套用前人的话，但词的标准可以宽些，只要用得巧妙也就是了，比如吴激的《人月圆》，半是前人的句子，但用得韵味深长、不露圭角，比当时同席的宇文虚中的原创作品可强得多了。”①

这是一种境界，也是一种无奈。

注释

① ［宋］刘祁《归潜志》："诗不宜用前人语，若夫乐章，则剪裁古人语亦无害，但要能使用尔。如彦高《人月圆》，半是古人句，其思志含蓄远甚，不露圭角，不犹胜宇文自作者哉。"

第一章　杀人无罪，报仇有理

（一）

徐元庆谋杀案——控方：陈子昂，辩方：柳宗元

唐朝。武则天时代。

这一天，在一家小小的驿站里发生了一桩谋杀案。

按说谋杀案并不稀奇，可这桩谋杀案却吸引了各位高官的注意，就连武则天本人也把眼光盯了过来。

原因之一是：死者是位中央大员。

官员被谋杀了，这会是怎么回事？

一般人马上就能想到的是：八成是政敌买凶，这种事还少么，没什么稀奇，凶手就是个收钱卖命的黑道中人，背后的主谋天知道是谁呢！

但这件案子有些不同。

死者名叫赵师韫，是位御史老爷，他在出差的路上到一家驿站歇脚，没想到被这家驿站里的一名服务生结果了性命。

乍看上去，这像是一起偶然的凶杀，是呀，一位偶然落脚某家驿站的御史老爷和驿站中的一名服务生能有什么梁子呢？

而离奇的是，这名服务生，也就是犯罪嫌疑人，在杀人之后却不逃跑，而是主动拨叫了110，投案自首了。据他后来供述，此案并没有什么幕后主使，完全是自己一人所为，作案动机是：报仇，报的是杀父之仇。

原来，死者赵师韫当年做过县公安局的局长，在任上杀过一个

叫徐爽的人，徐爽有个儿子名叫徐元庆，处心积虑要报父仇，于是改名换姓，在驿站里当了个服务生。——徐元庆很聪明，因为驿站本来就是各级官员出差歇脚的地方，只要有耐心，总有一天会等到仇人的。

果然让徐元庆等到了，已经高升为御史的赵师韫就这么在驿站里送了性命。

至于徐元庆，父仇已报，了无遗憾，便从从容容地束手待缚。

案情并不复杂，徐元庆谋杀罪名成立，但是，该怎么判决呢？

——这才是本案的难点所在：对杀人凶手徐元庆到底应该怎么量刑？

如果是在条文法的社会，徐元庆恐怕必死无疑，判决依据是：他的行为触犯了刑法第某某条，于是，按照刑法第某某条的规定，应该判处死刑。

如果是在普通法系的社会（简要而言），徐元庆却有可能逃得一命，我相信陪审团的成员们很容易会站到徐元庆这边的。再想一想，如果武则天时代真的有陪审团，并且判案过程公正的话，那么徐元庆无罪释放或得到特赦的可能性也是有的。

为什么呢？

因为徐元庆虽然是蓄意谋杀，但他的动机是为父报仇，而在当时，为父报仇在很多人的心目中都是天经地义的。

——自从汉武帝“罢黜百家，独尊儒术”以来，儒家思想似乎早已深入人心，成为政治行为和社会生活的主导思想，而对于为父报仇这种事应该怎么做，儒家经典里可是有明确记载的，而且还是大圣人孔子的金口玉言。我们看看《礼记·檀弓》：

子夏问于孔子曰："居父母之仇，如之何？"

夫子曰："寝苫（shān），枕干不仕，弗与共天下也。遇诸市朝，不反兵而斗。"

曰："请问居昆弟之仇，如之何？"

曰："仕弗与共国，衔君命而使，虽遇之不斗。"

曰："请问居从父昆弟之仇，如之何？"

曰："不为魁。主人能，则执兵而陪其后。"

这一段是孔子的高足子夏和老师的对话。子夏问："对杀害父母的仇人应该怎么办？"

孔子回答说："睡在草垫子上，拿盾牌当枕头，不去做官，决不跟仇人生活在同一个世界上。不论在集市上还是在朝堂上，只要一遇到仇人，应该马上动手杀他——腰上别着家伙就抄家伙，没带家伙的话，赤手空拳也要上！"

孔子在这里说的"弗与共天下也"就是俗话"杀父之仇，不共戴天"的原型。所谓"反兵而斗"，是说发现仇人的时候身上正巧没带家伙，于是掉头回家去取。——连这孔子都觉得不应该，就算在澡堂子里也得抡拳头上！

子夏接着又问："那么，对杀害亲兄弟的仇人又该怎么办？"

孔子回答说："不和仇人同朝为官。如果自己奉国君之命出使外国，在外国遇见了仇人，不能跟他动手，要以公事第一。"

子夏又问："那么，对杀害叔伯兄弟的仇人又该怎么办？"

孔子回答说："自己不带头报仇，如果死者的亲儿子或者亲兄弟找仇人动手，那就拿着家伙在后边助威。"

——这是儒家经典里的经典语录，是孔圣人的话，把杀父母之仇、杀兄弟之仇、杀叔伯兄弟之仇的报仇方法讲得清清楚楚。圣人的话是不会错的，而且是治国之大纲，这样看来，徐元庆谋杀赵师韫，一点儿都没错啊！

关于父母之仇，《礼记》里还有一段话，见于《礼记·曲礼》，说得很简洁：

父之雠，弗与共戴天；兄弟之雠，不反兵；交游之雠，不同国。

意思和前边那段稍有出入，是说：杀父之仇不共戴天；杀害兄弟的仇人一旦遇到，不管手里有没有家伙，应该立马就上；至于杀害朋友的仇人，不能跟他生活在同一座城市里。

《礼记》里的这两段虽然内容略有出入，但在"杀父之仇，不共戴天"这一点上还是完全统一的。

《礼记》在唐朝的科举教科书中属于"大经"，地位很高，又因为语言内容相对浅近，所以学的人也多，所以用现代的话说，《礼记》思想在当时有着广泛的社会影响力和渗透力。这样看来，徐元庆一案的两难之处就在于：如果依"法"，杀人者应当偿命；可如果依"礼"，杀死杀父仇人天经地义。

——依"法"，还是依"礼"，这是个问题。

徐元庆案件以一种极端化的形式让“礼”和“法”的矛盾暴露出来了——这事如果发生在秦朝就非常好办了，秦朝是严刑峻法制国，立法是本着法家思想，遇上徐元庆这样的，没什么废话，三下五除二就给杀了；而唐朝虽然也不乏严刑峻法，但立法思想似乎却是儒家的礼治精神，也就是说，讲等级、讲贵贱、讲所谓的“君臣父子”。知道了这些，我们就容易理解徐元庆案件的审判难点了：这一件小小的谋杀案竟然挑战着最高治国纲领，挑战着占据统治地位的意识形态，让法律的“体”和“用”凸现出了尴尬的矛盾，这案子可怎么判？——难煞人也！

于是，这块烫手的热山芋最后就交到了武则天的手上。[①]武女士思前想后，最后终于下了个结论：“要不，就放了这小子吧。”

这是一个非常人性化的最高指示，即便徐元庆依法当杀，但皇帝法外开恩，给予特赦。那么，既然民心思放，皇帝也愿意放，看来徐元庆是可以捡回一命了，这是一件皆大欢喜的事情。可是，就在这个时候，突然传来一个不和谐的声音：“放不得！”

说这话的人大家恐怕都不陌生，他就是大名鼎鼎的陈子昂，但凡读过几首唐诗的应该都读过那首慷慨悲凉的《登幽州台歌》：“前不见古人，后不见来者。念天地之悠悠，独怆然而涕下。”就是这位大诗人、大才子陈子昂，此刻庄重地提出了自己的意见：“放不得！”

陈子昂的说法是：“徐元庆蓄意谋杀，案情清楚，按照国法应该被判处死刑，国法不可不依。但是，念在这小子是为父报仇，情有可原，孝义感人，所以建议在杀了他之后再大张旗鼓地表彰他一番。”

陈子昂的这个建议乍一听好像满不着调，可仔细再一捉摸，却还真是个高招：这一来，“法”和“礼”的矛盾就被轻松化解了，两头都照顾到了，嗯，高，果然是高！

朝中大臣们议论纷纷，越议论就越觉得陈子昂的这招可行。

这确实是一个高招，也正是因为这个高招，徐元庆谋杀案才得以被史官记录在案，并成为陈子昂履历表上光彩的一笔——在《旧唐书》里，徐元庆谋杀案是被记载在陈子昂的传记里的。

好啦，大家别看我罗罗嗦嗦了这么半天，其实《旧唐书》对这件事的记载非常简略，不过才寥寥几句话而已：

时有同州下邽人徐元庆，父为县尉赵师韫所杀。后师韫为御史，元庆变姓名于驿家佣力，候师韫，手刃杀之。议者以元庆孝烈，欲舍其罪。子昂建议以为：“国法专杀者死，元庆宜正国法，然后旌其闾墓，以褒其孝义可也。”当时议者，咸以子昂为是。

翻译过来就是：同州下邽人徐元庆的父亲被县尉赵师韫给杀了，后来赵师韫升官当了御史，徐元庆改名换姓到驿站里做了一名服务生，等赵师韫来驿站歇脚的时候就拿刀杀了他。大家觉得徐元庆孝义忠烈，打算免了他的罪，可陈子昂建议说：“徐元庆蓄意谋杀，案情清楚，按照国法应该被判处死刑，国法不可不依。但是，念在这小子是为父报仇，情有可原，孝义感人，所以建议在杀了他之后再大张旗鼓地表彰他一番。”大家都觉得陈子昂说的在理。

——是不是有人看出来了：《旧唐书》的这一小段记载和我前面的叙述在细节上有些出入？

不错，是有一些出入，因为我依据的不是《旧唐书》，而是《新唐书》。《新唐书》对徐元庆谋杀案前前后后的记载比《旧唐书》丰富得多。

先说一个小问题：为什么有了《旧唐书》，还要重修一个《新唐书》？

——《旧唐书》和《新唐书》原名都叫《唐书》，后人为了区别两者才把一个叫“旧”一个叫“新”。《旧唐书》是五代时期编纂的，《新唐书》是宋朝编纂的，《新唐书》的两位主编都很有名，一位是“红杏枝头春意闹”的宋祁，一位是“唐宋八大家”之一的欧阳修。为什么要重修《唐书》，因为宋人对《旧唐书》的一个重要不满是：《旧唐书》的笔法缺乏惩恶扬善的精神，既没使忠臣孝子得到应有的褒奖，也没给奸佞叛党足够的唾骂。——要知道，中国的修史传统奉孔圣人的《春秋》为滥觞，孔子之所以成为圣人，是因为《春秋》而不是因为《论语》，《春秋》是以微言大义暗藏褒贬的，而历来传说“《春秋》者，赏善罚恶之书”，[②]听上去很像是和尚在讲因果报应，但也不知道到底是谁影响了谁。

所以，宋祁和欧阳修秉承着“孔子修《春秋》，乱臣贼子惧”的精神，下大功夫重修唐史，要使这部新编唐史具有赏善罚恶的道德意义。这个目的的确达到了，后来章学诚评论《新唐书》有一句很中肯的话，叫做“笔削谨严，乃出迁、固之上。”[③]意思是，《新唐书》“笔”和“削”都很严谨，在这点上做得比写《史记》的司马迁和写《汉书》的班固还强。

什么是“笔”和“削”？

一种流行的说法是，“笔”就是写，“削”就是不写，[4]章学诚用这两个字，暗中是拿《新唐书》和《春秋》相比，因为，据说孔子修《春秋》的时候是“笔则笔，削则削”，也就是说，哪些该写、哪些不该些，拿捏得很有分寸。这也就意味着，《新唐书》比《旧唐书》更加符合“春秋大义”，修史的目的不是为了客观如实地记载历史，而是要着重体现出褒贬色彩，有劝勉、有惩诫，以期“再使风俗淳”。

——这就是《春秋》所创立的中国古代修史精神，历史书不是或不仅仅是为了忠实记录历史事件，而是要起到奖善罚恶的作用的，换句话说，一部《春秋》就是侠客岛上的“奖善罚恶使”，以后的司马迁也好，[5]欧阳修也好，都是侠客岛的传人。所以有人说过中国古代只有经学而无史学，这话虽然有点儿极端，却当真很有道理。至于“奖善罚恶”的效果如何，则另当别论。——比如胡适，在这个问题上属于正方，他说：“但私家可以记史事，确有使跋扈权臣担忧之处。故有‘乱臣贼子惧’的话。此事正不须有什么‘微言大义’，只要敢说老实话，敢记真实事，便可使人注意（惧）了。今之烂污报馆，尚且有大官贵人肯出大捧银子去收买，何况那位有点傻气的孔二先生呢？”[6]照此看来，《春秋》在孔子当时约略等于近现代社会里的新闻独立，从水门到拉链门事件等等，确实使“乱臣贼子惧”了，看来“春秋大义”早已传播到海外去了，即便是那些发达国家也每每虚心效法，这真令国人骄傲呀！

胡适是正方，自然也还有反方，鲁迅就是一个：“虽说孔子作《春秋》而乱臣贼子惧，然而现在的人们，却几乎谁也不知道一个笔伐了的乱臣贼子的名字。说到乱臣贼子，大概以为是曹操，但那并非圣人所教，却是写了小说和剧本的无名作家所教的。”⑦

胡适和鲁迅谁是谁非我们暂且不论，《春秋》奖善罚恶的效果虽然有争议，但这种修史精神却当真传承了两千年，于是，徐元庆谋杀案就没有像在《旧唐书》当中那样被收录在陈子昂的传记里，而是被收录在题目叫做《孝友》的一组专题传记当中，而且传主就是徐元庆本人。

——这说明了什么呢？说明徐元庆在死后被翻案了，宋代的儒家大师由衷地赞了他一个“孝”字。

这案子其实倒不是宋祁和欧阳修他们第一个翻的，早在唐朝就已经有人给翻了，来龙去脉，在《新唐书·孝友》里记得清楚。

我们重新在《新唐书》里看看这个案子。——案子还是这个案子，但陈子昂的建议可不再是《旧唐书》里那三言两语了，而是一篇长文，通常被称作《复仇议》。（是不是有人觉得眼熟？）

陈子昂是唐朝大才子、诗文大家，这篇《复仇议》写得文采飞扬、气势恢弘：

先王立礼，所以进人也；明罚，所以齐政也。夫枕干雠敌，人子之义；诛罪禁乱，王政之纲。然则无义不可以训人，乱纲不可以明法。故圣人修礼理内，饬法防外，使夫守法者不以礼废刑，居礼者不以法伤义；然后暴乱不作，廉耻以兴，天下所以直道而行也。

窃见同州下邽人徐元庆，先时，父为县吏赵师蕴所杀；遂鬻身庸保，为父报雠，手刃师蕴，束身归罪。虽古烈者，亦何以多。诚足以激清名教，立懦夫之志，振下士之靡者也。

然按之国章，杀人者死，则国家画一之法也。法之不二，元庆宜伏辜。又按《礼》经，父雠不同天，亦国家劝人之教也。教之不苟，元庆不宜诛。

然臣闻在古，刑之所生，本以遏乱。仁之所利，盖以崇德。今元庆报父之仇，意非乱也；行子之道，义能仁也。仁而无利，与乱同诛，是曰能刑，未可以训。元庆之可宥，显于此矣。然而邪由正生，理心乱作。昔礼防至密，其弊不胜；先王所以明刑，本实由此。

今倪义元庆之节，废国之刑，将为后图，政必多难；则元庆之罪，不可废也。何者？人必有子，子必有亲，亲亲相雠，其乱谁救？故圣人作始，必图其终，非一朝一夕之故，所以全其政也。故曰："信人之义，其政不行。"且夫以私义而害公法，仁者不为；以公法而徇私节，王道不设。元庆之所以仁高振古，义伏当时，以其能忘生而及于德也。今若释元庆之罪以利其生，是夺其德而亏其义；非所谓杀身成仁，全死无生之节也。如臣等所见，谓宜正国之法，置之以刑，然后旌其闾墓，嘉其徽烈，可使天下直道而行。编之于令，永为国典。谨议。

陈子昂这里先是点明礼和法的不同功用：礼是用来使人进步的，法是用来搞好国政的。那么，拿盾牌当枕头时刻准备着为父报仇这是做儿子的大义所在，没错；而诛杀罪犯也是政府的一项基本功能。如果礼义有缺，就没法教育百姓；如果国法不彰，就没法治理国家。所以说，礼和法是相辅相成、不可偏废的。

徐元庆的做法慷慨激烈，即便是古代的烈士也不过如此了。《礼记》教导我们说：杀父之仇不共戴天。这话可不是含糊其词，咱们也不能说一套、做一套，所以徐元庆理所当然应该无罪释放。但这么一来，从法律上又说不过去，难道治国只要有礼治就够了，而可以不要刑罚吗？——当然是不可以的。但是，如果依法把徐元庆杀了，从法律上倒说得过去了，可怎么跟人民群众解释呢？大家一看，孝子复仇却落了这么个悲惨结局，荣辱观还不就错位了吗？所以我陈子昂觉得，放也不对，杀也不对。

那该怎么做呢？道理是这样的：徐元庆如今之所以能够以孝义感动天下，都是因为他为了孝义而不惜牺牲生命的精神。如果咱们饶他不死，他也就不成其为舍生取义、杀身成仁了，咱们这等于是在玷污人家的节操啊！所以我陈子昂以为，最好的办法莫过于依法判他死刑，然后再依礼给他在家乡和墓地搞搞活动什么的，好好表彰一下。

——按《新唐书》的版本，这篇文章到这里就结束了，而我上文引的是《全唐文》的版本，文字有些出入，关键在于，行文到这里还没有结束，后面还有一句“请把我的这篇文章附在相关法律条文的后边，永远作为国家法典的一部分”。——这句话的意义何在，容后再表。

现在请大家想想：陈子昂的这番说辞究竟在不在理？

可能有人会问了：“刚才不是说《新唐书》把徐元庆列在了《孝友传》里么，又说《新唐书》站在儒家立场上褒贬善恶，那应该会表彰徐元庆才对啊，应该为徐元庆翻案才对啊，怎么却引了陈子昂这么一大段文章，还是说徐元庆该杀啊？”

——别急，《新唐书》这里引述陈子昂的《复仇议》其实是立了个靶子，马上就该炮轰它了。我方才不是问过，《复仇议》这个标题是不是有人觉得眼熟么，因为《古文观止》里收录了柳宗元的一篇名文，题目叫做《驳〈复仇议〉》，就是专门反驳陈子昂的这篇《复仇议》的。

大家先想想，如果是你，要反驳陈子昂会怎么下手？

陈子昂的《复仇议》抓没抓住问题的重点？有什么毛病没有？看似文采飞扬、逻辑缜密，其实藏没藏着什么致命的纰漏呢？

的确有纰漏，而且，还真就被柳宗元给抓住了。

先交代两句背景：陈子昂在提交《复仇议》的时候，做的官是左拾遗，这是个谏官，这就意味着，他虽然是在讨论礼和法的问题，可按我们现在的话说，他既不是法律口儿的，也不是礼仪口儿的，而柳宗元写《驳〈复仇议〉》的时候，做的官是礼部员外郎，恰恰就是礼仪口儿的。

另外，虽然同属唐朝高人，可陈子昂到底只是个诗人、才子，柳宗元却还是政治家和思想家，柳前辈的犀利我们已经在《周易江湖》里见识过了，他和韩愈、刘禹锡关于“天”的一系列讨论早已成为唐代思想史上璀璨的一页。

柳宗元和陈子昂虽然同处唐朝，却并不是一个时代的人，陈子昂死后七十多年柳宗元才刚出生，所以，柳宗元是在翻阅历史卷宗的时候看到了徐元庆谋杀案的相关文件，对当时的判决大为不满，于是就针对着陈子昂的《复仇议》写了一篇批驳之论。

有人可能会不理解：“一件陈年旧案子，当事人都死了多少年了，还翻个什么案，难道大家不应该团结起来向前看么！翻历史旧账有意义么！”

——还真是有意义的，而且是非常现实的意义，这一点后面就会看到，咱们先看看柳宗元的这篇《驳〈复仇议〉》吧：

臣伏见天后时，有同州下邽人徐元庆者，父爽，为县尉赵师韫所杀，卒能手刃父仇，束身归罪。当时谏臣陈子昂建议，诛之而旌其闾，且请编之于令，永为国典。臣窃独过之。

臣闻礼之大本，以防乱也。若曰无为贼虐，凡为子者杀无赦。刑之大本，亦以防乱也。若曰无为贼虐，凡为治者杀无赦。其本则合，其用则异，旌与诛莫得而并焉。诛其可旌，兹谓滥，黩刑甚矣。旌其可诛，兹谓僭，坏礼甚矣。果以是示于天下，传于后代，趋义者不知以向，违害者不知所以立，以是为典可乎？盖圣人之制，穷理以定赏罚，本情以正褒贬，统于一而已矣。

向使刺谳其诚伪，考正其曲直，原始而求其端，则刑礼之用，判然离矣。何者？若元庆之父不陷于公罪，师韫之诛独以其私怨，奋其吏气，虐于非辜，州牧不知罪，刑官不知问，上下蒙冒，吁号不闻；而元庆能以戴天为大耻，枕戈为得礼，处心积虑，以冲仇人之胸，介然自克，即死无憾，是守礼而行义也。执事者宜有惭色，将谢之不暇，而又何诛焉？其或元庆之父，不免于罪，师韫之诛，不愆于法，是非死于吏也，是死于法也。法其可仇乎？仇天子之法，而戕奉法之吏，是悖骜而凌上也。执而诛之，所以正邦典，而又何旌焉？

且其议曰：“人必有子，子必有亲，亲亲相仇，其乱谁救？”是惑于礼也甚矣。礼之所谓仇者，盖其冤抑沉痛而号无告也，非谓抵罪触法，陷于大戮。而曰彼杀之，我乃杀之。不议曲直，暴寡胁弱而已。其非经背圣，不亦甚哉！

《周礼》：“调人，掌司万人之仇。凡杀人而义者，令勿仇，仇之则死。有反杀者，邦国交仇之。”又安得亲亲相仇也？《春秋公羊传》曰：“父不受诛，子复仇可也。父受诛，子复仇，此推刃之道，复仇不除害。”今若取此以断两下相杀，则合于礼矣。且夫不忘仇，孝也；不爱死，义也。元庆能不越于礼，服孝死义，是必达理而闻道者也。夫达理闻道之人，岂其以王法为敌仇者哉？议者反以为戮，黩刑坏礼，其不可以为典明矣。

请下臣议附于令，有断斯狱者，不宜以前议从事。谨议。

柳宗元说：我从文献上看到武则天在位的时候，发生过一起徐元庆谋杀案，当时的谏官陈子昂提议判处徐元庆死刑，然后再在徐的家乡给他搞什么表彰活动，陈子昂还建议把这个判例载入律令，永远成为国家法典的一部分。我觉得这样的做法是非常错误的。

柳宗元该展开议论了，他和陈子昂一样，也是先从礼和法的不同功用来入手的。

柳宗元说：礼的意义在于防乱，禁止杀害无辜的人——看，柳宗元把问题的重点放在“无辜”与否之上——所以，如果父亲有罪该杀，那么儿子就不应该为父报仇；儿子如果杀了人、报了仇，也应该被判处死刑。法的意义也在于防乱，也禁止杀害无辜的人，所以，如果官员滥杀无辜，就应该被判处死刑决不宽恕。这样看来，礼和法虽然具体运用的对象不同、方法不同，但本质却是一般无二的，可既然如此，又怎么可能对同一件事情既依礼表彰又依法处罚呢？这么一来，大家还不都给搞糊涂了，到底什么是对、什么是错啊？

——柳宗元抓住了问题的要害：礼和法是一枚硬币的两面，其核心价值观都是一样的，决不是互不相关的两套系统，像你陈子昂这么一搞，等于把礼和法对立起来了，搞出两套核心价值观了，大家伙分不清什么是对、什么是错了。

柳宗元上边是从法理原则上抓住了要害，紧接着又从徐元庆这个个案当中抓住了要害。——柳宗元问了一个重要的问题：徐元庆的父亲到底是因为什么才被赵师韫杀的？

这可是个要命的问题，如果解决了这个问题，下边根本就不会有什么难题，根本就不会有什么礼和法的冲突，可陈子昂那帮人怎么就都没想到呢？

柳宗元说：如果徐元庆的父亲当真犯了法，论罪当死，赵师韫杀他只不过是执行国法，那么杀他的就并不是赵师韫本人，而是国家大法。如果是这样的话，那么徐元庆谋杀赵师韫就分明是仇恨国法，这性质可就变了，可就不是为父报仇了，而是犯上作乱了。那么，判处徐元庆的死刑自然是理所应当的，又凭什么还表彰他呢？

这话可谓再一次抓住了要害。《韩非子·外储说下》有句名言，说："以罪受诛，人不怨上"，⑧就是说一个人因为犯了罪而受诛杀，这个人是不会埋怨法官的。

柳宗元接着说：可是，如果徐元庆的父亲没犯法，赵师韫杀他只是出于个人恩怨，只是为了逞逞官威，这就是赵师韫的不对了，滥杀无辜嘛！徐元庆想为父亲鸣冤，可是官场一片漆黑，官官相护，可怜徐元庆一介草民，上告无路，上访无门，这时候，他还能怎么办呢？

大家注意，柳宗元这里提出的观点非常犀利，别以为儒家都是教人做老好人的，不一定的哦！柳宗元这时候坚决地站在弱势的徐元庆的一方，话里的意思分明透着是：别说什么不能以暴易暴，别说什么要走正常的司法程序，别说什么要相信上级政府能把问题妥善解决，如果这些路全被堵死了，你让一介草民还能怎么办？

怎么办？杀父之仇不共戴天，既然所有正常途径全被堵死了，草民只有一条贱命，那就以命搏命好了！

——柳宗元够狠吧？他接着说：如果情况真是这样，那么，徐元庆谋杀赵师韫就是合乎礼、合乎义的，执政者们向徐元庆道歉还来不及呢，又怎能判他死罪呢？

看，这也是儒家的“礼”，是有血性的、有情怀的“礼”。

柳宗元接着又搬出了一部儒家典籍：《周礼》上说：“凡是杀人而符合道义的，死者的亲属便不许报仇，谁要报仇就处死谁。”（这段《周礼》在下文还会出现，届时再来详说。）接着再引“春秋三传”之一的《公羊传》：“父亲被冤杀，儿子可以报仇；父亲有罪该死，儿子报仇就会引起接连不断的仇杀，这样报仇是不合道义的。”柳宗元归纳说：如果按照《公羊传》的这个原则来审理刑事案件，这就符合礼的标准了。

我在正文会开讲《春秋》“一经三传”，“一经”就是《春秋》，“三传”就是《左传》《公羊传》和《穀梁传》，所以，既然柳宗元现在搬出了《公羊传》作为重要断案依据，我们就先对这几句话留心一下。

《公羊传》这几句话的原文是：“父不受诛，子复仇可也。父受诛，子复仇，此推刃之道，复仇不除害。”现代读者可能对这几句话不易理解，“父不受诛，子复仇可也”，好像是说“父亲没有被杀，儿子可以复仇”，这，好像和常理不大合拍呀？

之所以会产生这种误解，原因就在于这个“诛”字。我们都知道“诛”就是“杀”，不错，但“诛”和“杀”是有区别的。在古籍里，同样是表示杀人，“诛”一般表示的是上级杀下级，是以有道杀无道，是以正义之刀杀有罪之人，而与之相反的是“弑”，表示的是下级杀上级，比如“弑君”，而“杀”字则是一个中性词。所以，“父不受诛，子复仇可也”意思就是说：“如果父亲被杀——不是被‘诛’，而是无辜被杀——这样的话，儿子就应该复仇。”

这句话的具体出处是《公羊传·定公四年》，上下文大家都很熟悉：楚国人伍子胥因为父亲和哥哥都被楚平王冤杀了，伍子胥逃到吴国，多年之后，伍子胥在吴国受到吴王阖庐的重用，后来带兵攻打祖国楚国，大败楚军，这时候楚平王已经死了，楚平王的儿子楚昭王逃到了附近的随国。《公羊传》对这一段史实的记载很可能并不可靠，但在态度上确是鲜明地支持伍子胥的复仇的，“父不受诛，子复仇可也……”这句话就是从伍子胥这儿说的。⑨

可能会有人觉得难以理解：《公羊传》到底是儒家的一部重要经典，是阐发《春秋》的微言大义的，是要让“乱臣贼子惧”的，怎么可能去赞扬伍子胥的复仇呢？要知道，按现在的说法，伍子胥可以被定性为叛国投敌，是个大大的汉奸！儒家经典竟然会褒奖叛国行为？会站在汉奸一边？！⑩

即便是在现代社会，只要思想觉悟不是很低的人恐怕都会认为国家利益高于一切，所以，个人再怎么受到不公正待遇，在面对大是大非的时候也要以国家为重，比如当年乒乓球选手何智丽引起的大讨论就很说明问题。具体到伍子胥的例子，哪怕是父亲被冤杀了，哥哥被冤杀了，自己也被一路追杀，可就算再有不平，也不能投奔外国啊，更不能带领外国军队杀进祖国啊！

话是这么说不错，可人家《公羊传》还就是那么讲的。不但如此，《公羊传》还阐发了一则火上浇油的“微言大义”：

《春秋经》：

冬十有一月庚午，蔡侯以吴子及楚人战于伯莒，楚师败绩。

《公羊传》

吴何以称子？夷狄也，而忧中国。

其忧中国奈何？伍子胥父诛乎楚，挟弓而去楚，以干阖庐……

——为什么一段是《春秋经》，一段是《公羊传》呢？因为《春秋》（以后还是把它叫作《春秋经》好了，不容易引起误会）相当于一本经典教材，历来被认为是孔圣人编写的，里边奖善罚恶，蕴含着治国大道，但这教材也有一个缺点，那就是：内容编得太洗练了，一般人看不懂其中隐蔽的含义。那该怎么办呢，这就需要有教辅来作补充参考，而《左传》《公羊传》和《穀梁传》就是留存下来的三大《春秋经》的教辅。三大教辅各擅胜场，而其中最早被官方认定为经典的就是这部《公羊传》，也称《公羊春秋》。

《春秋经》里被认为蕴含着孔子的“微言大义”，《公羊传》就细心地去发掘这些“微言大义”——在上边这两小段里，《公羊传》的内容就是阐发上边《春秋经》那句话里的深刻内涵的。

《春秋经》那句话翻译过来就是：冬季十一月庚午日，蔡侯和吴子联合，在伯莒这地方和楚国人打仗，楚国人被打惨了！

——好好看看，你能看出来这里边藏着什么“微言大义”么？

这得通看《春秋经》才能捉摸得出来，这句里带着“微言大义”的词汇就是“吴子”，指的是伍子胥的新老板——吴王阖庐。

春秋大义强调“夷夏之防”，也就是说，推崇中原地带以周天子为核心的那些文明程度较高的诸侯国，比如鲁国、齐国等等，这些国家被称作“诸夏”；看不起边缘地区那些文明程度较低的国家，比如楚国、吴国、越国，这些国家被认为是“蛮夷”。

不仅仅是“蛮夷”，通常有所谓东夷、西戎、北狄、南蛮，单从字面看就知道不是好话，“夷夏之防”里的“夷”就代表了所有这些东西南北的落后文化。至于为什么要重视“夷夏之防”，可用的理由比如著名的“非我族类，其心必异”等等，意思是说：夷人们虽然勉强也被叫作人类，但其实都是些牛鬼蛇神——我们可以参考一下亨利·梅因在论述古代社会的时候说的意见：“一个原始共产体对于在风尚上和它自己有非常不同的人，往往会感到几乎是自然的憎恶，这种憎恶通常表现为把他们描写成怪物，例如巨人，甚至是魔鬼（在东方神话学中，几乎在所有情况中都是如此）。”[11]——现在我们很难想像了，湖南早已是“唯楚有材，于斯为盛”，苏杭一带也尽是才子佳人，可当年这些地方都是“蛮夷”啊，盛产巨人和魔鬼！更要命的是，这样一种“春秋大义”断续保持了两千多年，孙中山的纲领口号有“驱逐鞑虏”，邹容的《革命军》号召“杀尽胡人”，都有一种拒斥夷狄的味道在内。

两千多年前的夷狄更让诸夏看不顺眼，所以，《春秋经》在提到吴国的时候一般都会说“吴如何如何”，只用一个“吴”字，但在“蔡侯以吴子及楚人战于伯莒”这句话里却用了“吴子”，这可是尊称啊，这就表示了对吴王帮助伍子胥出兵伐楚的一种激赏。有趣的是，仅仅在这句话的几个字之后，《春秋经》便又恢复了用单摆浮搁的一个“吴”字来称呼吴王了。

《公羊传》对“吴子”的那番阐释翻译过来就是：“一直都称‘吴’，为什么这里却改称‘吴子’了呢？这是因为吴国人虽然属于蛮夷，这时候却乐于为中原分忧，所以要夸上一夸……”[12]这里的中原指的就是中原诸夏系统里的蔡国，而作为蛮夷的吴国为了帮助蔡国，毅然和楚国作战，这一战，既帮助蔡国出了气，又帮伍子胥报了父兄之仇。

——这段内容等讲到《春秋经·定公四年》的时候再仔细来说，至于《公羊传》这段分析是对《春秋经》的透彻理解还是穿凿附会，这也留待以后再讲。[13]现在我们先来想想：《公羊传》为什么会这样写呢？儒家思想怎么会赞成为了报父仇而叛国，甚至攻杀祖国的国君呢？这不是大逆不道么？！

这我们还是先要分清：大体来说，秦朝以前的中国是封建社会，秦朝以后的中国是专制社会，这两种社会形态有着本质的不同[14]。儒家原本的思想有一个重要原理，大体可以叫作“推己及人”，比如我们都熟悉的那个“修身、齐家、治国、平天下”，是从小到大一步步做起来的，那么，在家儿子孝顺父亲，在朝臣子忠于君主，也是这个道理。而大家熟悉的“君要臣死，臣不得不死”之类的观念其实都是专制社会的产物，要搁在封建社会，君要臣死？嘿，那得问问凭什么！

更进一步，如果君对臣的迫害到了杀父之仇的地步，那就没说的了，杀父之仇不共戴天，管你天王老子呢，是孝子就该报仇，天经地义！这也就是说，父子天伦是儒家眼里最核心的人际关系，君臣关系倒在其次。这是一种可怕的思想啊，到了专制社会可就不讲这些了，皇上杀起人来也都是满门抄斩，把三族、九族什么的一并株连进去，这一来，想报仇也得有活口啊。（话说回来，楚王当初对伍子胥一家也是要斩尽杀绝的，只是伍子胥逃得快罢了。）

这真是社会制度的不一样啊，封建社会是建立在宗法基础上的，国君、大臣，乃至城里的平民论起来都是一家人，只不过有大宗、有小宗，血缘关系有亲有疏罢了。我在《周易江湖》里提到过，那个时代里，爱家观念比爱国观念要强得多。

另一方面，社会的运转是有着强大的惯性的，时至汉代，虽然早已变封建为专制，但一些风俗习惯并不可能马上就相应地扭转过来。我们可以说，汉朝人的思想上还普遍背着“封建社会的大包袱”。

司马迁就背着这个包袱，所以他对伍子胥的评价是：“弃小义，雪大耻，名垂于后世”，是一个实至名归的“烈丈夫”。[15]我们还要留意的是：司马迁是受过《春秋》学的名师传授的，在董仲舒那里听过课，所学的具体科目就是《公羊传》。

话说回来，再表柳宗元，他老人家如今正在唐朝这个专制社会里抖搂出了“血亲复仇”的春秋大义，搬出《公羊传》这个大招牌，建议今后如果再遇到徐元庆之类的案件，应该遵照《公羊传》的精神来作判决，总结起来就是：“如果父亲是被冤杀，儿子就可以报仇；如果父亲有罪该死，儿子就不可报仇。”（父不受诛，子复仇可也。父受诛，子复仇，此推刃之道，复仇不除害。）

这是一条凌厉的“春秋大义”，时至宋朝，苏轼为伍子胥辩诬，就拿的是这个理由。他说：“‘父不受诛，子复仇’，这在‘礼’上是天经地义的。伍子胥对待杀父仇人，仇人若还活着，就砍下他的脑袋，仇人若是死了，就鞭打他的尸体，这都是内心痛楚的自然流露，只能这么做而别无选择。”（苏轼《论范蠡、伍子胥、大夫种》：“父不受诛，子复仇，礼也。生则斩首，死则鞭尸，发其至痛，无所择也。”）

“父不受诛，子复仇可也。父受诛，子复仇，此推刃之道，复仇不除害”，这是一条被人遗忘的儒家主张。如果一个人他的父亲被官府冤杀，而他自己又上告无路、上访无门的话，依照儒家的观念，最天经地义的选择就是怀揣利刃，手刃仇人！

马克斯·韦伯在《儒教与道教》一书中也提到了这一则杀人复仇的“春秋大义”：“当年，连孔子都要求，把为被杀害的双亲、兄长和友人报仇作为大丈夫的义务，”随即，韦伯话锋一转，“这种伦理现在成了和平主义的、入世的伦理，并且仅仅是畏惧鬼神而已。”⑯

从历史上来看，许许多多的思想或者信仰，无论一开始的时候是以什么面目出现的——无神论的或有神论的，一神论的或多神论的，出世的或入世的，激进的或消极的——只要它最后流行开来，最后都会变成“和平主义的、入世的伦理，并且仅仅是畏惧鬼神而已”，并且，很少还有人能清楚地知道他们所信奉的东西“真正”是什么意思。

至少在孔子时代，“春秋大义”对报仇还是非常嘉许的，和现代人印象中的“中庸之道”[17]大相径庭。其间种种容后再表，我们还是先来看看柳宗元。

柳宗元的《驳〈复仇议〉》已经写完了，真是一篇好文章，说理清晰、论证有力。柳宗元最后一句话写道：“请把我这篇文章附到相关的法律条文之后，以后再遇到同类案件，不能听陈子昂那臭小子的，得听我的。”

想起来了吧，陈子昂的那篇《复仇议》的结尾不是也有这么一句话么，前边还说过柳宗元翻故纸堆给陈年老案翻案是不是闲得无聊，看，这还真是有实际意义的。陈子昂的《复仇议》被附进了法律文献，成为后来判决同类案件的参考，现在柳宗元的请求如果获准，他的《驳〈复仇议〉》也将附进法律文献，成为后来判决同类案件的参考。

——好了，到此，就是《新唐书》里关于徐元庆谋杀案的全部内容了。

放松一下，扯两句题外话。

题外话之一：现在是不是有人觉得陈子昂这小子不太地道啊？是个逻辑不清、还鼓吹严刑峻法的家伙？

这倒错怪陈子昂了，就在《旧唐书·刑法志》里，陈先生针对武则天统治时期的白色恐怖，又发挥了他的才子做派，搞了一篇长篇大论，建议要行仁政。——是啊，陈子昂可是“前不见古人，后不见来者”的一位风流俊彦，自然是一身正气、忧国忧民的。

嗯，可也未必，如果看看他借以成名的一些文章，会发现这家伙很会溜须拍马呢。再看看史书记载，好像知识分子阶层普遍对这小子没什么好感啊！

认识一个人真的是很难！

题外话之二：脑筋急转弯！

回忆一下《礼记·檀弓》里子夏问老师孔子的话：“居父母之仇，如之何？”孔子回答“弗与共戴天”云云。现在我们想象一种情况：如果是母亲杀死了父亲，这种情况应该“如之何”呢？

这可是个难题哦，从《檀弓》里看，孔子认为杀父和杀母之仇都是不共戴天的，是在同一个级别上的，所以，如果真是母亲杀了父亲，做儿子的还真不好办呢。

——不过，如果这个儿子并不是一个儒家读书人，事情也许倒没什么难办的。

是不是有人觉得这种事情纯属伪问题，现实生活中根本不可能出现？——那你可错了，这样的事情还真的出现过，就发生在汉景帝的时候。当时，有个叫防年的老百姓大逆不道，居然杀了自己的继母（不是亲生母亲），但究其原因，竟是这位继母杀了防年的父亲（也就是她自己的老公）。

案子一直报到汉景帝这里，还真把汉景帝给难住了，这个杀人犯防年到底该怎么判呢？杀父、杀母之仇都是不共戴天，所以，防年的继母是防年的不共戴天的杀父仇人，而防年自己又是自己的不共戴天的杀母仇人……◎＃￥％……※×没有250以上的智商还真想不明白！

这个难题最后是让一个小孩子给解决掉的，这孩子当时刚刚十二岁，按现在的标准也就是小学才毕业，他说："所谓继母如母，但到底不是亲生母亲，把她当作母亲是因为父亲的关系，而防年的继母居然杀了老公，这就是主动断了夫妻的情义，于是，她既对老公失去了作妻子的资格，又对防年失去了作母亲的资格，所以，防年杀母只应该判作普通的杀人罪，而不该判作杀母的大逆罪。"

——如果你想的答案跟这孩子一样，那就恭喜你了，因为这孩子可就是日后的汉武帝啊！

（二）

梁悦谋杀案：韩愈的法律难题

好了，让我们继续前进。

《新唐书》发扬了《春秋》的惩恶扬善精神，《孝友传》的设立自是表彰孝义的一处具体体现。就在徐元庆小传之后，还紧跟了一系列的类似事件，其中也不乏耐人寻味的故事。

在唐宪宗时代，又出了一个徐元庆谋杀案的翻版：有个叫梁悦的家伙手刃杀父仇人秦果，随后到衙门里投案自首。这案子照旧惊动了中央，没多久，朝廷下了诏书，发布了最高指示，说道："按礼来说，杀父之仇不共戴天，梁悦做的没错；可按法说，杀人就应该偿命。哎呀呀，礼和法说的不一样，这案子没法判啊！"

——诏书如果真这么下，皇帝就该威严扫地了，所以，这只是诏书的前半段，还有后半段留待一会儿再讲。

先说说皇帝的为难。这案子如果换到现在可能就简单多了，不少人可能都会觉得：这有什么为难的，管那个礼干什么呀，法律问题法律解决，没说的，判梁悦死刑好了！

可前边讲过，在唐朝，礼是立法的根本精神，或者说，儒家思想是立法的根本精神。大家如果看看《唐律疏议》，开头部分是唐太宗时代的名臣（也是唐太宗的大舅哥）长孙无忌写的一篇很长的序言，序言里一会儿"《周礼》说如何如何"，一会儿"《尚书》说如何如何"，一会儿"《易经》说如何如何"，一会儿又是"《春秋》说如何如何"，根本就不像一部国家法典的总序，倒更像是腐儒写的八股文（所以说读不通"十三经"，读历史就总有障碍，就拿"二十四史"来说，皇帝的诏书和大臣的奏议里尽是些引经据典的话。），其核心意思就是讲咱们唐朝的法律精神是以礼为体、以法为用的，或者说，形式上是以法治国，核心却是以礼治国、以德治国。

所以，礼是法的核心精神，儒家思想是国家法律的意识形态准绳。只有在这个背景下，我们才能体会出当礼和法出现矛盾的时候，那些当事人该会如何的抓耳挠腮。

有人可能会问："不是已经有了徐元庆的案例了吗？可以拿来参考啊！"

但不知道为什么，这回却没提徐元庆这个茬儿，也许是陈子昂和柳宗元谁对谁错大家还没有论明白呢。所以，诏书接着说："礼和法同是治国的根本，所以梁悦杀人案不能小看。这样吧，把这案子交给尚书省好好讨论一下吧。"

看来皇帝也发愁，不知道该怎么办，把皮球踢给尚书省了。

尚书省是中央头等大机关之一，可这机关里的精英们当时是怎么商量的我们已经不得而知了，《新唐书》里只收录了一份当时一名职方员外郎的书面意见——这是一篇值得细细品味的好文章，原因之一是，这位职方员外郎就是大文豪韩愈。我们读一下大文豪是怎么写官样文章的：

子复父仇，见于《春秋》《礼记》《周官》，若子史，不胜数，未有非而罪者。最宜详于律，而律无条，非阙文也。盖以为不许复仇，则伤孝子之心；许复仇，则人将倚法颛杀，无以禁止。夫律虽本于圣人，然执而行之者，有司也。经之所明者，制有司者也。丁宁其义于经而深没其文于律者，将使法吏一断于法，而经术之士得引经以议也。

《周官》曰："凡杀人而义者，令勿仇，仇之则死。"义者，宜也。明杀人而不得其宜者，子得复仇也。此百姓之相仇者也。公羊子曰："父不受诛，子复仇可也。"不受诛者，罪不当诛也。诛者，上施下之辞，非百姓相杀也。《周官》曰："凡报仇雠者，书于士，杀之无罪。"言将复仇，必先言于官，则无罪也。

复仇之名虽同，而其事各异。或百姓相仇，如《周官》所称，可议于今者；或为官吏所诛，如《公羊》所称，不可行于今者。《周官》所称：将复仇先告于士，若孤稚羸弱，抱微志而伺敌人之便，恐不能自言，未可以为断于今也。然则杀之与赦不可一，宜定其制曰："有复父仇者，事发，具其事下尚书省，集议以闻，酌处之。"则经无失指矣。

我前边说这篇文章值得细细品味，不仅仅是因为作者是韩愈，更主要的是，要细细品味文中的语气，体会那种磨磨叽叽、拖泥带水、欲说还休的味道。

韩愈说：子报父仇这种事在《春秋》《周礼》、诸子书里都没少讲过，没人把这当犯罪，按说这是最应该被写进法律条文里去的，那样的话，后人遇到这类案子的时候也就没什么可为难的了。可是，为什么法条里不写呢，这也是有道理的。咱们想想，如果法律明文禁止儿子给父亲报仇，这就会伤了孝子的心，（咱们以孝道治天下，哪能这么做呢！）可法律如果明文允许儿子可以给父亲报仇，恐怕就会有人从这里来钻法律的空子。唉，法律虽然是圣人制定的，内容好得很，可执行法律的官吏们却只是一些普通人呀。

韩愈的意思大概是：法律对这个问题不便明说，但意在言外，要靠执法者心领神会了。

引经据典是必要的，韩愈接着便引述了《周礼》的相关内容。《周礼》旧称《周官》，是一部来路不明的经典，[18]是"三礼"之一，在唐朝被列入官学"九经"，后来也进了"十三经"。韩愈这里对《周礼》的引文并没有引用完整，他引的是"凡杀人而义者，令勿雠，雠之则死”，可我们如果核对《周礼》原文，就发现韩愈在句子中间漏写了“不同国”三个字。——这句话的出处是《周礼·地官司徒·调人》，上下文连起来是这样的：

调人掌司万民之难而谐和之。凡过而杀伤人者，以民成之。鸟兽亦如之。凡和难，父之雠，辟诸海外；兄弟之雠，辟诸千里之外；从父兄弟之雠，不同国；君之雠视父；师长之雠视兄弟；主友之雠视从父兄弟。弗辟，则与之瑞节而以执之。

凡杀人有反杀者，使邦国交雠之。杀人而义者，不同国，令勿雠，雠之则死。凡有斗怒者成之，不可成者则书之，先动者诛之。

这段文字可以说是给“调人”这个职位所作的岗位描述，前文中柳宗元为徐元庆作辩护的时候也引过这一段内容，也和韩愈一样省略了那个“不同国”。全段的意思是说：调人的职责是调解人民群众的内部矛盾，要使大家过上和谐的生活。凡有过失伤人者，调人要和乡亲们一同来评判是非，凡有过失伤害了别人家的牲口和家禽的，也要同样办理。调解仇怨的具体办法是这样的：调解杀父之仇，就要让凶手躲到海外去；调解杀兄弟之仇，就要让凶手逃到千里之外去；调解杀从兄弟之仇，就要让凶手躲到国外去；杀君之仇照杀父之仇办理，杀师长之仇照杀兄弟之仇办理，杀主人和朋友之仇照杀叔伯兄弟之仇办理。如果凶手不听劝，不肯逃走，那君王就授予调人瑞节去抓他治罪。

凡“杀人有反杀者”，就告知天下各国缉拿凶手。凡杀人而符合道义的，就要安排凶手和被害者家属不要同国居住，还要劝说被害者家属不可报仇。凡有吵嘴打架的，就去评理调解，调解不了的，就登记在案，此后看这吵嘴打架的双方谁先动粗就惩治谁。

这就是《周礼》对“调人”的岗位描述，看上去还真够详细的，以现代眼光来看也真够别开生面的。但问题是：这是真的么？

的确，对于《周礼》一书的性质，现在占压倒性的意见是：这是一部古代的乌托邦著作。但是，我们显然不能因为它的“乌托邦”就完全怀疑它的真实性。就拿这个“调人”的岗位描述来说，它很可能是对原始部落遗风的一种较为真实的写照——如果我们参照一下当代世界若干偏僻角落里的一些土著部落的生活方式，比如，我们就看看人类学家埃文斯-普理查德的名著《努尔人》吧，我们会惊讶地发现：《周礼》所描述的“调人”简直就和努尔人当中的“豹皮酋长”如出一辙。这大概也能够启示我们这样一个事实：历来被传为周公制作的“礼乐”，其真正源头可能是相当古老的。而更加耐人寻味的是，从种种的人类学著作来看，似乎越是在那些原始的部落当中，“礼”就越是丰富、越是仪式化，人们也越是重视“礼”。这样看来，如果真让孔子搞成了“克己复礼”，怕也不是什么好事。^_^

我们可以简略看一下努尔人的豹皮酋长在“调人”工作遇到阻力的时候是怎么做的：

酋长的恐吓至多也只不过是说如果亲戚们不听他的话，那么当他们处于同样的困境时，他便可能会也不听他们的话。但有人告诉我，如果他们相当固执地拒绝调停，酋长便很可能会恐吓说要离开他们的家宅去诅咒他们。他会牵来一头母牛，用草木灰擦它的后背，并开始吆喝它，说如果受害一方坚持复仇，那么他们中的许多人就会死于这种努力，并且他们把长矛掷向敌手将是徒劳的。人们告诉我，接下来他就会举起长矛要杀掉母牛，但这只是在人们担心他把长矛刺向母牛时才如此。在维护了他们作为亲属的尊严之后，死者家族成员之一便会抓住他高扬的胳膊，不让他刺伤母牛，喊道："不！不要杀死你的牛，算了吧，我们愿意接受赔偿。"我的一个提供信息者进一步补充道：如果人们坚持拒绝接受酋长的调停，酋长就会牵走一头短角的公牛。在诉求神灵之后，把这头公牛杀掉，这样，拒绝他的调停的那个宗族的成员们便可能会在以后发动世仇争斗时被杀死。他的话得到了其他人的支持。

因此，我们可以得出如下结论，酋长的诅咒本身并不是调解的真正律令，而是世仇调解中的一种习俗性的、仪式性的运作步骤，这是人们事先就知道并在他们的算度当中已有考虑的。[19]

——这段文字对我们了解中国古代的"礼"与"法"的关系是有些参考意义的，尽管它不足以确证我们此刻所遇到的具体问题。我们看到，在豹皮酋长行使调人职责的时候，好像并不存在什么"礼"和"法"的冲突，那么，原因究竟在哪里呢？

或许在于："礼"就是"法"，"法"就是"礼"——这两者之所以没有区别，并非因为它们面貌相似，而是因为它们根本就是同一个东西。

是的，这种"习俗性的、仪式性的运作步骤"，说它是"礼"自然没错，说它是"法"也一样成立——在部落社会的背景下，似乎根本就不存在“礼”和“法”的任何区别。那么，中国古代经学家有所谓“礼就是法”的说法，是否也是这个意思呢？

我们从努尔人的豹皮酋长来揣度“礼”和“法”的原始形态，那么，徐元庆和梁悦案件如果拿到豹皮酋长那里去解决，也许这令人困惑的两难场面就不会出现了。或许是随着社会的发展，“礼”、“法”分家，又双双被赋予了神圣的光环以及与时俱进的崭新功能，而后，人们又忘记了这两者曾经是一体的，于是这才有了徐元庆案和梁悦案那种困惑人心的场面出现？

事情也许还不仅如此，甚至，即便是“区别贵贱尊卑等级”这一“礼”的基本功能也并不像看上去的那样属于文明社会的产物——帕累托曾经指出：尊卑贵贱的角色区分是人类的基本情感之一，也是人类社会的一种基本需要，不仅在人类社会，就连动物界都有“上等人”和“下等人”之分。[20]

当然，韩愈这时候还读不到埃文斯-普理查德和帕累托这些人类学家和社会学家如此赤裸裸的“非礼”的文字，他还只能在儒家典籍里转转圈子，他眼中的《周礼》自然尽是圣人之法，是无可怀疑的。那么，在对豹皮酋长有了简单的了解之后，我们再来看看《周礼》中的这个“调人”。

《周礼》这一段对“调人”的岗位描述就把“礼”（在这里意指具体的行为规范）表现得非常细腻，其中说到“国外”和“不在同一国居住”，这个“国”就是前文所讲的“邦国”的意思——从这一段的上下文来看，“国外”是最近的地方，再远一些就是“千里之外”，最远的是“海外”，但那时候的“海外”应该指的是“蛮夷”地区，比如现在的湖南、湖北、江浙一带就都属于“海外”，海南岛大概得算当时的“天外”了。

“杀人有反杀者”这句话我没翻译。从字面上看，这好像是说有人杀了人，而其他人又为被害人报仇杀了那个凶手，但联系上下文来看，这又像是在指官府诛杀罪人之后，罪人家属生事寻仇——古人注释《周礼》大多是取这后一种解释的，还是这个解释更合情理。

韩愈在梁悦案中引述的《周礼》文字就是上文中相当靠后的这句：“凡杀人而符合道义的，就要安排凶手和被害者家属不要同国居住，还要劝说被害者家属不可报仇。”韩愈省略了当中“就要安排凶手和被害者家属不要同国居住”这句，大约是因为唐朝已经是大一统的王朝了，封建时代的“邦国”已经不存在了。

如果按照《周礼》的说法，只要合乎道义，私下杀人就是被允许的。但这话说起来容易，具体到个案当中，怎样才算合乎道义，又由谁来裁判，这都是要命的问题。如果是岳飞杀了金兀术，案子交给秦桧来判，这……

按照我们的常识，案子当然要交给法官来作裁判，即便在部落社会里，豹皮酋长不就是在纠纷中扮演着法官的角色么？

——看似如此，其实却并非如此，豹皮酋长可绝对不是法官，而且，他也并不是我们习惯概念中的那种酋长，除了排解凶杀纠纷之外他在部落中起不到太大的作用，再者，即便是他在行使本职工作的时候，他也更多地靠的是“仪式性的潜能”，而不是自己“一朝权在手”式的主观能动性。还有一点值得我们注意：豹皮酋长通常都是些没有什么后台的家伙——埃文斯·普理查德这样说道：

如果认为“豹皮酋长”是一个政治代理人或是裁决权威，将会导致对努尔人社会构成的误解，因而看不清它的基本原则，为了表明这一点，我们就不得不解释清楚他在世仇调解中所扮演的角色。我们已经讲述过，他没有裁决或执法的权威。他没有责任对凶杀的案件决定是非曲直。对努尔人来说，永远不会发生任何需要裁决的情况。因此，酋长无法迫使人们偿付或接受“恤牛”。他没有有权势的亲属或人口众多的社区作后盾来支持自己。他只不过是在特定社会情境中的一个调停人，而且只有在双方都承认有社区上的联系，并且他们都希望避免激化到更深层的敌对，至少在当时如此时，他的调解才能成功。只有在争执双方希望使事件得以解决时，酋长的介入才会成功。他们是一种机制，使群体各方在期望事件恢复到正常状态时达到这一目的。[21]

努尔人的社会是一种“有序的无政府状态”，之所以既“无政府”还能“有序”，靠的就是社会习俗的规范力量——这也就是我们所谓的“礼”，或者所谓的“法”。设想一下，假定努尔人又度过了漫长的历史岁月，进而发展出了辉煌的文明，这时候，有人把上古遗俗半真半假地记载下来，这记载继而又被奉为圣典，那么，是不是也有可能出现韩愈眼下所面对的这个尴尬呢？

是的，豹皮酋长（调人）还在，礼治规范还在，但在社会的发展中，老名词早已被赋予新概念了。于是，在对某一起凶杀案的裁决中，“怎样才算合乎道义，又由谁来裁判”，这原本也许都不是问题，而现在却都成了要命的问题了。

那么，事情是不是这样的呢：原本是由社会习俗来解决的问题，到韩愈这时却早已变成由专制权力来解决了，既没有后台也没有权力的豹皮酋长（调人）也早已变成了后台强硬的暴力执法机关？

而且，《周礼》对调人的那一整段岗位描述也因为太过具体，所以很难考虑到应该如何把经义去作与时俱进的修饰，比如“国外”和“海外”这些说法显然已经不适应唐代社会了。但韩愈到底是韩愈，除了《周礼》之外他还有别的法宝，他紧接着又引述了一位“公羊子”的话。这位公羊子说：“父不受诛，子复仇可也。”——好眼熟啊，这不就是前边一再提到的《公羊传》里的话么！

不错，韩愈这里说“公羊子”，就是不称书而称人，要知道，《公羊传》之所以叫《公羊传》，据说是因为搞出这门东西的人是战国时候的公羊高，公羊是他的姓。——中国古时候有很多怪姓的，后来就越来越少了。

韩愈引完《公羊传》，又引了一回《周礼》。这句“凡报仇雠者，书于士，杀之无罪”出自《周礼·秋官司寇·朝士》，这里所谓“书于士”的“士”，应该不是指周代一般意义上的贵族的“士”，而是指一种叫做“士师”的长官，简单讲就是公安局长。所以，这句话的意思就是：“报仇当然是可以报的，但是，得先到公安局备个案，你备完案再去把仇人杀了就不算你犯罪。”——下文也没说备案的时候如果公安局不同意怎么办，即便不存在这个问题吧，韩愈接着发表议论说：“这种法律简直就是‘第二十二条军规’！”

咱们好好想想，就拿徐元庆谋杀案来说吧，想要报仇的徐元庆只是一介草民，无权无势，只有一条豁出去的老命，而仇人赵师韫却是朝廷高官，徐元庆倘若真的到公安局先备案去，就算公安局那边真能同意，可风声不就走漏了么，以赵师韫堂堂御史，整治一个刁民还不容易！

所以韩愈发牢骚：“这不是挤兑人么，这个条文设计得也太绝了吧！”

韩愈还算个实诚人，在儒家经典里转了两圈，最后说：看来这种案子还真不能在法律条文里给明确规定出来，我看不如这样好了：但凡有这种为父报仇的案子，就交尚书省让大家一起商议，具体问题具体分析，把商议结果报给皇上，由皇上最后来酌情处理，这样做才是符合儒家经典的核心精神的。

——这等于引经据典了半天，可还是没有一个明确意见。但是，韩愈的这个不是明确意见的意见也许还真起了作用，最后，杀人犯梁悦被念在为父报仇又主动投案的份上，所以只判了他一个流放。

既没杀他，也没放他，却判了个流放，这大概是个折中的办法吧。

徐元庆和梁悦这两个案子的前前后后为我们揭开了“春秋大义”的一角。现在人们已经普遍对儒家精神很陌生了，甚至包括不少鼓吹复兴儒家思想的人。有人以为儒家讲道德、讲做人，有人认为儒家讲究以和为贵、和稀泥、打太极拳，也有人说儒家经典都是知识分子们闷在书斋里搞的寻章摘句，看看，其实不是这么回事吧？

我上边讲的是唐朝的事，如果把时间再往前推，推到汉朝，这就是儒家思想在现实社会中发挥实际功用的最早的时代。那么，我们先来想一个小问题：如果徐元庆和梁悦这两宗谋杀案发生在汉朝，官府会怎么判决呢？

（三）

以德报怨，以直报怨，以过分报怨——从赵娥亲案、康买得案和阳球灭门案看《公羊传》的复仇大义——爱德华·泰勒的人类学解释

东汉末年，在甘肃酒泉发生过一起极著名的谋杀案。好几部文献里对这件事都有记载，内容有详有略。略的比如《三国志》，只交代了一个梗概，总共几十个字而已，可要说详的，皇甫谧的《列女传》简直把这件事写成了一篇短篇小说。那么，为了照顾本文的可读性，我就说说《列女传》的版本好了。

事情以杀人开始，以死人为过程，最终又以杀人结束。这虽然只是个老百姓身边的故事，却在天灾人祸中先后死了好几口子，颇有几分戾气。

第一名死者名叫赵君安，他是被同县的老乡李寿所杀。这事一出，赵家的人当然不干了。要说赵家也算得上人多势众，赵君安一共有三个儿子和一个女儿，女儿名叫赵娥亲，此时已为人母，就算是外姓人了，可那三个儿子哪一个都不是好惹的，立志为父报仇，非要让李寿血债血偿不可，把那李寿搞得提心吊胆。可说来也巧，也许是老天爷保佑，偏在这个时候闹了一场瘟疫，等瘟疫一过，奇事出现：杀人凶手李寿毫发无伤，可赵君安的三个儿子却死了个干净。

赵家这就等于绝了户，男丁全死光了，只一个女儿这会儿也算外姓人了。李寿后顾无忧，禁不住挑大指赞叹老天爷的好眼神。喜事总该庆祝一下，李寿大摆筵席宴请宗族亲属，席间乐呵呵地对大家说："赵家现在只剩下妇女儿童啦，再没什么可怕的啦！"

这话很快就传到了赵娥亲的耳朵里，赵姑娘怆然流泪，恨恨地说："李寿，你小子等着，我非得亲手宰了你不可！"

为父报仇的重任压在了赵娥亲一个弱女子的肩上。赵娥亲着手准备，上街买了把快刀，没事就在家里磨刀。一个县城没有多大，这消息很快就被李寿知道了。李寿再不敢大意，心想："别看赵家只剩下妇女儿童，可俗话说的好，妇女能顶半边天，我还是小心为上！"从此，李寿出门一定带刀骑马，再不敢有丝毫怠慢，瘟疫之前那种提心吊胆的感觉又回来了。

就这样过去了好几年，李寿还照旧带刀骑马，赵娥亲也还照旧在夜里磨刀——这么多年磨下来，就算是青龙偃月刀也得被磨成小片儿刀了。邻居们开始笑话赵娥亲了，是呀，女流之辈，难道还真能提刀杀人不成，不过是做个样子罢了。

冷言冷语比冷风还要刺骨，但赵娥亲也不分辩，只是默默地咬着牙、发着狠：“你们就等着瞧吧。”

再长的等待也是有终点的，大对决终于就要发生了。在这里，《列女传》给我们描述了一个古龙式的场景：那是光和二年二月，上旬里的一天……

天。

冷天。

冷的天上挂着白的太阳。

这是西北甘肃，是冷风、黄沙和双旗镇刀客的老家。

在都亭近处，赵娥亲怀揣利刃，乘鹿车，静静守候。而就在路的尽头，李寿快马轻刀，越来越近了……

还得说皇甫谧厉害，这段描写比亲眼看见的都真：赵娥亲是怎么动作的，李寿又是怎么反应的，比武侠小说还要热闹。接着，在一场激战之后，李寿受伤落马，正掉在路边的沟里。赵娥亲紧追不舍，挥刀再砍，眼看着李寿逃不过了，可这刀却不知道砍在了什么地方，竟然断掉了。就在这电光火石的一瞬间，赵娥亲突然想起了无名刺杀秦始皇的策略——看电影不是白看的，赵姑娘把断刀一扔，扑上去就抢李寿的腰刀。也得说赵娥亲的出招够快，从开始伏击直到现在，李寿被逼得连拔刀的工夫都没有，自己的佩刀还在腰间没出鞘呢。

李寿也急眼了，连忙护住佩刀，紧接着大喝一声，一个燕子三抄水，又一个细胸巧翻云，再接一个梯云纵，从沟里跳了起来。生死就在一线间！

真要等李寿站稳脚跟，再把刀拔出来，赤手空拳的赵娥亲是说什么也敌不过的。夺刀不成的赵姑娘在最后关头使出了压箱底儿的绝技——这就得读皇甫谧的原文才能感受到那种异乎寻常的震撼：赵娥亲“挺身奋手，左抵其额，右椿其喉，反覆盘旋”，——这就是说，赵娥亲硬是用一双女人的巧手把李寿这个大男人的脑袋给拧断了！

毙敌之后，赵娥亲随即砍下李寿的人头，提着它去衙门自首。这一路上，赵姑娘步态从容，神情不改，哪有一点点弱女子杀人之后的惊惶失措。地方长官面对此情此景，也不由得深受感动，不忍心治赵娥亲的罪，宁愿挂冠辞职，也执意要放赵娥亲回家。

这真是个有人情味儿的地方官啊。赵娥亲却不领情，说自己杀了人就该领受国法。就这样，任凭长官怎么劝，她就是赖在衙门不走。（看来人还是要多读书的，赵姑娘如果读过《周礼》，就应该听从长官这位“调人”的调解，逃走也就是了。）

这消息一传出来，“乡人闻之，倾城奔往，观者如堵焉，莫不为之悲喜慷慨嗟叹也”，各大论坛一连多日全是关于赵娥亲杀李寿案的网友评论，这案子实在是社会影响太大了，赵娥亲的遭遇也实在让人敬佩和感动。后来，官方附和民意，甘肃一带的高级长官们一同向中央上表，联名表彰赵娥亲的大无畏精神。事情的结果还算喜人：赵娥亲不但没被治罪，反而被“刊石立碑，显其门闾”，被朝廷树为活典型，成了大家学习的好榜样。——看看，同样是“刊石立碑，显其门闾”，赵娥亲这块碑比之徐元庆的碑可是大不一样的，比之后世那些贞洁牌坊就更不可同日而语了。[22]

这件事还有后话，连带交代一下。赵娥亲不是有个儿子么，这儿子有名有姓，叫做庞淯。母亲英雄儿好汉，庞淯在长大成人以后大有其母风范，几次三番在生死关头舍生取义，是一位响当当的英雄豪杰，这大概就要归功于母亲的“身教”吧。更加值得欣慰的是，庞淯也像她母亲一样，虽然一度也曾因大义所在而把自己置之死地，却幸而有惊无险，最后落得善终。——好人有好报的例子不多，庞淯得算一个。㉓

两汉时期，这类血亲复仇的事件屡见记载，对于报仇者，官府通常都是网开一面的（像赵娥亲的例子，官府不但赦免其罪，而且立碑表彰），民间也全是一片赞誉之声，这就是当时的风气。我们现代人想象古人，常常以为儒家思想把古人们熏陶得都有以德报怨之风，㉔其中虚伪之徒甚至示德于人来博取名声。其实，汉朝风气不但绝非如此，反倒很有几分侠气，正所谓“一饭之恩必偿，睚眦之仇必报”，儒家讲《春秋》的复仇精神，这是我们现代人不容易想见的。

甚至，不但血亲复仇“以直报怨”受到嘉许，就算“以过分报怨”、搞过了火，这也不算什么。——东汉有个叫阳球的，因为妈妈受了郡吏的侮辱，他便纠结了几十个古惑仔，一股脑杀光了那郡吏全家。而这位阳球，这位灭门惨案的制造者，不但并未受到法律追究，还甚而从此成名！而更加骇人的是，阳球居然还被举荐为孝廉！看来孝廉可不都是善男信女哦。㉕

阳球的这种作风和当时社会的这种反应甚至还能得到法律的

部分支持。东汉有一个不长的时期里曾经颁布过一部《轻侮法》，内容大体是：如果因为爸爸受了别人的侮辱，儿子杀死了这个侮辱爸爸的人，儿子可以免除死罪。——这可就不仅仅是“礼”的说法了，而是国家法典的明文规定。

够狠吧？徐元庆、梁悦、赵娥亲他们都是因为爸爸被杀，这才去杀人报仇，而西汉这部《轻侮法》却暗示大家：别说爸爸被杀，就算爸爸仅仅受了一些窝囊气，做儿子的也应该去杀人来给爸爸出气！放手去杀吧，杀了人也不会被判死刑的！

那么，这部骇人听闻的《轻侮法》的立法精神是从哪儿来的呢？——很可能还是那部《公羊传》。

我们看看《公羊传·隐公十一年》：

《春秋经》：

冬十有一月壬辰，公薨。

《公羊传》：

何以不书葬？隐之也。

何隐尔？弑也。

弑则何以不书葬？《春秋》君弑，贼不讨，不书葬，以为无臣子也。

子沈子曰：“君弑，臣不讨贼，非臣也。不复仇，非子也。

先是《春秋经》说鲁隐公死了，然后《公羊传》来解释。《公羊传》的文体很是有趣，是自问自答式的，而且问题和答案还是逐步递进的。这一段按现代习惯翻译过来就是：

Q：鲁隐公死了，按规矩《春秋经》应该记一下他的下葬呀，可为什么没记呢？

A：这是因为有所隐晦啊。

Q：啊？有秘密哦？！什么秘密啊？悄悄告诉我，我保证不告诉别人！

A：◎#￥%……※×

Q：嗯？！——你说什么呢？

A：不好意思，因为有所隐晦，所以有好几个敏感词，搞得我好几次都发不上去。嗯，好啦，现在调整后重发：因为鲁隐公是被鲁+桓+公murder而死的，可大臣们却nobody revenged their dead king，××所以不记载他的下葬，《春秋经》之所以不记载鲁隐公的下葬，是为了挤兑那些没良心的大臣。

《公羊传》接着引用一位子沈子前辈的话："国君被谋杀，臣子如果不去讨伐杀人犯就不配为臣；父亲被杀，儿子如果不去为父报仇就不配当儿子。"

——看来徐元庆和梁悦有点儿生不逢时哦。

《公羊传》的这句"父亲被杀，儿子如果不去为父报仇就不配当儿子"（不复仇，非子也）赤裸裸地支持子报父仇，有趣的是，东汉张敏在提议废除《轻侮法》的奏章里居然也提到了这句名言——这是南辕北辙么？不是的，张大人的意思是：虽然春秋大义有这个"儿子为爸爸复仇"的说法，这没错，但我们不应该把这个精神具体落实在法律条文里，因为那是很容易让坏人钻空子的。[26]

——韩愈应该是读过《后汉书》的，回想一下前文，他在对梁悦案的意见书里所表达的意见正和张敏这里的说法如出一辙。嗯，可韩愈怎么却一直没提张敏这事呢？

这个问题我可回答不了，不过，现在我们还是来想下一个问题吧：为什么春秋大义会嘉许血亲复仇呢？这规矩是孔老夫子制订的吗？如果是的话，他老人家是拍脑门凭空想出来的呢，还是有什么我们所不了解的隐蔽渊源呢？

我们知道，孔子并不赞成“以德报怨”，而是主张“以直报怨”，[27]如果我们把“直”理解为“等值”的话（不是没有这个可能），那么，这就相当于犹太人那句著名的“以眼还眼，以牙还牙”的原则，这样的话，如果亲人的生命被人夺走了，应该怎么办呢？

如果我们把“春秋大义”里的血亲复仇看作一种法律设计的话，那么我们知道，法律很少是凿空而来的，而是往往因循于习俗，或者说，是对习俗的归纳和条文化。血亲复仇，如果它曾经也是一种社会习俗的话，会有什么渊源呢，会有什么特殊的意义呢？

现代的人类学给我们提供了一些或许不那么确定的线索。列维-施特劳斯在对土著的研究中发现：相互间的仇杀居然和相互间的馈赠具有相同的内涵，在土著社会里，仇杀不仅是不可避免的，甚至是非常必要的。——这个问题留待后文再仔细交代。另外，正如人类学的老前辈爱德华·泰勒引述乔治·格雷的话说：“为最近的亲属之死而复仇，是最神圣的义务，土著被号召去完成这个义务。如果他忘记了这个义务而没有完成，那么任何一位老太婆都将会嘲笑他；如果他没有结婚，那么甚至连一个姑娘都不会同他讲话；如果他有妻子，那么她将抛弃他；他的母亲将悲叹、哭泣，因为她生了这样的败类儿子；他的父亲将以轻蔑的态度来对待他；而他也就成了共同蔑视的对象。”㉘

这是对土著习俗的研究，我们很容易想象：或许孔子之前的氏族时代也曾经是这个样子，更有甚者的是，就连灭三族、灭九族这样令人发指的酷刑或许也并非完全出自君主的专擅，而同样部分地源于血亲复仇的古老习俗，甚至，被连累的那三族、九族也并不觉得自己是冤枉的——比如在澳大利亚的土著当中就有这种习俗：当某一家庭成员杀了人，其余的成员自然而然地承认他们也有罪。那么，下一个问题是：如果那个杀了人的罪魁祸首逃跑了，这时候又会出现什么情况呢？又该找谁来负起这个责任呢？

爱德华·泰勒为我们解释说：“如果杀人者消失不见了，该怎么办呢？这种情况在这类蒙昧地区和居民很少的地区，是很容易发生的。土著的习俗就接受了古代的学说，罪犯的整个家族都负有责任；所以当杀人的事成为众所周知的时候，特别是当真正的罪犯消失不见的时候，罪犯的亲属就要以逃跑来自救。甚至七周岁的儿童都知道，他们是否跟杀人者有亲戚关系，假如有，就要赶快躲藏起来。在这里我们得出了两个原则，任何一位研究者如果他是从最早阶段按迹探求法律学的历史的话，他实在应该把这两个原则清楚地记住。他将在近亲复仇的原始法律中看到，社会为了自己的幸福而利用了把人跟低等动物区分开的近亲复仇的天性；同时由于认为整个家族对它的每一成员的行动都负有责任，社会就利用家族对每个人的影响力，作为保持人们之间和平的手段。无论是谁，看到近亲复仇的影响时就不能否定它的实际合理性，也不能否认它在那种还没有专门的法官和刽子手的阶段上，对于制止人的暴行的益处。”

不仅如此，泰勒的研究还告诉我们：“当转到研究高级文明水平的时候，我们在古代文化水平较高的民族中仍然遇到了近亲复仇权，但是它已经被文明逐渐改变了形态。”[29]这句话正好适用于我们在上文看到的这两个案例，而对下文将要出现的案例也将同样适用。看，汉唐两代文明鼎盛时期的法律制度竟然会在原始部落那里找到可怕的源头，而在儒家思想的精心包装之下却一点儿也看不出蒙昧的痕迹——这是不是很容易让人联想起帕累托的“剩遗物”和“派生物”这一对著名的概念呢？

好啦，我们有必要再一次回到唐朝。徐元庆和梁悦之后，到了唐穆宗时代，又出了一件类似的案子。有个叫康宪的带着十四岁的儿子康买得去找一个叫张莅的家伙讨债。看来在唐朝就已经有了欠债的反倒要横的事了，这位张莅赶巧刚喝了酒，一见债主上门，一言不合就动起手来。张莅长得牛高马大，不让泰森，几记重拳之下眼看着就要把康宪给打死了。十四岁的康买得在旁边看得焦急：“这么打下去，爸爸非死不可啊！”康买得有心上去拉架，可一看，自己的大腿还没张莅的小手指头粗，上去也是白给。生死一瞬间，康买得也来不及多想了，顺手抄起一个家伙，照着张莅的脑袋就砸了下去。

介绍一下，康买得抄起来的这个家伙叫做“锸”（chā），是一种农具，铲土用的，大体相当于现在的铁锨。康买得一铁锨下去，张莅当时就不动了。

张莅死了吗？当时没死，熬了三天才死。

康宪虽然获救，心中却哪还有半点喜色，他流着眼泪埋怨儿子："臭小子，没有宝马你也敢随便杀人，这是死罪啊！"

——要是换到现在，康买得显然有救，毕竟可以从"正当防卫"啊、"未成年人"啊什么的来找理由。可在当时……

事情见了官，刑部侍郎孙革的判决是："康买得救父杀人不算行凶，估计拉不开架而用铁锨砸了张莅的脑袋也属情有可原。先王制定刑律的精神是以父子亲情为先，《春秋》'原心定罪'，《周书》当中的各种刑罚也不是没有变通余地的。这样看来，康买得杀人是孝心的体现，不该判罪。"后来果然诏书下达，免了康买得的死刑。[30]

在这个案例里，我们尤其要注意的是孙革那句"《春秋》原心定罪"。什么叫"原心定罪"，这是一种判案的依据吗？

——"原心定罪"可不是孙革发明的，也不是唐朝人发明的，而是汉朝人搞的，这是汉朝应用"春秋大义"来审判案件的一个重要手段，是和"罢黜百家，独尊儒术"有一些瓜葛的。

好啦，为了追踪这个"《春秋》原心定罪"，咱们又该追到汉朝去看看了。汉朝是儒家学说开始定于一尊、成为官方意识形态的时代。咱们现代人读读儒家经典，也无非就是长长知识而已，要么就是为了提高一下道德修养，一不小心还容易被人笑话成孔乙己，但在当初，儒家的学问可当真是经世致用、安邦定国的——至少看上去是这样。

（四）

“汉时以经义断事”——张汤亭疑奏谳——隽不疑处置卫太子事件——萧望之以儒术解决匈奴问题——汉武帝的“九世复仇”

在解释“《春秋》原心定罪”之前先扯点儿别的。

清代大史家赵翼在《廿二史劄记》里写过一条“汉时以经义断事”，说汉朝初年法制建设很不完备，每当遇到大事起了分歧的时候，群臣往往就援引经书里的文辞来讨论该作什么决定。

这个说法颇有道理，我们只要想想汉高帝刘邦著名的那个“约法三章”，就会知道单靠这三章约法在天下一统之后是没法真正有效地治理国家的。没有法，怎么办？那就得靠经了。赵翼接着举了《史记》和《汉书》里的几个例子，他老人家全是一语带过，但我这里就得娓娓道来了。

赵翼举的第一个例子是张汤的事情。张汤是汉武帝时期的审案名人，但他的出名不像福尔摩斯靠的是推理能力，而是靠狠辣的手段，所以他的传记是被司马迁收在《酷吏列传》里的。赵翼说：“张汤为廷尉，每决大狱，欲傅古义，乃请博士弟子治《尚书》《春秋》者，补廷尉史，亭疑奏谳。”

这句话我没给翻译，因为不太好翻。原因是这样的：

赵翼这本书是笔记体的，不那么严谨，他这句话的出处或在《史记》，或在《汉书》，因为这两部书里都有相似的这么一段话，只是文字略有出入罢了。赵翼这里的引述翻译过来就是：“张汤作廷尉，审理大案要案的时候想要附会儒家典籍，就请了些研究《尚书》《春秋》的博士，摆平法律疑点，向皇上奏报。”

原文最后那句“亭疑奏谳”现代读者一般不容易理解，“亭”不是亭子，而是“平”或“定”，当动词用，我觉得翻译成“摆平”比较合适；“谳”（yàn），当动词讲就是判案定罪，还有把判决结果上报的意思，当名词讲就是“案件”。

这样看来，这个例子支持赵翼前边那个论断的，但问题是，赵翼漏掉了《史记》《汉书》原文中关键的几个字——在开头那里，应该还有一句“是时，上方乡文学”，然后接着才是“张汤为廷尉……”[31]

这里的“上”指的是皇上，也就是当时在位的汉武帝；“乡”在这里的意思是“向”；而“文学”指的是儒学。这句话就是说：这个时候，皇上正迷儒学呢。——再把后文联系起来，我们发现，原来张汤找那些研究《尚书》和《春秋》的博士们来判案其实只是为了迎合皇上的喜好啊！

赵翼啊，这么大的名家也有疏忽的时候，还偏巧被我逮到了，嘿嘿，心中窃喜，亏得他老人家不是当代红人，不然的话，该有多少人骂我是想借着给名人挑小错出名啊。^_^

赵翼举的第二个例子是张敞，说张敞在每次朝廷议论重大事件的时候引古论今，折服公卿。

张敞也是个办案能手，其实《汉书》里的另一段话更能够说明问题：张敞是位研究《春秋》的专家，办案的时候大多以儒家典籍为本，惩恶扬善，所以，虽然同时代的好几位办案高手都没得善终，张敞却终能自保。

其实张敞这个名字大家应该非常熟悉，就是“张敞画眉”典故里的那位多情丈夫。

第三个例子最能说明《春秋》在当时的意义。在汉武帝的晚年，首都长安发生了一起著名的巫蛊之乱，在接连发生的一系列灾难中，太子被冤枉地整掉了。这位太子是皇后卫子夫所生，所以也被称为卫太子。

动乱之后过了多年，天子也已经换成了汉昭帝，当年的乱子也没什么人提起了，可是，有一天，首都突然出现了一名男子，此人乘一辆黄牛犊拉的车子，车上插着黄旗，旗上画有龟蛇图案，身穿黄衣，头戴黄帽，一副与众不同的打扮，来到皇宫北阙，自称卫太子。——啊，难道当初的卫太子没死不成？！这可是个爆炸性新闻，立刻就引来了数万的围观者。

几家欢喜几家愁，大小官员全都把心揪起来了。这种事情，稍不留心就能搞掉一大堆的人头，怎不让人胆颤心惊！如果你就是当时长安的一名大员，你会怎么办？

翻翻史书很容易知道，官场上的事，什么作奸犯科、巧取豪夺、飞扬跋扈、抢男霸女，所有这些老百姓眼里的滔天大罪在官员们的眼里根本就不算回事，只要你站对了队、跟对了人、表足了忠心，就算坏事做绝，也一样可以飞黄腾达；可如果反过来，站错了队、跟错了人、表错了忠心，就算你再怎么忠于职守、再怎么廉洁奉公，哪天人家一样能把你当贪官办了。而这时候，当朝天子根基还没立稳呢，传说中的卫太子却突然出现了，这种最高层的权力斗争一旦开打就不知道要牵连多少人呢。——这就是专制政体的一个可怕之处，为了整垮一两个政治对手，把全国老百姓都当了炮灰也在所不惜。

人的这种心态就像偷电缆的道理一样，一根电缆的造价可能有1000元，偷来当废铜卖只能卖10元。但你如果不偷，就算它值5000元，却一分都不是你的，可你如果偷了，10块钱可是确确实实落在自己手里的啊。这是人类理性判断的一个基本通则，自然也是古代官场上的通则——彭尼·凯恩曾经举过一个中国古代黄河管理局的例子，讲那些本来以治水和防水患为本职工作的官僚是怎么反其道而行之的："然而在十八世纪，它变成了一个臃肿、庞大的官僚机构，渐渐不能预报洪水的汛期，也不能将灾难限制在最小的限度。他们不断增加税收，但很少用于治理黄河，最后，凡在此机构供差的人都肥了，与其机构创建的初衷很难相容了。这些官僚故意疏忽对黄河的重要河段的管理，和对重要河坝、堤的保护，以致使其'垮得更快，塌得更快，冲走得更快'，这就可以争得更多的拨款（迈尔斯，1970年，第225页）……"㉜

蜘蛛侠的叔叔有句名言："能力越大，责任越大"，这话套用在这里同样是很合适的：（如果权力不受到监督和制衡的话，那么，）"能力越大，祸害越大"，黄河管理局就比偷电缆的家伙能力大，所以祸害也大，而能力更大的家伙……

无论是偷电缆的还是王公大臣，甚或皇帝，这道理都是一样的，所以，对那些高高在上的人物来讲，只要能把政敌搞垮，只要能把位子坐稳，就算死上几亿人，那都是别人的性命，一点儿没什么可心疼的。于是，在这汉昭帝时代的皇宫北阙，我们应该很容易理解为什么卫太子一出现，大家的心就全都提到嗓子眼。除非你决意投一次机、赌一把牌，那就赶紧表个态，站个队，可如果你没有这份胆色，还是赶紧夹紧尾巴留心看天色吧！

——在这紧张的空气里，大家心里也都在怀疑：卫太子不是早就死了吗？这个家伙不会是假冒的吧？

纵然有九成九的疑心，可谁敢去较这个真呢？

长安的空气越来越凝重了，面对此情此景，谁也不敢贸然出面，事情看来就要这样僵住了。

还就真有不信邪的，只见京兆尹隽不疑挺胸抬头地来到那位卫太子的跟前，向左右差役石破天惊地大喝一声："把这小子给我拿下！"

看，这就叫胆色！

当然，单有胆色当然是不够的，更要有头脑。当时这一绑，旁人可都吓坏了，一个劲儿嘀咕："老隽哎，你是生猛海鲜吃多了呀，真假都没弄清你就敢绑人？他如果是真的卫太子，你这就是大逆犯上啊！"

是啊，难道隽不疑就不怕来人当真是如假包换的卫太子么？

可人家隽不疑一点儿都不担心，理直气壮地说了这样一番道理："当年蒯聩把爸爸得罪了，被迫流亡海外，后来他爸爸死了，他儿子在国内接了班。蒯聩这时候想回国，可他儿子拒不接纳。《春秋》可是赞同蒯聩的儿子的做法的啊！现在这事不是如出一辙么，卫太子当年得罪了先帝，早就是个罪人的身份了，即便这位是如假包换的卫太子，也该当即拿下！"

隽不疑讲的这段故事详见《左传》，是一段很复杂很复杂的故事，等讲到《左传》相应位置的时候再来详说吧（那要很以后很以后了），但终西汉一代，《左传》并未被立为官学经典，所以隽不疑这里说的"《春秋》可是赞同蒯聩的儿子的做法的啊"，这其实是《公羊传》里边的评论。[33]隽不疑的这一雷霆手段堪称果断绝决，而且义正词严，最重要的是：迅速安定了社会人心。汉昭帝和当时辅政的大将军霍光听说之后对隽不疑大加赞叹，感慨说："看来朝中大员一定要用那些精通经典、深明大义的人啊！"——如果隽不疑是个赌徒，这一把可赢大发了。

有人可能会问："就这么完了啊？这个卫太子到底是真是假啊？"

答案是：是真是假恐怕我们永远也不会知道了。《汉书》虽然说了最后这位卫太子被验明了正身，确定是个冒牌货，但这种结论也只能姑妄听之。但是，最重要的并不是卫太子的真假，而是隽不疑仗着"春秋大义"的撑腰，迅速把一场迫在眉睫的血雨腥风防患于未然——这其实只是个副产品，重中之重的是，隽不疑果决地维护了汉昭帝和霍光权力的稳固。是啊，保持社会稳定才是最重要的，为了最大多数人的最大福祉，当然更为了汉昭帝、霍光领导核心的权力稳固，即便冤杀个把卫太子好像也不算什么啊。[34]

再把话说得简明一些：隽不疑的这一做法，对外维护了社会稳定（这是虚的），对内维护了权力核心的稳定（这才是实的）。霍光立时对隽不疑刮目相看，激动得要把女儿嫁给他，但被小隽光明磊落地拒绝了。——如果说隽不疑"春秋大义"那一手是个高招，拒婚这手也玩得漂亮。隽不疑沉得住气，要知道，为领导层立了这样一个大功，千万不要马上就拿好处——好处是跑不掉的，因为人家已经把你当成“自己人”了。

看，儒家经典一定是要好好学习的呦！（当然，这只是我在以小人之心度君子之腹，从隽不疑光明磊落的事迹里学到了一些卑鄙的伎俩。）

赵翼举的第四个例子是萧望之的事情，这是一次重大的国际事件。这件事的“后果”大家都很熟悉，但“前因”就未必清楚了。

汉朝和匈奴的关系大家应该都了解的，匈奴虽然在汉武帝时代受过几次重创，但还是很让汉人头疼。可突然间，有好消息传来了：匈奴发生了重大内乱！

对汉人来说，这真是一个天大的好消息，朝臣们群起议论，建议赶紧趁这个天赐良机狠狠打匈奴一家伙。皇帝不动心是不大可能的，但他还算稳重，想了想：咱们还是听听萧望之的意见吧。

——前边讲过的张敞也好，隽不疑也好，虽然也算通晓经术，但在学术造诣上恐怕都没法和萧望之相提并论。萧望之既是当朝重臣，也是海内名儒，而且一生读书为官的经历颇为传奇。此刻，萧望之思考着十万火急的匈奴问题，他会说些什么呢？

如果你是萧望之，你会是什么意见？

提示：一定要本着儒家精神去讲。

我想可能有人会说：“儒家最讲究‘夷夏之防’，维护华夏先进文明，打击夷狄落后文明，所以当然要打呀！”

可萧望之说的却是“不打”，而且这个“不打”的理由也是货真价实的儒家思想。

萧望之说："根据《春秋》记载，晋国士匄（gài）带兵攻打齐国，半路上听说齐侯死了，士匄就收兵回国了。君子称赞士匄，说他不攻打正在办丧事的国家，合乎道义。士匄的这种做法，足以让齐国的新君感其恩，足以使天下诸国服其义。"

萧望之引述的这个故事见于《春秋经·襄公十九年》，原文是：

晋士匄帅师侵齐，至穀（gǔ），闻齐侯卒，乃还。

翻译过来就是："晋国士匄带领军队攻打齐国，行军到穀这个地方的时候，听说齐侯死翘翘了，于是收兵回国。"

大家可能觉得奇怪：这不就是一句客观叙述么，也没有什么"君子"的评论啊。再说了，都说《春秋》微言大义，可这句话怎么读也读不出有什么褒贬色彩啊？萧望之不会是借题发挥、顺口胡说吧？

——萧望之不会胡说。其实君子的评论是有的，褒贬也是有的，只是我们普通人没那个水平从《春秋经》当中把褒贬看明白，这就得求助于"三传"了。

《左传》以记事见长，对这件事却没有更丰富的叙述，只给了一个评价。这评价也简短得只有两个字："礼也。"意思是：士匄的做法是合乎"礼"的。（《左传》最是讲"礼"。）

《公羊传》和《穀梁传》不长于记事，却善于阐发《春秋经》里的微言大义。《公羊传》对这件事的评论是：

还者何？善辞也。

何善尔？大其不伐丧也。

此受命乎君而伐齐，则何大乎其不伐丧？大夫以君命出，进退在大夫也。

翻译过来是这样的：

Q：《春秋经》对这件事的记载里最后用的字是“乃还”，这个“还”有什么涵义没？

A：当然有涵义了，这是个好字眼啊！

Q：为什么要用好字眼呢？

A：是为了表扬士匄不攻打正在办丧事的国家。

Q：可士匄是奉了国君的命令去打齐国的呀，他怎么能半路上自己做主收兵回国了呢？这怎么可以被表扬呢？

A：当官的奉了国君之命外出办事，自己是有自主决定权的。

《公羊传》用了三问三答，把问题说得清楚明白，其中第三个问答还和我们熟悉的“将在外，君命有所不受”很是相似。只是，《春秋经》原文用的那个“还”字真的蕴含着如此丰富的意义吗？——反正古人是这么认为的。

咱们再看看《穀梁传》是怎么来说这件事的：

还者，事未毕之辞也。受命而诛，生死无所加其怒。不伐丧，善之也。善之则何为未毕也？君不尸小事，臣不专大名，善则称君，过则称己，则民作让矣。士匄外专君命，故非之也。然则为士匄者宜奈何？宜墠（shàn）帷而归命乎介。

《穀梁传》也是从“还”字入手来作阐释的，阐释得却和《公羊传》大有不同，说“还”的涵义是“事情还没办完”。

《穀梁传》说：士匄是奉了国君之命去杀敌的，他和齐侯并没有个人恩怨，所以，如果齐侯活着，那就前往诛杀，如果齐侯已死，那就收兵不打，这正是礼的精神。《春秋经》之所以记载这件事，是因为它大有“合礼性”。

说到这儿，《穀梁传》和《左传》《公羊传》还都是保持一致的，紧接着，《穀梁传》提出了一个非常重要的儒家观念：“君不尸小事，臣不专大名，善则称君，过则称己”。——这里的“尸”可不当“尸体”讲，而是作动词的“主持”，本意是和祭祀仪式有关的。这句的意思是：君主不主持小事，臣子不专享美名，事情办好了全要归功于国君，事情办砸了全要归罪于自己。——这种思想我们中国人应该非常熟悉吧？看看，这就是儒家经典《穀梁传》的精辟总结。[35]

说句不大恭敬的心里话：我有时候读经之余就在想，这些经典到底是想教我们学好啊，还是想教我们学坏？——《穀梁传》的这句论断倒是既可以往好了想，也可以往坏了用，等讲到《左传》的时候，那么多的权谋攻略才够吓人呢！从这层意义上讲，难怪有人主张公务员考试要考“四书五经”，实在太实用了！

大家一定要牢记这几句话，尤其是“善则称君，过则称己”，两千多年来的中国士大夫有多少人靠着这一经典思想进则升迁、退则保身，这实在是能让人受益终生的一句话啊。

《穀梁传》拿出“善则称君，过则称己”这个原则是做什么用呢？很简单，是为了批评士匄。前边那些话都是表扬，现在也该批评几句了。《穀梁传》认为，士匄半路收兵虽然非常值得表扬，但他应该把功劳留给国君才对！想想萧望之前边说的“士匄的这种做法，足以让齐国的新君感其恩，足以使天下诸国服其义”，如果照《穀梁传》的意思，齐国的新君应该对士匄的老板而不是对士匄“感其恩”，天下诸国应该对士匄的老板而不是对士匄“服其义”，如果士匄能把事情做到这个份上，这才是真正“合乎礼”的，才是完美无缺的。

《穀梁传》的原作者据说名叫穀梁赤（也有说叫穀梁喜、穀梁俶等等的），如果我是士匄，非得跟这位穀梁老先生急眼：“您老人家这也太责备求全了吧！我我我，气死我了！说空话容易，如果当时是你领兵，你还能玩出什么新花样来？你能做到‘完美无缺’地‘合乎礼’吗？”

是呀，《穀梁传》既然认为士匄做得还不够，那说没说怎么做才叫“够”呢？不能批评完了别人就算完了呀，有一破还得有一立呀。

这问题还真难不倒穀梁赤，他接着说：“告诉你吧，士匄当时应该这么做：半路上听说齐侯已死的消息后，把人马驻扎下来，扫个场子搞搞祭祀活动，派使者回国向国君去请新的指示。”（宜墠（shàn）帷而归命乎介。）

顺便一说：“宜墠帷而归命乎介”，这句话里的“墠”是指把一块地面整平，把草除干净，准备作祭祀用。（古人并不是那么讲环保的，只是受限于技术条件，所以破坏力没现代这么大罢了。）

古人“封土为坛，除地为墠”，都是祭祀用的。段玉裁《说文解字注》详论过这个东西，说“筑土曰封，除地曰禅”，凡是说“封禅”的，其实也就是“坛墠”，“经典多用坛为墠，古音略同也。”——皇帝们兴师动众地大搞特搞的封禅仪式，原本就是这么回事。往下看，“介”在这里是“界”的意思，指边界、国界，所以“归命乎介”就是指回国请求最新指示。

回过头来再说萧望之，他引述“《春秋》褒奖不打服丧之国的士匄”来论证现实问题，说道：“匈奴单于现在被叛臣所杀，国内大乱，咱们汉朝可是礼仪之邦哎，本着‘春秋大义’来看，哪能趁机去攻打人家呢！”

看，萧望之的意思是“不打”。

有破还得有立，既然不打，那该怎么办呢？萧望之说：“不但不打，还应该派使者去匈奴吊唁，在人家弱小的时候提供帮助，在人家遇到困难的时候施以援手，这样一来，四方夷狄都会感戴汉朝的仁义。如果匈奴在我们汉朝的帮助下稳定下来，立了新君，新君一定会向汉朝称臣。这是一件盛大的德政啊！”

我想肯定有不少人看到这里会骂萧望之是个书呆子。——两国之间讲什么德政啊，难道还真能以德服人不成！哼，这就叫上赶，要是汉武帝……

是呀，好像一提起汉朝，大家都心向汉武帝，那几次凸显“大汉雄风”的和匈奴的大决战总是让人心潮澎湃。如果真是汉武帝在位，这时候恐怕早把萧望之踢到一边去了。可是，皇帝换了，时代变了，匈奴也和当年不一样了。现任皇帝说：“老萧的意见不错，就这么办吧。”

看看，够迂腐吧？书呆子搞外交，错过了击溃匈奴的大好时机，我们在两千年后读起这段历史都恨不得冲进史书里痛打老萧一顿！

但是，事情的发展是出人意料的，这世界从来又都是以成败论英雄的，萧望之这个“迂腐”的主意最后居然为汉朝赢得了空前的外交胜利：后边的事情大家一定都熟悉了，因为得了汉朝好处的那位匈奴单于就是娶了著名大美人王昭君的呼韩邪。[36]

呵呵，一则迂腐的书生之见竟然胜过了百万雄兵。不过，迂腐不迂腐暂且不论，但萧望之的这种作风确实是非常儒家的。很多人喜欢汉武帝时代那种“大国雄风”，但从儒家立场来看，汉武帝可绝对不是一个模范皇帝。在儒家的眼里，真正的高手是靠搞政治来玩转天下，而绝对不是靠武力，所以推崇的是“不战而屈人之兵”，而不是“一将功成万骨枯”。这种思想不仅在先秦的封建时代才有，在秦汉以后的专制时代一样也有；不仅儒家有，非儒家一样也有。汉初的大才子贾谊在《新书》里对这个问题发表意见说：“天子有道，守在四夷；诸侯有道，守在四邻。”这就是说，如果统治者是个政治高手，就会使本是敌对势力的四方夷狄变成自己国家的守卫者。换句话说：本来要筑长城来防御邻近的外国，但政治高手会把外国变成自己的长城。——你以为这只是说空话吗？萧望之不就做到了么。往后看，清朝皇帝也是这么做的。再往后看，看看欧盟的历史，不也有这种思路的影子么？

说到这里，肯定有些读者早就迫不及待地要反驳了：“汉武帝的时候，《穀梁传》和《左传》都没什么地位，官方独尊公羊学，可就是在那个时候，又是卫青，又是霍去病，连年和匈奴决战。汉武帝既然独尊公羊学，为什么做法和萧望之完全相反呢？难道汉武帝是说一套做一套吗？难道汉武帝决定要和匈奴决战的时候就没有像萧望之一样的儒家官员站出来用《公羊传》的指导精神来劝谏过吗？”

是啊，这还真是个问题。

当时，还真有过不少人劝谏过汉武帝，这没错；而汉武帝在这个问题上却也并没有说一套做一套。

这很矛盾吗？不，一点儿都不矛盾。

汉朝人学习经典，讲究的是“通经致用”，也就是说，学习儒家经典不是为了在书斋学院里研究历史、思想史——当时并没有“史学”的概念——而是为了让经典当中的圣人思想指导实际的政治工作。比如，搞水利工程靠的是《尚书·禹贡》，法官断案靠的是《春秋》，校订法律靠的是《尚书·吕刑》（也叫《甫刑》），向领导劝谏靠的是《诗经》……整个儿政治生活几乎都被儒家经典一网打尽了。[37]所以，当一众大臣反对汉武帝和匈奴开战的时候，汉武帝祭出了《公羊传》这部经典，说：“根据《公羊传》的精神，这场仗我们一定要打！”

——萧望之祭出《公羊传》，是论证不该打仗；汉武帝祭出《公羊传》，却论证应该打仗？！

不错，汉武帝时代的匈奴和萧望之时代的匈奴是大不一样的，所以应用的经典意见自然也该有些差异。汉武帝引的《公羊传》是和萧望之不同的段落，见于《公羊传》的“庄公四年”。在这个“庄公四年”，《春秋经》记载了一句话：

纪侯大去其国。

《春秋经》记载简略，如果没有注解，后人谁也不明白这寥寥六个字的一句话是什么意思。《公羊传》出来解释说：

大去者何？灭也。

孰灭之？齐灭之。

曷为不言齐灭之？为襄公讳也。

《春秋》为贤者。讳何贤乎襄公？复仇也。

何仇尔？远祖也。哀公亨乎周，纪侯谮之。以襄公之为于此焉者，事祖祢（nǐ）之心尽矣。

尽者何？襄公将复仇乎纪，卜之曰：“师丧分焉”。“寡人死之，不为不吉也。”

远祖者几世乎？九世矣。

九世犹可以复仇乎？虽百世可也。

家亦可乎？曰：“不可。”

国何以可？国君一体也。先君之耻，犹今君之耻也。今君之耻，犹先君之耻也。

国君何以为一体？国君以国为体，诸侯世，故国君为一体也。

今纪无罪，此非怒与？

曰：“非也。”古者有明天子，则纪侯必诛，必无纪者。纪侯之不诛，至今有纪者，犹无明天子也。古者诸侯必有会聚之事，相朝聘之道，号辞必称先君以相接，然则齐纪无说焉，不可以并立乎天下。故将去纪侯者，不得不去纪也。

有明天子则襄公得为若行乎？曰："不得也"。

不得则襄公曷为为之？上无天子，下无方伯，缘恩疾者可也。

《公羊传》这段解释还是照旧一问一答的形式：

Q：《春秋经》里说："纪侯大去其国。"这个"大去"是什么意思啊？

A："大去"在这里就是说纪国被灭了，完蛋了。

Q：谁把纪国灭了？

A：齐国。

Q：那《春秋经》为什么不直接说齐国灭了纪国？把话说清楚也省得我总是问你呀！

A：这你就不懂了，《春秋经》之所以这么写，是为了给齐国当时的领导人齐襄公隐讳遮掩。

Q：不对呀，《春秋经》号称"为贤者讳"，只有贤明的君主做了错事才应该被遮掩一二的，这位齐襄公算个什么贤君啊？

A：这里给他遮掩，不是因为他有多贤明，而是因为他这次灭纪之战是一场复仇之战。

Q：复仇？！这我可没听说。他跟纪国有什么仇啊？

A：齐襄公不是自己和纪国结了什么仇，他是替他的祖宗复仇。当年，齐襄公的老祖宗齐哀公被周天子下令扔到锅里给煮了。哼，齐哀公是无辜的，这都是因为当时纪国的领导人在周天子面前进了谗言！所以说齐襄公在灭纪这件事上做得不错，对祖先算是尽了心了。

Q：到底怎么个尽心法？

A：齐襄公在发兵复仇之前，先搞了一次占卜。占卜的结果说："如果开战，我们的军队会损失一半。"这要是别的国君，可能就被吓回去了，可人家齐襄公只是把嘴一撇："只要能复仇，就算寡人拼上命，也值！"

Q：哦，这样啊。那，我再问个问题：所谓齐襄公给祖宗复仇，从这位祖宗到齐襄公有几世了呀？

A：九世。

Q：啊？！九世啊！太夸张了吧！都过了九世了难道也应该复仇呀？

A：这叫什么话！当然应该复仇了！别说才过了九世，就算过了百世也应该复仇。

Q：好吧，就算你对。可是，国君是这样，大夫之家也应该这样复仇吗？

A：不可以。

Q：搞特权不是？凭什么国君就可以，大夫就不可以呢？

A：前代的国君和后代的国君都是一体的，所以说，前代国君的耻辱也就等于当今国君的耻辱，当今国君的耻辱也一样等于前代国君的耻辱。

Q：这叫什么道理呀？忽悠我呢吧？为什么说前代的国君和后代的国君都是一体的呀？

A：谁忽悠你呀。国君以国为体，位子是世袭的，所以说前代和后代的国君都是一体的。

Q：就算你对，可是，当今的纪国国君可没得罪齐国呀，齐襄公灭了人家，这不是迁怒么？

A：话可不能这么说。你想想，当年齐哀公被冤枉的时候，如果中央在位的是一位圣明天子，早把进谗言的纪国领导人给处理了，世界上也就不会再有纪国了。纪国从那时候能传到现在，这么多年等于是白捡来的，这都是因为天子不圣明啊！还有一个外交上的现实问题：当时诸侯有会盟、有访问，外交辞令中有很多都要互相举称先君，好比说："我们两国从我爷爷某某某和你爷爷某某某那时候就建立了亲切的睦邻友好关系，你爷爷某某某和你爸爸某某某曾经多次到我国做友好访问，受到我爷爷和我爸爸的热情友好的接见。我爷爷和你爷爷，我爸爸和你爸爸，他们多次就某某问题、某某和某某问题达成共识……"好啦，现在你好好想想，如果"你爷爷"当年陷害"我爷爷"致死，咱们俩孙子辈的国君在外交场合上该怎么说这些外交辞令啊？说假话对不起祖宗，说真话当时就得翻脸，所以只能做个了断，有你没我，有我没你！齐襄公当时就面临着这个决断，而要搞掉纪侯，自然就得灭掉纪国。

Q：哦，这样啊。那，如果有圣明天子在位，齐襄公还会这样做吗？

A：那就不会了。可齐襄公这时候上无称职的天子，下无称职的霸主，所以做起事来只求快意恩仇就好。[38]

汉武帝就是拿这一段齐襄公复仇灭纪国来作自己攻打匈奴的理论依据的，他的意思是："想想当年高皇帝白登之围，想想匈奴是怎么欺负我们的，齐襄公九世复仇被《公羊传》嘉许，我自然也该为先祖复仇！”[39]

——到了现在，我们至少可以对《公羊传》总结出两点：一是把汉武帝这个例子联系一下上文里徐元庆和梁悦的例子，体会一下《公羊传》的立意核心正在于血亲关系和宗法关系，它对复仇的鼓励是让我们很多现代人都觉得瞠目结舌的；二是只要肯用心，从同一部经典中可以得出多种多样的、甚至完全相反的结论，并用以支持各种现实的政治意图。

这第二点尤其意义重大，我们不妨想象一下：当一种意识形态成为官方的、甚至是官方惟一认可的意识形态的时候，当这种意识形态具有了《圣经》在中世纪基督教世界的无上权威地位的时候，对它的任何微小的偏离都会被视为大逆不道，于是异见分子能使自己的想法和行动合法化的惟一办法就是打着红旗反红旗了。——从这层意义上说，越是长篇大论的经典也就越是容易被人找到下手的地方。比如，对一个读过一些儒家经典又很喜欢动脑筋的人来说，他既可以从经典出发来论证应该大力宣扬封建迷信的道理，同时也可以论证出打倒封建迷信的必要性，既能从中论证出资本主义的“历史终结论”，同样也能论证出儒家思想和共产主义理想是紧密贴合的……总之，并不是经典怎么说他就怎么思考，而是无论他想干什么，都能从经典当中找到依据，甚至是，领导讲什么，他就能从典籍当中找出佐证来呼应什么。我相信，只要肯用心，任何一个哪怕智力水平低于平均线以下的人都有能力做到这点。

——对这个“第二点”更为有利的情况是：一种神圣意识形态里存在着不止一部的经典。

我们已经知道了汉武帝的时候独尊公羊学，而过了几代之后，汉宣帝独爱《穀梁传》，后来《穀梁传》和《公羊传》并立为官学，再后来大家又讲“《春秋》三传”，《左传》也有些地位了。而这几部书同属儒家系统，《春秋经》号称孔圣人的大作，“三传”辅翼圣人之言，看上去似乎应该是“三位一体”的才对。

我们就窥一斑而知全豹好了，就先看看对于齐襄公灭掉纪国这件事，《穀梁传》和《左传》都是怎么说的。

以记事见长的《左传》这回反倒把事情经过叙述得异常简略：

纪侯不能下齐，以与纪季。夏，纪侯大去其国，违齐难也。

翻译过来就是：纪国领导人不愿意屈服于齐国，把国君的位子让给了弟弟，自己则为了躲避齐国的迫害而永远地离开了祖国。

《穀梁传》的记载是：

大去者，不遗一人之辞也。言民之从者，四年而后毕也。纪侯贤而齐侯灭之，不言灭而曰大去其国者，不使小人加乎君子。

《穀梁传》也是先从“大去”这个怪词开始解释，但解释得和《公羊传》竟然完全不同：所谓“大去”，就是说“不留下一个人”——当时纪国领导人离开祖国，纪国人民全体追随而去。这些人有先跟着走的，也有随后上路的，整整四年，纪国人民全都走光了。那么，为什么《春秋经》里不写齐国灭纪国，而说纪侯“大去”呢？这是在褒奖纪侯是位贤明的君主，不愿意使小人凌驾于君子之上。

——看，事情一到《穀梁传》这儿，怎么完全反过来了？到底谁说的对呢？到底是谁才真正读懂了孔圣人在《春秋经》里的“微言大义”呢？

就算神秘的“微言大义”我们暂且不论，那么，到底就这一历史事件的叙述来说，谁说的才是对的呢？看来齐国肯定是欺负了纪国，但到底是纪侯自己跑了呢，还是带着全国人民一起跑了？反正“三传”在对这件事情的叙述上是互相矛盾的。

《穀梁传》说纪国全国人民都走光了，这似乎操作难度过大，但那时候的邦国没法和现代国家相比，举国搬迁的事也是有的。即便《穀梁传》在这里夸大其词，可《公羊传》说的“九世复仇”难道就正确吗？后来的学者们也有在研究之后认为这不大可靠的。好吧，退一步来说，就算《公羊传》和《穀梁传》都是重点在于“大义”而不在于历史实录，可如果我们是汉朝人，对这两家截然相反的“大义”我们又该听谁的才好呢？

注释

① 按唐制，理论上说，死刑判决要报到中央，最后还要由皇帝审核。故意杀人罪按《斗讼律》应该判斩，虽然徐元庆有自首情节，但伤害罪自首也不会减刑。

② 这是一种很有民间风格的说法，参见［清］梁章钜《浪迹续谈》“赏善罚恶”条：杭州吴山上城隍庙头门外有墙，四面甚高广，慈溪盛小坨本以大颖书作“赏善罚恶”四大字，极奇伟，此庙不毁，此字亦当不磨也。或疑此四字所出不古。按《公羊传序》疏云：“《春秋》者，赏善罚恶之书。”《云笈七签》：“……赏善罚恶，各有职司，报应之理，毫分无失。”则此四字之由来亦久矣。

③ ［清］章学诚《文史通义》外篇二“永清县志皇言记序例”

④ 关于孔子之笔削，历代众说纷纭，此处暂不细论。

⑤ 详见《史记·太史公自序》

⑥ 胡适：《论（春秋》答钱玄同》（收录于《胡适文集》第5卷，欧阳哲生/编，北京大学出版社1998年第1版，第459页。）

⑦ 鲁迅：《在现代中国的孔夫子》（收录于《鲁迅全集》第6卷《且介亭杂文二集》，人民文学出版社1973年第1版，引文见第316–317页）

⑧ “以罪受诛，人不怨上”，韩非子接着举了“刖危坐子皋”这个例子，又拿“以功受赏，臣不德君”对举。“刖危坐子皋”是说孔子的学生子皋作狱吏的一段故事，见《韩非子·外储说下》：孔子相卫，弟子子皋为狱吏，刖人足，所刖者守门，人有恶孔子于卫君者曰：“尼欲作乱。”卫君欲执孔子，孔子走，弟子皆逃，子皋从出门，刖危引之而逃之门下室中，吏追不得，夜半，子皋问刖危曰：“吾不能亏主之法令而亲刖子之足，是子报仇之时也，而子何故乃肯逃我？我何以得此于子？”刖危曰：“吾断足也，固吾罪当之，不可奈何。然方公之狱治臣也，公倾侧法令，先后臣以言，欲臣之免也甚，而臣知之。及狱决罪定，公憱然不悦，形于颜色，臣见又知之。非私臣而然也，夫天性仁心固然也，此臣之所以悦而德公也。”

⑨ 对这一层“春秋大义”的阐释参见［清］龚自珍《春秋决事比》“人伦之变篇答问”：丙问复仇之节。答曰：何休曰：“诸侯之君与王者异，义得去，去则绝。伍子胥是也。”故比之曰：今世家长杀雇工非道，视此文。凡臣民不得仇天子，得仇天子之臣；不得仇天子执法之大臣，得仇天子之谗臣，齐襄公是也。故比之曰：今世设有

三法司枉挠人命，视此文。

⑩ 康定二年，王安石经过胥山，见伍子胥的祠庙依然香火旺盛，很是感慨，认为个中原因有二：一是是伍子胥的气节感动后世，二是伍子胥的遗爱仍在吴地。王安石于是写了一篇《伍子胥庙记》，盛赞先贤。——但我们仍要记住一点：王安石在北宋可是个大另类，他写昭君出塞的诗里有“汉恩自浅胡恩深，人生乐在相知心”，饱受卫道士们的恶骂。

《伍子胥庙记》：“予观子胥出死亡逋窜之中，以客寄之一身，卒以说吴，折不测之楚，仇执耻雪，名震天下，岂不壮哉！及其危疑之际，能自慷慨不顾万死，毕谏于所事，此其志与夫自恕以偷一时之利者异也。孔子论古之士大夫，若管夷吾、臧武仲之属，苟志于善而有补于当世者，咸不废也。然则子胥之义又曷可少耶？康定二年，予过所谓胥山者，周行庙庭，叹吴亡千有余年。事之兴坏废革者不可胜数，独子胥之祠不徙不绝，何其盛也！岂独神之事吴之所兴，盖亦子胥之节有以动后世，而爱尤在于吴也。后九年，乐安蒋公为杭使，其州人力而新之，余与为铭也。烈烈子胥，发节穷逋。遂为册巨，奋不图躯。谏合谋行，隆隆之吴。厥废不遂，邑都俄墟。以智死昏，忠则有余。胥山之巅，殿屋渠渠。千载之词，如祠之初。孰作新之，民劝而趋。维忠肆怀，维孝肆孚。我铭祠庭，示后不诬。”

——后世对伍子胥推崇备至的人非常之多，又如苏轼曾在诗中写道：“仲谋公瑾不须吊，一酹波神英烈君”，甚至视伍子胥为江南第一名人，把他排在了孙权和周瑜之前。

⑪ ［英］亨利·梅因：《古代法》（沈景一/译，商务印书馆1959年第1版，第五章）

⑫ 经籍当中很少有确定不移的解释，关于“吴子”的另外一种说法听上去也很有道理：“孔子曰：‘唯名不可以假人。’又曰：‘名不正则言不顺，’‘必也正名乎！’是知名之折中，君子所急。况复列之篇籍，传之不朽者邪！昔夫子修《春秋》，吴、楚称王而仍旧曰子。此则褒贬之大体，为前修之楷式也。马迁撰《史记》，项羽僭盗而纪之曰王，此则真伪莫分，为后来所惑者也。自兹已降，论谬相因，名讳所施，轻重莫等。至如更始中兴汉室，光武所臣，虽事业不成，而历数终在。班、范二史皆以刘玄为目，不其慢乎？”（［唐］刘知几《史通·称谓》）从这里看来，孔子比司马迁更加“政治上正确”。

⑬ 先举个质疑之说好了。［明］周统/撰，［清］周梦龄、周毓龄/增辑：《春秋三传通经合纂》周梦龄、周毓龄跋：“宋吕朴向论《春秋》家穿凿之患有二：一以日月为褒贬，一以名称爵号为褒贬。盖日月，史有详略，闵僖以为时远，册多脱漏；文宣以后为时近，事可据实。又赴告亦有详略，皆难拘为定例也。至于名称爵号，各随事之大小详略而书之，如谓书爵为褒，彼同一楚子伐郑，在宣四年则谓书爵以予之，在宣

九年乃谓书爵见其暴陵中华。一褒一贬何又相悬也？”

⑭ 熊逸：《孟子他说》第一册：所谓封建，天子分封诸侯国，这是一种大封建，还有一种小封建，就是诸侯国的国君在自己的地盘里也像天子分封自己一样地拿出地盘来分封给贵族们，而被分封的贵族们和诸侯国国君之间的关系与诸侯国国君和天子之间的关系非常相似。贵族们也有自己的领地和军队，诸侯打仗的时候，贵族们要带着自己的私人军队出征，这是他们应尽的义务。到了所谓礼崩乐坏的时候呢，诸侯们对天子不大恭敬了，开始有僭越的举动了，同样地，贵族们对诸侯也不大恭敬了，也开始僭越了。而正如同大的诸侯有实力轻视周天子一样，大的贵族家族也有实力来轻视诸侯，所以孟子才会说那句“万乘之国弑其君者，必千乘之家；千乘之国弑其君者，必百乘之家。”这个“家”，既不是我们现代人一夫一妻一小孩的家，也不是以前什么四世同堂之类的家，而是贵族的大型家族，有领地，有军队，有相当大的政治权力。……

封建封建，是分封制的社会体制：天子分封诸侯，诸侯分封贵族，诸侯和贵族在自己的领地上拥有相当的自主权，这才是封建社会。秦始皇统一六国之后，就把分封制改为郡县制了。秦朝之后，历代政权基本上一直延续着郡县制的政治体制，虽然也曾经陆续有过分封，但都是以郡县体制做为主体的。而秦朝之前，虽然也有郡县制，但那都是零敲碎打，而且，那时的郡县，其实质和秦以后的郡县也很不一样，社会制度的主体还是分封制。所以，比较准确的表达是：秦始皇结束了中国的封建社会传统。所以呢，要说什么封建社会的历史包袱，秦、汉之际的人的确还有这个包袱，而在现代，在两千多年之后的我们的身上，早就没有这个包袱了。——可是，解决了这个问题，新的问题又来了：我们身上的包袱如果不是封建社会的包袱，那又是什么包袱呢？

答案是：是两千年的集权专制传统的包袱。

⑮ 《史记·伍子胥列传》：太史公曰：怨毒之于人甚矣哉！王者尚不能行之于臣下，况同列乎！向令伍子胥从奢俱死，何异蝼蚁。弃小义，雪大耻，名垂于后世，悲夫！方子胥窘于江上，道乞食，志岂尝须臾忘郢邪？故隐忍就功名，非烈丈夫孰能致此哉？

⑯ ［德］马克斯·韦伯：《儒教与道教》（王容芬/译，商务印书馆，1995年第1版，第221-222页）。该书这一节的小标题是“儒教的和平主义本质”，是说儒教的和平主义特性在历史的发展过程中不断升级，从孔子提倡复仇发展到乾隆皇帝的“唯使生灵免遭涂炭者可治天下”，这是“统一帝国发展的最终产物”。这像是在说孔子时代的儒家思想并不那么“和平”，但韦伯又在注释里提到了“据说孔子本人声称不懂军事事务（《论语·卫灵公篇》：卫灵公问陈（阵）于孔子。孔子对曰：‘俎豆之事，则尝闻之矣；军旅之事，未尝学也。’）”——在我看来，孔子思想保留着一些

部族时代的古老习俗观念，这也许是对他之所以赞成血亲复仇的一个合理解释。

⑰ “中庸之道”大概要算是儒家概念中被误解最深的一个。对这个问题可以参看我的《周易江湖》：“庸”在这里的意思其实是“常”、“平常”，如果说我“庸言之信”，那就是说，我这个人平常一贯说话都很靠谱，很有分寸，从来都不忽悠谁。

“庸”字后来才有了“平凡”的引申意，大家可别以为这个意思是一开始就有的。

如果好好看看“四书”，我们会发现“中庸”这个概念和我们望文生义想当然的那个意思完全是相反的，也就是说，孔子真正讲的“中庸”和我们平日里认为的“中庸”恰恰能构成一对反义词。

“中庸”本来是儒家修身的最高境界，我们可以这样理解：“中”就是不偏不倚，既不过头，也无不及，还有，坚持原则，自己有主心骨，不管潮流怎么变，不管生活怎么苦，也会坚持原则不动摇；“庸”就是一贯如此，好比实事求是是一个人的原则，那他无论在哪里都会实事求是，面对鲜花和掌声他会实事求是，脖子上架着钢刀他一样会实事求是。所以，中庸的人是伟大的人，在社会上根本是凤毛麟角的，孟子说的“贫贱不能移，富贵不能淫，威武不能屈”，这才是真正的“中庸”。……我们平日里说的“中庸”其实在孔子眼里根本就是“乡愿”，这种人是他老人家最最深恶痛绝的。孔子如果知道两千多年后的中华儿女普遍把他最推崇的“中庸之道”当成了他最痛恨的“乡愿”，这得是什么心情啊！

⑱ 简单来说，《周礼》很可能是河间献王刘德在汉景帝时代从民间搜罗来的古书，是经典当中最为晚出的一部，内容从字面上看是周公制定的政治制度，但真相是否如此，历来争议很大：有人怀疑它是伪造的，有人说它是乌托邦式的，直到现在，对作者和成书时间还是搞不清楚。

⑲ ［英］埃文斯–普理查德：《努尔人——对尼罗河畔一个人群的生活方式和政治制度的描述》（褚建芳、阎书昌、赵旭东/译，华夏出版社2002年第1版，第200–201页）

⑳ ［德］帕累托：《普通社会学纲要》（田时纲/译，三联书店2001年第1版，第153页）：无论下等人，还是上等人，都有等级的情感；在动物界可以观察它，在人类社会更为普遍；甚至由于人类社会相当复杂，似乎缺乏这些情感，它们就不能继续存在。等级可以变化，但在社会中永远存在，尽管它们宣布人人平等；这里形成某种暂时的封建制，从最高统治者到最卑贱的臣民应有尽有，譬如，在法国和意大利所看到的那样。我们可以把个人感受到对参加的集体或其他集体的差异情感、被它们赞同和欣赏的愿望，放在等级情感之中。

㉑ ［英］埃文斯–普理查德：《努尔人——对尼罗河畔一个人群的生活方式和政治制度的描述》（褚建芳、阎书昌、赵旭东/译，华夏出版社2002年第1版，第200页）

㉒《三国志·二李臧文吕许典二庞阎传》：初，淯外祖父安赵安为同县李寿所杀，淯舅兄弟三人同时病死，寿家喜。淯母娥自伤父仇不报，乃帏车袖剑，白日刺寿于都亭前，讫，徐诣县，颜色不变。曰："父仇已报，请受戮。"禄福长尹嘉解印绶纵娥，娥不肯去，遂强载还家。会赦得免，州郡叹贵，刊石表闾。

《三国志》裴松之注引皇甫谧《列女传》：酒泉烈女庞娥亲者，表氏庞子夏之妻，禄福赵君安之女也。君安为同县李寿所杀，娥亲有男弟三人，皆欲报仇，寿深以为备。会遭灾疫，三人皆死。寿闻大喜，请会宗族，共相庆贺，云："赵氏强壮已尽，唯有女弱，何足复忧！"防备懈弛。娥亲子淯出行，闻寿此言，还以启娥亲。娥亲既素有报仇之心，及闻寿言，感激愈深，怆然陨涕曰："李寿，汝莫喜也，终不活汝！戴履天地，为吾门户，吾三子之羞也。焉知娥亲不手刃杀汝，而自傲侔邪？"阴市名刀，挟长持短，昼夜哀酸，志在杀寿。寿为人凶豪，闻娥亲之言，更乘马带刀，乡人皆畏惮之。比邻有徐氏妇，忧娥亲不能制，恐逆见中害，每谏止之，曰："李寿，男子也，凶恶有素，加今备卫在身。赵虽有猛烈之志，而强弱不敌。邂逅不制，则为重受祸於寿，绝灭门户，痛辱不轻也。原详举动，为门户之计。"娥亲曰："父母之仇，不同天地共日月者也。李寿不死，娥亲视息世间，活复何求！今虽三弟早死，门户泯绝，而娥亲犹在，岂可假手於人哉！若以卿心况我，则李寿不可得杀；论我之心，寿必为我所杀明矣。"夜数磨砺所持刀讫，扼腕切齿，悲涕长叹，家人及邻里咸共笑之。娥亲谓左右曰："卿等笑我，直以我女弱不能杀寿故也。要当以寿颈血污此刀刃，令汝辈见之。"遂弃家事，乘鹿车伺寿。至光和二年二月上旬，以白日清时，于都亭之前，与寿相遇，便下车扣寿马，叱之。寿惊愕，回马欲走。娥亲奋刀斫之，并伤其马。马惊，寿挤道边沟中。娥亲寻复就地斫之，探中树兰，折所持刀。寿被创未死，娥亲因前欲取寿所佩刀杀寿，寿护刀瞋目大呼，跳梁而起。娥亲乃挺身奋手，左抵其额，右椿其喉，反覆盘旋，应手而倒。遂拔其刀以截寿头，持诣都亭，归罪有司，徐步诣狱，辞颜不变。时禄福长汉阳尹嘉不忍论娥亲，即解印绶去官，弛法纵之。娥亲曰："仇塞身死，妾之明分也。治狱制刑，君之常典也。何敢贪生以枉官法？"乡人闻之，倾城奔往，观者如堵焉，莫不为之悲喜慷慨嗟叹也。守尉不敢公纵，阴语使去，以便宜自匿。娥亲抗声大言曰："枉法逃死，非妾本心。今仇人已雪，死则妾分，乞得归法以全国体。虽复万死，于娥亲毕足，不敢贪生为明廷负也。"尉故不听所执，娥亲复言曰："匹妇虽微，犹知宪制。杀人之罪，法所不纵。今既犯之，义无可逃。乞就刑戮，陨身朝市，肃明王法，娥亲之原也。"辞气愈厉，面无惧色。尉知其难夺，强载还家。凉州刺史周洪、酒泉太守刘班等并共表上，称其烈义，刊石立碑，显其门闾。太常弘农张奂贵尚所履，以束帛二十端礼之。海内闻之者，莫不改容赞善，高大其义。故黄门侍郎安定梁宽追述娥亲，为其作传。玄晏先生以为父母之仇，不与共天地，盖男子之所为也。而娥亲以女弱之微，念父辱之酷痛，感仇党之凶言，奋剑仇颈，人马俱摧，塞亡父之怨魂，雪三弟之永恨，近古已来，未之有也。诗云"修我戈矛，与子同仇"，娥亲之谓也。

㉓ 详见《三国志·二李臧文吕许典二庞阎传》：庞淯字子异，酒泉表氏人也。初以凉州从事守破羌长，会武威太守张猛反，杀刺史邯郸商，猛令曰："敢有临商丧，死不赦。"淯闻之，弃官，昼夜奔走，号哭丧所讫，诣猛门，衷匕首，欲因见以杀猛。猛知其义士，敕遣不杀，由是以忠烈闻。太守徐揖请为主簿。后郡人黄昂反，围城。淯弃妻子，夜逾城出围，告急于张掖、敦煌二郡。初疑未肯发兵，淯欲伏剑，二郡感其义，遂为兴兵。军未至而郡城邑已陷，揖揖死。淯乃收敛揖丧，送还本郡，行服三年乃还。太祖闻之，辟为掾属，文帝践阼。拜附马都尉，迁西海太守，赐爵关内侯。后征拜中散大夫，薨。子曾嗣。

㉔ 《论语》是讲"以直报怨"，而"以德报怨"的说法可见通行本《老子》第七十九章："和大怨，必有余怨，报怨以德，安可以为善？是以圣人执左契，而不责于人。有德司契，无德司彻。天道无亲，常与善人。"——这里的"报怨以德"原来在第六十三章，但和上下文联系不上，所以一些学者认为是脱简，移到了第七十九章。但即便如此，"报怨以德，安可以为善"这句话很难解释，比较有代表性的比如陈鼓应译为"用德来报答怨恨，这怎能算是妥善的办法呢？"但这个"安"字是否应该解释为疑问语气词呢？"安"可通"焉"，用在句首有"于此"的意思，如果这么来解，整句的意思就完全反过来了。

㉕ 《后汉书·酷吏列传》：阳球字方正，渔阳泉州人也。家世大姓冠盖。球能击剑，习弓马。性严厉，好申韩之学。郡吏有辱其母者，球结少年数十人，杀吏，灭其家，由是知名。初举孝廉，补尚书侍郎，闲达故事，其章奏处议，常为台阁所崇信。

㉖ 《后汉书·邓张徐张胡列传》：建初中，有人侮辱人父者，而其子杀之，肃宗贯其死刑而降宥之，自后因以为比。是时遂定其议，以为轻侮法。敏驳议曰："夫轻侮之法，先帝一切之恩，不有成科班之律令也。夫死生之决，宜从上下，犹天之四时，有生有杀。若开兼容恕，着为定法者，则是故设奸萌，生长罪隙。孔子曰：'民可使由之，不可使知之。'《春秋》之义，子不报雠，非子也。而法令不为之减者，以相杀之路不可开故也。今托义者得减，妄杀者有差，使执宪之吏得设巧诈，非所以导'在丑不争'之义。又轻侮之比，浸以繁滋，至有四五百科，转相顾望，弥复增甚，难以垂之万载。臣闻师言：'救文莫如质。'故高帝去烦苛之法，为三章之约。建初诏书，有改于古者，可下三公、廷尉蠲除其敝。"议寝不省。敏复上疏曰："臣敏蒙恩，特见拔擢，愚心所不晓，迷意所不解，诚不敢苟随觽议。臣伏见孔子垂经典，皞陶造法律，原其本意，皆欲禁民为非也。未晓轻侮之法将以何禁？必不能使不相轻侮，而更开相杀之路，执宪之吏复容其奸枉。议者或曰：'平法当先论生。'臣愚以为天地之性，唯人为贵，杀人者死，三代通制。今欲趣生，反开杀路，一人不死，天下受敝。记曰：'利一害百，人去城郭。'夫春生秋杀，天道之常。春一物枯即为灾，秋一物华即为异。王者承天地，顺四时，法圣人，从经律。愿陛下留意下民，考

寻利害，广令平议，天下幸甚。”和帝从之。

㉗《论语·宪问》：或曰：“以德报怨，何如？”子曰：“何以报德？以直报怨，以德报德。”

㉘［英］爱德华·泰勒：《人类学》（连树声/译，上海文艺出版社1993年第1版），详见该书第16章

㉙［英］爱德华·泰勒：《人类学》（连树声/译，上海文艺出版社1993年第1版），第16章

㉚《新唐书·孝友传》：穆宗世，京兆人康买得，年十四，父宪责钱于云阳张莅，莅醉，拉宪危死。买得以莅趫悍，度救不足解，则举锸击其首，三日莅死。刑部侍郎孙革建言：“买得救父难不为暴，度不解而击不为凶，先王制刑，必先父子之亲。《春秋》原心定罪，《周书》诸罚有权。买得孝性天至，宜赐矜宥。”有诏减死。

㉛《史记·酷吏列传》：“是时上方乡文学，汤决大狱，欲傅古义，乃请博士弟子治尚书、春秋补廷尉史，亭疑法。奏谳疑事，必豫先为上分别其原，上所是，受而着谳决法廷尉，絜令扬主之明。”

《汉书·张汤传》：“是时，上方乡文学，汤决大狱，欲傅古义，乃请博士弟子治《尚书》、《春秋》，补廷尉史，平亭疑法。奏谳疑，必奏先为上分别其原，上所是，受而著谳法廷尉挈令，扬主之明。”

［清］王先谦《汉书补注》：“平亭疑法奏谳疑”。李奇曰：亭亦平也。师古曰：亭，均也，调也。言平均疑法及为谳疑奏之。《补注》：宋祁曰：浙本疑字下有事字。王念孙曰：《北堂书钞》、《御览》引《汉书》皆有事字，《史记》、《通典》同。颜云为谳疑奏之，则所见本无事字。先谦曰：亭即平也，此平字衍文，师古所见本多平字，就为之说，实则亭训均调，平亦均调，并无异诂也，《史记》无平字是。《集解》引李奇曰：亭，平也，此李说多亦字，明师古妄加以右已说。谳，白也，请也。

“必奏先为上分别其原”。《补注》：王念孙曰：下奏字涉上奏字而衍，《史记》作“奏谳疑事，必豫先为上分别其原”，则无下奏字明矣。旧本《北堂书钞·设官部五》（陈禹谟本依俗本加奏字），《御览·职官部二十九》引《汉书》皆无下奏字。《通典·职官七》同，奏谳疑乃启下之词，非承上之词，颜连上文平亭疑法释之，非也。

《淮南子集释》：“味者，甘立而五味亭矣”。俞樾云：《说文·高部》：“亭，民所安定也。”是亭有定义。故《文选·谢灵运初去郡诗》注引苍颉曰：“亭，定也。”亦通作“停”。《释名·释言语》曰：“亭，定也，定于所在也。”

五味亭矣，犹曰五味定矣。《文子·道原篇》字正作“定”，可证也。高注曰：“亭，平也。”于义转迂。

向宗鲁云：平亦定也，不必词费。

《文子·原道》：音者，宫立而五音形矣；味者，甘立而五味定矣。

㉜ ［美］彭尼·凯恩：《中国的大饥荒（1959–1961）——对人口和社会的影响》（郑文鑫、毕健康、戴龙基等/译，中国社会科学出版社1993年第1版，第36–37页）

㉝ 《公羊传·哀公二年》：“晋赵鞅帅师纳卫世子蒯聩于戚。戚者何？卫之邑也。曷为不言入于卫？父有子，子不得有父也。”

《公羊传·哀公三年》：“春，齐国夏、卫石曼姑帅师围戚。齐国夏曷为与卫石曼姑帅师围戚？伯讨也。此其为伯讨奈何？曼姑受命乎灵公而立辄，以曼姑之义为固，可以距之也。辄者曷为者也？蒯聩之子也。然则曷为不立蒯聩而立辄？蒯聩为无道，灵公逐蒯聩而立辄。然则辄之义可以立乎？曰：可。其可奈何？不以父命辞王父命，以王父命辞父命，是父之行乎子也。不以家事辞王事，以王事辞家事，是上之行乎下也。”

㉞ 《汉书·隽疏于薛平彭传》：始元五年，有一男子乘黄犊车，建黄旐，衣黄襜褕，著黄冒，诣北阙，自谓卫太子。公车以闻，诏使公卿、将军、中二千石杂识视。长安中吏民聚观者数万人。右将军勒兵阙下，以备非常。丞相、御史、中二千石至者并莫敢发言。京兆尹不疑后到，叱从吏收缚。或曰：“是非未可知，且安之。”不疑曰：“诸君何患于卫太子！昔蒯聩违命出奔，辄距而不纳，《春秋》是之。卫太子得罪先帝，亡不即死，今来自诣，此罪人也。”遂送诏狱。

天子与大将军霍光闻而嘉之，曰：“公卿大臣当用经术明于大谊。”由是名声重于朝廷，在位者皆自以不及也。大将军光欲以女妻之，不疑固辞，不肯当。久之，以病免，终于家。京师纪之。后赵广汉为京兆尹，言：“我禁奸止邪，行于吏民，至于朝廷事，不及不疑远甚。”廷尉验治何人，竟得奸诈。本夏阳人，姓成名方遂，居湖，以卜筮为事。有故太子舍人尝从方遂卜，谓曰：“子状貌甚似卫太子。”方遂心利其言，几得以富贵，即诈自称诣阙，廷尉逮召乡里知识者张宗禄等，方遂坐诬罔不道，腰斩东市。一云姓张名延年。

㉟ “善则称君，过则称己”，这话还见于《礼记·坊记》，紧接着还有一句“则民作忠”。

㊱ 《汉书·萧望之传》：三年，代丙吉为御史大夫。五凤中匈奴大乱，议者多曰匈奴为害日久，可因其坏乱举兵灭之。诏遣中朝大司马车骑将军韩增、诸吏富平侯张延寿、光禄勋杨恽、太仆戴长乐问望之计策，望之对曰：“《春秋》晋士匄帅师侵齐，

闻齐侯卒，引师而还，君子大其不伐丧，以为恩足以服孝子，谊足以动诸侯。前单于慕化乡善称弟，遣使请求和亲，海内欣然，夷狄莫不闻。未终奉约，不幸为贼臣所杀，今而伐之，是乘乱而幸灾也，彼必奔走远遁。不以义动兵，恐劳而无功。宜遣使者吊问，辅其微弱，救其灾患，四夷闻之，咸贵中国之仁义。如遂蒙恩得复其位，必称臣服从，此德之盛也。”上从其议，后竟遣兵护辅呼韩邪单于定其国。

㊲ ［清］惠栋《九曜斋笔记》“经术饰吏事”条：“汉儒以经术饰吏事，故仲舒以通《公羊》折狱，平当以明《禹贡》治河，皆可为后世法。”

“经术”条：“潜邱语：以《禹贡》行河；以《洪范》察变；以《春秋》断狱，或以之出使，以《甫刑》挍律令条法；以《三百五篇》当谏书；以《周官》致太平；以《礼》为服制，以兴太平。斯真可谓之经术矣。”

㊳ ［汉］何休/解诂，［唐］徐彦/疏《春秋公羊传注疏》何休序：其中多非常异义可怪之论。解云：……“非常异义”者，即庄四年，齐襄公复九世之仇而灭纪……若其常义，则诸侯不得擅灭诸侯……故曰“非常异义”也。

㊴ 《史记·匈奴列传》、《汉书·匈奴传》：“汉既诛大宛，威震外国，天子意欲遂困胡，乃下诏曰：‘高皇帝遗朕平城之忧，高后时单于书绝悖逆。昔齐襄公复九世之仇，《春秋》大之。’是岁，太初四年也。”——后来南宋要打金国、恢复中原，论者也多持这个理由。明代“三大案”，王之寀又把这一番“春秋大义”用在了宫廷政治上面：“二年二月上《复仇疏》，曰：《礼》，君父之仇，不共戴天。齐襄公复九世之仇，《春秋》大之。曩李选侍气殴圣母，陛下再三播告中外，停其贵妃之封，圣母在天之灵必有心安而目瞑者。此复仇一大义也。乃先帝一生遭逢多难，弥留之际，饮恨以崩。试问：李可灼之误用药，引进者谁？崔文升之故用药，主使者谁？恐方从哲之罪不在可灼、文升下。此先帝大仇未复者，一也。……”（见《明史·王之寀传》）有趣的是，“红丸案”一般除了这里适用“齐襄公复九世之仇”这则大义之外，更适合“许世子进药”，详见下文。

第二章　一经三传：哲学、历史、还是政治?

（一）

“三传”小史——小学《论语》与大学《春秋》——“春秋三传”和“春秋四传”——公羊学和穀梁学在皇家擂台上的正式比武——作为实用政治学的儒学

我们已经大略看过了儒学于汉、唐两代在政治运作中的实用意义，看来儒家典籍既可以在审案的时候被援引为法律判例，更可以在国家大政上发挥纲领性的指导作用。嗯，儒学并不像现在很多人以为的那样是什么讲做人、讲伦理的哎——不是的，儒学的核心是在政治，而且，儒家的政治思想核心并不是像很多现代人认为的那样主要体现在《论语》当中，而是体现在《春秋》里的。

钱穆曾经很清晰地梳理过这个脉络：“隋唐以前人尊孔子，《春秋》尤重于《论语》。两汉《春秋》列博士，而《春秋》又几乎是五经之冠冕。《论语》则与《尔雅》《孝经》并列，不专设博士。以近代语说之，《论语》在当时，仅是一种中小学教科书，而《春秋》则是大学特定的讲座[①]……此下魏晋南北朝以迄于隋唐，《春秋》列于经，仍非《论语》所能比。”后来直到宋朝，《论语》才和《春秋》平起平坐了，二程和朱熹则抬高《论语》超过了《春秋》，到清代乾嘉以后，《春秋》又超过了《论语》，“只有最近几十年，一般人意见，似乎较接近两宋之程、朱，因此研究孔子，都重《论语》，而忽略了《春秋》。”[②]

其实，要说这“最近几十年”，《春秋》也发出过不小的声音——晚清时代公羊学独胜，维新派拿它讲变法，革命家拿它讲“华夷之辨”和“易姓革命”，即如一向给人以埋头训诂之印象的杨树达前辈，也在1943年出版的《春秋大义述》的自序当中倡明“意欲令诸生严夷夏之防，切复仇之志，明义利之辨，知治己之方”。他所指明的这几条“春秋大义”在当时是实有所指的。而如果以我们现在为坐标，这“最近几十年”的特色则更是明显——要知道，“《春秋》学”比“《论语》学”可复杂和深奥多了，所以，偌大文化断层边缘上的人们借助于《论语》来给断层搭桥显然要比借助于《春秋》容易得多。不过悲观地说，现在再怎么熟读《论语》和《春秋》，乃至其他种种儒家经典，都不会恢复当年的风光了——看看人家汉朝，儒者之学居然切切实实地施展在现实的政治生活当中，影响着内政与外交，掌握着生杀大权，真是威风八面啊。

汉代的儒家政治传统是从汉武帝时代开始的。

不太较真地说，汉武帝时期“罢黜百家，独尊儒术”，首倡之人是董仲舒。[③]董仲舒治学非常刻苦，“目不窥园”这个成语就是从他这儿来的。董仲舒是当时治公羊学首屈一指的专家——所谓“治公羊学的专家”，也就是研究《公羊传》的专家。在当时，因为《春秋经》号称是孔子所修，所以地位崇高，据说孔子他老人家还曾亲口说过：“吾志在《春秋》，行在《孝经》”[④]，更显得《春秋经》意义之无比重大。而如果说《春秋经》是一部权威教材，那么，为《春秋经》编写教辅的人也不在少数。在这里，《春秋》作为教材被称为“经”，那些教辅则被称为“传”。我们一直都说

"《春秋》三传"，就是《春秋经》加上《左传》《公羊传》《穀梁传》，是谓"一经三传"。《春秋经》据说是孔子根据鲁国国史亲手编订的，其意义正如孟子所谓"孔子作《春秋》而乱臣贼子惧"，可孔子一直都是"述而不作"的，只搞古籍整理，却从来不去原创，所以，《春秋经》作为他老人家惟一的一部"作品"，地位自然无比尊崇——比如清代桐城派名人方苞在《春秋直解》的自序中说："夫他书犹孔子所删述，而是经则手定也"，这是两千年来很主流的一种观点。但此事是否可靠，后人聚讼纷纭，我这里就不细表了。

《公羊传》和《穀梁传》据说原本都是孔子的学生子夏得自孔子《春秋》亲传，又传授给公羊高和穀梁赤，而后分别一代代口传心授，到汉初才形成文字，就是《公羊传》和《穀梁传》——这里边有没有猫腻，专家们也是一大堆意见，但我们先不去理会，就当这说法是真的好了。不过，即便承认此说为真，可这么长篇大论的东西被几代人口头传承下来是否已经多多少少走了样，这我们就不得而知了。至于《左传》，号称左丘明所著，而这位左丘明据说还和孔子同时，甚至两人还有过交往，所以他对孔子时的史料知之甚详，对孔子作《春秋》的意图也领会得最深。至于这些说法是否属实，古往今来的专家们作过数不清的考证——这在任何一本思想史著作或者"一经三传"注释本的前言里都能了解到，况且这也不是本文所关注的重点，所以在这里就不多说了。

这"一经三传"，其实原本该说"《春秋》五传"的，那另外两传是《邹氏传》和《夹氏传》[⑤]，可惜都失传了。不过，韩愈有诗"《春秋》五传束高阁，独抱遗经究终始"，很让后人纳闷了一番：难道他那时候还能凑齐“《春秋》五传”吗？[⑥]

后来，继续为《春秋经》作传的大有其人[⑦]，但名声能和“《春秋》三传”媲美的却只有一部，这就是南宋大儒胡安国写的《春秋传》（也可以称之为《胡氏传》或《康侯传》，胡安国字康侯），这部《春秋胡氏传》在元、明两代影响很大，甚至和那“三传”一同被列为“《春秋》四传”。[⑧]更有甚者，胡安国这部书还曾被官方独尊，俨然踞于“三传”之上，甚或高踞于《春秋经》之上。[⑨]当然，学术的荣辱兴废无不是和政治有关的，胡安国这部书重点就在“尊王攘夷”和“复仇大义”上边，正是南宋偏安背景之下的应时激愤之语，乃至清人尤侗批评说：胡安国一门心思扑在复仇上，曲解经文来附会己意，他这部《春秋胡氏传》完全可以说是一本新书，和原本的《春秋经》没有一点儿关系。[⑩]

明代姜宝为徐浦《春秋四传私考》作序，把这“四传”的关系作过一个有趣的比喻：《春秋》就像老天，《左传》负责“照临、沾濡、焦杀、摧击之用”，《公羊传》和《穀梁传》就是日月、雨露、霜雪、雷霆，《胡氏传》则把大家伙儿的工作给统一调理起来，以成就一个大丰收的年景。[⑪]

及至清初，有儒臣奏请废除科举考试中的脱经题，据毛奇龄说：“于是三百年来专取《胡传》阅卷之陋习为之稍轻”，[⑫]这也可见胡安国的《春秋传》曾经专擅科场三百年之久！不过，胡安国的这部《春秋传》现在知道的人恐怕不多了，不论它再怎么出色，也确实没能一劳永逸地附列于“三传”之下，就好像赵云的加入始终没成为“桃园四结义”一样。

清朝贬斥《春秋胡氏传》也是顺理成章的，那个恐怖的年头哪里还能再谈什么“尊王攘夷”呢，这正是统治者最大的忌讳呀。于是，“四传”又变回了“三传”。[13]

在这“三传”当中，现在大家都比较清楚《左传》是怎么回事，不大熟悉《公羊传》和《穀梁传》，其实在最初的汉朝时候情况恰恰相反，大家不大重视《左传》，觉得《左传》虽然内容非常丰富，文学性也很强，但说到底无非就是一本史书，仅仅记载历史而已，而《公羊传》和《穀梁传》可大为不同，这两部书是着重阐发孔圣人《春秋经》里边的“微言大义”的，所以应该归入意识形态领域，归入政治哲学类。——如果你是位现代社会的图书馆管理员，会把“《春秋》三传”分到一类，比如，既可以分在“中国古典哲学”类，也可以分在“中国历史”类，但你如果是位汉朝的图书馆管理员，就应该把这四部书分开来放：《春秋经》和《公羊传》《穀梁传》要归入“经典著作”，《左传》要单独归入“历史”类。当然，我说的这只是总体情况，在细节上还是有一些变化的。

“公羊学”是最早成为官学的，兴于董仲舒，立于汉武帝。汉武帝的时代，正是汉代官学“破旧立新”的时代，哪家学术如果被立为官学，日后就有享不尽的荣华富贵，于是，正如权力是专制政治这个“市场”上的稀缺资源一样，学术地位也变成了官学“市场”上的稀缺资源，以后会发生什么也就可想而知了。

学术地位是稀缺的，是稀缺就要有竞争，汉武帝还算公平，给大家设了一个擂台，让各大学派的掌门人公开过招，汉武帝亲自来当裁判。——这个裁判意义重大，开了风气之先，要知道，后世著名的石渠阁擂台和白虎观擂台也都是由皇帝来为学术争议作最高裁判的。但很多人都会马上想到一个问题：难道皇帝的学术水平还能高过在擂台上过招的那些学术专家吗，这些人可都是全国范围内最顶尖的高手哎！

但这时候高手不高手的看来并不重要，权力永远要凌驾于学术之上：一方面来说，皇帝的身份不仅仅是一个国家最伟大的统治者，同时还是最伟大的导师和最高的大祭司；另一方面，只有符合权力要求的学术才能在擂台获胜——反过来说，学术为了获胜，除了碰巧之外，就必须改造自己以迎合权力的需要。

一旦某种学术被立了官学、设了博士，荣华富贵也就随之而来了。当然了，专家学者们都是些饱读诗书的高尚人士，想来在打擂的时候是不会有这种庸俗念头的。现在，《易》学、《尚书》学等等我们暂且不谈，就单说这个“公羊学”。——事情是这样的：《春秋》学要立博士，《公羊传》和《穀梁传》都是解释《春秋经》的，见解有同有异，那时候人们的脑瓜还不够开通，觉得这两者只能立一家，于是，公羊派第一高手董仲舒和穀梁派第一高手瑕丘江公登上擂台，比武过招。

这位穀梁派的瑕丘江公，单听名字就知道是个高手，但可惜的是，他老人家肚子里存货虽多，却笨嘴拙舌，辩不过董仲舒。这就好比请陈寅恪上“百家讲坛”和易中天“争鸣”，陈老前辈恐怕输面居多。再加上当时的丞相公孙弘本身就是位公羊学专家，哪能让穀梁派讨了好去。结果瑕丘江公败北而归，汉武帝尊崇公羊学，安排太子学习《公羊传》，公羊学从此大兴。[14]

公羊学之兴，另一个重要原因就是公孙弘，他这位公羊专家以草民百姓的身份却不但当了丞相，还封了侯，这对天下读书人的刺激实在太大了，于是“天下学士靡然乡风矣”。[15]

但是，斗争并没有就此结束，太子虽然听了皇帝爸爸的话，开始学习公羊学，可学完之后却悄悄喜欢起《穀梁传》来了，于是找了位老师来辅导学业，而这位老师正是当年擂台败北的那位瑕丘江公。

事情发展到这一步，人们很容易推测出来：汉武帝早晚是要驾崩的，等太子即位之后，公羊学必定失宠，穀梁学则要卷土重来。

这确实是一个合理的推测，但是，中途却出事了——出的还是件大事，这就是武帝朝极为著名的那场“巫蛊之祸”，太子被迫逃亡，而太子的亲娘、老婆、儿女，在这场动乱中全部死光。[16]

太子的亲娘就是著名的卫子夫，所以，这位不幸的太子通常被人称为卫太子，前文提到隽不疑本着“春秋大义”毅然抓获一个在宫门外自称卫太子的人，起因就在这里。

卫太子事件是一起轰动朝野的冤案，而卫太子不幸中的大幸是，他有一个襁褓之中的孙子被人偷偷救了下来，抚养在民间，后来又阴差阳错地做了皇帝，是为汉宣帝。汉宣帝自幼在民间就听说祖父当年爱读《穀梁传》，于是自己也勤于诵习，待到即位之后，便以皇帝之尊公开贬斥公羊学、尊崇穀梁学，这其中所蕴含的恐怕并非什么政治考虑，而是对祖父的怀念和对曾祖父的报复吧？这段史事，是《汉书》当中极为感人的一幕。

自此之后，《公羊传》和《穀梁传》各有浮沉命运，暂不细表，而“三传”中的《左传》却终西汉之世始终未被列入官学，后来在新莽之际受到官方大学者刘歆的推崇，其后又在刘秀时代昙花一现，及至魏晋以后才渐重于世，至于真正升格为“经”而与《公羊传》《穀梁传》并列（甚至超过公、穀）则要晚到唐代。这段历史，伴随着长达两千年的今文经学与古文经学之争，脉络过于复杂，还是留到以后再说吧。

《公羊传》和《穀梁传》早为官学，地位崇高。既然是官学，就有相应的官办研究院，院里也有专业的研究员，但我们千万不能把它们和现代的大学作类比——如果要作个类比的话，大体可以说：汉朝的官办研究院近似于现代的党校，院里的博士近似于现代的党校老师。——即便不谈笼统的儒学，单就《春秋》学而言，通经致用之风历数朝而不衰，比如牟润孙讲宋代经学，说：“宋人之治经学，谈义理者则言《易》；谈政治者则说春秋大义。”[17]所以说，当年的儒学（或仅仅是春秋学）绝对不是像后来那样仅仅成为象牙塔里的皓首穷经，搞得个“人谁载酒问奇字，我欲携经坐古龕”那般的冷板凳，相反倒是热火得很，经义学问被广泛应用在现实政治生活的方方面面。

尤其是公羊学，更要坐到实用政治学的第一把交椅。但这实在是件太有趣的事情，傅斯年所谓：“就释经而论，乃是望文生义，无孔不凿；就作用而论，乃是一部甚超越的政治哲学，支配汉世儒家思想无过此学者。”[18]——如果说得难听一些，傅斯年的意思可以被这样理解：一部胡说八道的经典和一门穿凿附会的学问竟然天长地久地被尊奉为官方政治学的圭臬，并且当真在指导着社会生活的方方面面？！

但无论如何，这一“通经致用”的确就是中国历史上主流的学术风气，好听点儿说，为学是要“有补于世”，当然，文字狱的时代又另当别论。这个“致用”，或者“有补于世”，大多和数理化没有关系，着眼点主要全在政治上面。当年傅斯年议论这个问题，说了另一段很不中听的话：“中国学人，好谈致用，其结果乃至一无所用。学术之用，非必施于有政，然后谓之用……”[19]这话如果倒推，正说明了前人学术之用，是“必施于有政”的。

（二）

作为官方政治学的“春秋大义”——《唐太宗文集》——《春秋决狱》——《诗经》和《春秋》的联合断案——对孟子的一次问难

儒学之“施于有政”，著名的概念很多，以现代人的熟悉程度来论，恐怕排第一位的就是“以德治国”了——这也正是“《春秋》学”的一个提纲挈领的要义。但要细论起来，事情却没有那么简单。

我们一般人都知道儒家和法家势同水火，好像儒家就是讲以德治国，靠领导人高标人格的感化作用来扭转社会的道德风气，而法家就是讲以法治国，是胡萝卜加大棒式的照章办事，不讲道德人情。其实，就像前边例子里讲的，儒家并不反对依法治国，但要以德治为主，以法制为辅，而“德”的内容千千万万，要从经义之中细心发掘，在现实之中灵活运用，这就是典籍的经世致用之功。

“以德治国”在历代帝王之中往往被列为头等纲要，古人讲立德、立功、立言，在帝王而言，立德无疑是首当其冲的事情——无论他是明君还是昏君，无论他是“德主刑辅”还是相反，这个“德”总是要立的。《贞观政要·文史》记载唐太宗的一则故事很能说明这个问题：

贞观十一年，著作佐郎邓隆表请编次太宗文章为集。太宗谓曰：“朕若制事出令，有益于人者，史则书之，足为不朽。若事不师古，乱政害物，虽有词藻，终贻后代笑，非所须也。只如梁武帝父子及陈后主、隋炀帝，亦大有文集，而所为多不法，宗社皆须臾倾覆。凡人主惟在德行，何必要事文章耶？”竟不许。

这段是说：贞观十一年，一位叫邓隆的官员奏请把唐太宗的文章汇编成集。

想唐太宗一代英明领袖，自有无数的远见卓识，而且他还很有文采，至少我个人感觉他的文章并不比“唐宋八大家”要差，所以，编一部《唐太宗文集》怎么想都是一件好事。况且邓隆这个提议，就算满朝文武当中有些人不以为然，可谁又敢提反对意见呢？

出人意料的是，还真就有人提了反对意见，这个人就是唐太宗自己，他说：“我那些重要讲话什么的，如果真的很重要，如果其中真有一些有益于人的内容，史官自该记录在案，也自然足以传之不朽；如果有些内容纯属不循古训、乌七八糟，就算辞藻再怎么漂亮，一旦流传下去也只会惹后人笑话。看看梁武帝父子和陈后主、隋炀帝，他们都有文集行世，可他们的所作所为实在让人不敢恭维，哪一个不是没折腾多久就把宗庙社稷给折腾完蛋了？所以说啊，当皇帝的要靠什么，靠的是德行，重中之重的就是德行，区区文章又算得了什么呢？”

唐太宗这番话，儒家可以说他深得儒家圣王“行不言之教”之理，道家也可以说他深得道家“无为”之法，法家也可以说他深得法家“不以术示人”之术，反正谁家都不提倡领导人多发议论。——要知道，这个立场很容易被人认为是道家的，其实儒家的“无为”思想并不弱于道家。比如在《论语》里，孔子有一次发感慨说自己不想再说话了，弟子们很是纳闷儿，问老师：“您要是不说话了，我们的学费不是白交了么？”孔子回答：“老天不是也不说话么，四季照样轮回，万物照样生长。”[20]这问题后来苏轼说得明白：“我读《史记·孔子世家》，发现孔圣人说话很是循规蹈矩，言必称先王，而再看他那几个著名的学生，子路的勇武、子贡的口才、冉有的智慧，在当时天下都堪称数一数二，可孔子却不大喜欢他们，唯独喜欢那个三脚踢不出一个屁的颜回，嗯，这是有深意的啊。”——这“深意”是什么呢？苏轼归结说：“孔子的‘道’是‘平易正直’的，他这是预料到后世一定会有窃取他的学说而做不义之事的坏家伙。如果自己说话又是高深莫测又是长篇大论，这是很容易让后世的野心家钻空子的。孔子这番良苦用心值得我们好好体会啊，想想我们自己吧，如果为文立论过于注重文辞，那就与圣人的主张背道而驰了啊。”[21]——苏轼这话的确

发人深省，不过话说回来，苏轼自己在这个问题上恐怕是最没有发言权的。^_^

如果我们不因人废言的话，苏轼的这层体会正可以解释《贞观政要》的这则轶闻：唐太宗此刻表现出来的似乎正是“平易正直”的一面，如果当真浩浩荡荡地搞一部文集出来，岂不是会让苏轼那样的知识分子偷偷笑话么？唐太宗把话说得坦白，还真不是假谦虚，就这样，邓隆的马屁提案竟然未获批准，贞观年间的考研大军这才算松了一口气。

以儒家的眼光来看，唐太宗这番表态可以说是“以德治国”的一种体现，而有趣的是，欧阳修他们在修《新唐书》的时候还真就没有收录什么皇帝的诏令，把“本纪”部分搞得很是简洁，后来章学诚还为这事挑了一回大指，夸欧阳修他们深得《春秋》的笔削精髓，比司马迁和班固做得都好。看来，领袖治国在德而不在文，这倒真是很多人的共识。可是，儒家翻来覆去念叨这个“德”字，而这个“德”到底包含哪些内容，这其实是相当含混的。举个例子来说，司马光曾经在给皇帝的上疏里具体谈过这个问题，说君主之“德”包含三类内容，它们分别是：仁、明、武。[22]

“仁”，近似于我们一般理解的“德”，强调一种教化型的政治作风；“明”意味着有明智的脑瓜，知道谁是好人、谁是坏蛋，知道什么是对、什么是错；“武”并不是穷兵黩武的意思，而是说君主要有良好的判断能力，当十个参谋官贡献了十条意见的时候知道该选哪一个。——谁都知道这道理不错，可这种说法却怎么看怎么都像格斗中的第一金科玉律：一定要打倒对手，一定不能被对手

打倒。^_^

现在一些问题就比较明确了：难道儒家的“德”就仅仅是伦理意义上的“道德”吗？

——当然不是。

难道“德”就全是讲教育、讲感化吗？

——当然也不是。

具体看看董仲舒，这样一位官学泰斗，难道就只是在书斋里边闷着头搞教学和著述吗？

——当然更不是。

我们叙述的时间顺序是从后向前的，就从老董的晚年说起好了。

不，不该称呼“老董”，而该恭恭敬敬称他一声“董老”。话说董老辛辛苦苦一辈子，终于光荣离休了，可离休了也闲不下来，朝廷每有大事争议不下的时候，就派张汤到董宅找董老来讨主意。张汤其人我们前边已经见过，是汉代风光一时的大法官，而大法官频繁地去找大儒者讨主意，这本身就很说明问题了。

主意讨来讨去，少说也讨了好几百回了，就连叫化子讨饭都没有这么腻人的。董老给的主意虽然都是就事论事，可人们对这些意见回头再一捉摸，发觉其中句句都是金玉良言。于是，这些主意最后被汇集成书，一共收录了二百多条——但这可绝对不是一般意义上的儒家学问书，而是一部法典，题目叫做《春秋决狱》。顾名思义，书的内容是以“春秋大义”来裁断疑难案件的。[23]

看，儒家大师贡献法律判例。而更有甚者的是，有人认为

《春秋》一书根本就是孔夫子的法律专著，比如明代黄正宪《春秋翼附》，作者的大哥在序言里就这么说：“《春秋》，吾夫子刑书也。”㉔

咱们想想，像钱钟书、陈寅恪这样的大学者，学术水平应该不在董仲舒之下，但是让这两位去参与判案和制订法典，恐怕谁都会觉得荒诞吧？

那么，董仲舒又是怎么给大法官支着的呢？所谓《春秋决狱》，又是怎么以《春秋》的内容来作判案依据的呢？咱们来看一个例子：

甲无子，拾道旁弃儿乙，养之以为子。及乙长，有罪杀人，以状语甲，甲藏之。甲当何论？

断曰：甲无子，振活养乙，虽非所生，谁与易之？《诗》云：“螟蛉有子，蜾（guǒ）蠃（luǒ）负之。”《春秋》之义，父为子隐。甲宜匿乙。

诏：不当坐。㉕

这段文字可以让大家体会一下当时法律文书的行文风格。我们现代人学习传统文化，大多都是去读唐诗宋词、骈散名文，却对古代实用体裁的东西了解不多。而实际上，这种实用类的东西在当时可比诗词歌赋重要太多了。作为意识形态根基的学术典籍自然就更重要了，要知道，诗词歌赋多是抒发一些闲情逸致，至多也就是发发忧国忧民的感慨，在名利之途上有时也能赶上以诗取士的好日子，而儒家典籍却不一样：小可以安身立命，大可以安邦定国，这才是社会发展的主旋律。

好了，我们现在来好好看看《春秋决狱》的这一小段到底在说什么。

这一小段一共分为三个部分，第一部分是提问题，第二部分是董仲舒回答问题，这两部分是主干，最后第三部分是皇帝的简单批示。

问题问的是：现在有这么一个案子：某甲没儿子，在路边拣了个弃婴，收养下来，叫做某乙。某乙长大成人之后，有一回犯了罪，杀了人，回家之后就把犯罪经过如实告诉了养父某甲。某甲知道事情不妙，就把养子某乙窝藏起来。现在案情都清楚了，我们为难的是，不知道该把某甲定什么罪？

先别管董仲舒怎么回答，想一想，你觉得某甲应该定什么罪呢？

窝藏凶嫌，应该判个几年吧？

不过，这有什么难判的呢？很简单的案子而已啊？

——现在我们看这案子很简单，在当时可不简单，问题的症结就在某甲和某乙的“父子关系”上：如果只是简简单单的小尼姑包庇令狐冲，这还好办，可爸爸包庇儿子，这……再说了，他们到底算不算父子关系呢，他们只是养父和养子而已呀？

董仲舒的回答是：某乙虽然不是某甲的亲生儿子，但这种父子关系我们是应该肯定的。《诗经》说：“螟蛉有儿子，土蜂背起它。”《春秋》的道理是：父亲天经地义地要为儿子的过错作遮掩。所以，养父某甲应当藏匿养子某乙，这是没有错的，不应判罪。

皇帝下的诏书总结说："那就没某甲什么事了。"

先说说文风。这种一问一答的风格是不是很眼熟啊？不就是《公羊传》的风格吗？看来，董老作为公羊学大师，搞起法律来也是公羊味儿十足啊。

——这个推论非常合情合理，惟一的问题是：它是错的。

那时候的法律文本流行这种风格，并不是学自《公羊传》或《穀梁传》。《公羊传》和《穀梁传》从战国以来一直都是口传心授，到汉朝才被正式书写成卷。而秦简《法律答问》却早已是这种腔调了。更有意思的是，法律文本好像应该援引相关法条才是，比如说《刑法》某某条怎么说，《民法》某某条怎么说，可董老援引的却是《诗经》怎么说，《春秋》怎么说，在我们现代人看起来可真不像是在搞法律。

《诗经》里的这句"螟蛉有儿子，土蜂背起它"（螟蛉有子，蜾（guǒ）蠃（luǒ）负之）传入了民间，我们听评书里常说的一个词，叫"螟蛉义子"，就是从这儿来的，很古雅吧？螟蛉是一种飞蛾，蜾蠃是一种土蜂，古人观察到土蜂把飞蛾的幼虫扛到自己家去，以为土蜂这是把飞蛾的幼虫收为养子，所以就有了"螟蛉有子，蜾蠃负之"这个说法。其实土蜂没那么好心肠，它之所以收养"义子"，是要拿它们来喂养自己的亲儿子。——这个血淋淋的真相我知道，现代昆虫学家也知道，可董老当年不知道。

至于《春秋》的那个"父亲为儿子的过错作遮掩"（父为子隐）的精神，大家可能也会觉得眼熟。——《论语》里有这样一个名段，说叶公对孔子说："俺们那疙瘩有个耿直的人，他爸爸偷了人家的羊，他把他爸爸给揭发检举了，够耿直吧！"孔子心说："要这么说，俺们那疙瘩耿直的人更多，别说儿子检举爸爸，就连老婆检举老公，亲兄弟、好朋友互相揭发，你打破了脑袋也想不出来的人伦怪事一应俱全。只有你叶公想不到的，没有俺们这疙瘩没发生过的。"可孔子嘴上却说："我们那儿的直性子跟你们那儿不一样：父亲为儿子隐瞒过错，儿子为父亲隐藏过错。"㉖

——"父为子隐，子为父隐"，这又是儒家的一个重要精神，体现的是：先礼后法、礼比法大；先亲情后国法，亲情比国法大。

所以，就这个案子，董老的逻辑是：养子和养父之间虽然没有血缘关系，但本着《诗经》精神，应该将之等同于实质的父子关系；下一步，按照《春秋》精神，父亲应该为儿子隐瞒过错，儿子应该为父亲隐藏过错。所以，养父藏匿犯了罪的养子，这是合乎《春秋》之义的，不当判罪。

董老的这个逻辑在儒家之中非常贴近孔子思想。其实这个问题孟子也曾经遇到过，但他就不是这个意见。——当时有人给孟子出难题，问他："如果是舜当天子，皋陶当法官，而舜的爸爸犯了罪，这时候该怎么办？"

这是问难者精心设计的一个难题。要知道，舜是儒家最为推崇的少数几位大圣人之一，皋陶又是最著名的上古包青天，儒家又是最讲孝悌之道的。所以，皋陶会看着舜的面子给老人家网开一面吗？舜会利用权力影响司法公正吗？如果舜认同了皋陶的秉公执法，爸爸要是被判死刑了，那不是透着自己不孝吗？如果尽孝，用权力徇私，那舜还能成其为圣人吗？

——孟子的时代是百家争鸣的时代，知识分子们一个个绞尽了脑汁刁难别人，这个问题问得就实在刁钻透顶。想想看，如果你是孟子，你会怎么回答呢？

反正我是答不出来，因为无论怎么答，都会暴露出和儒家所提倡的精神相矛盾的地方，暴露出儒家思想并不是一套自洽的思想体系。——难啊，此题看来无解。

但是，孟子还真给解开了——要是没解开，这件事也就不会被编在《孟子》这本书里了——他老人家说："舜会由着皋陶秉公执法，但是，他紧接着就会劫牢反狱，把爸爸背走，从此放弃天子的地位，高高兴兴地和爸爸在海边过着流窜生活。"[27]

老孟有一套，这还真是个精彩答案，舜既没有徇私枉法，又没有违背孝道，皋陶也没有特意给舜开绿灯，尤其是最后那个流窜海滨的镜头，更加凸显出了舜的圣人风范。这个结局是如此的温情脉脉，足以打动所有善良女生的柔软的心——如果再能请到布拉克·皮特来扮演大舜的话。

但是，事情真的这么完满吗？

如果我们再追问孟子一些问题，他会怎么回答呢？比如说，我们可以问问他："就算事情真按你说的那样发展了，那么，大舜劫牢反狱是不是违法了呢？大舜父子二人是不是成为逃犯了呢？皋陶要不要通缉大舜他们呢？就算大舜父子逃出了国，当国际警察堵在门口的时候，大舜会拒捕吗？就算皋陶睁一只眼闭一只眼，不去联络国际警察来通缉大舜，可如果大舜父子因为非法入境遭到外国政府的遣返，皋陶又会怎么办呢？……”

很遗憾，这些问题已经没机会问到孟子了，否则的话，还真不知道他会怎么回答。

那么，如果是董仲舒，他又会怎么回答呢？“父为子隐，子为父隐”，这就足以回答上面那些问题吗？孟子曾经遇到过太多的问难，董仲舒呢？

（三）

原心定罪：同罪不同罚——《春秋繁露》——逄丑父该杀——辕涛涂不该抓——鲁季子追捕庆父——吴季子宽恕阖庐——皇恩浩荡与感恩图报——爱国的逻辑试题——兄终弟及和父死子继——《盐铁论》

1

当初有刁难孟子的，这时候也有刁难董仲舒的。这一刁难，刁难出了董老一个非常重要的“《春秋》决狱”的思想纲领。——前文讲过，《春秋决狱》里的判例既解决了当时的具体问题，又具结成文来供后人作同类案件的参考依据，马上我们要遇到的就不再是判例，而是董氏判案的核心法理原则了。

刁难的人出场了。这厮问道：“你老董不是《春秋》专家么，我问问你，《春秋》上说大夫不能擅自行事，可又说大夫在国外的时候，如果有对本国有利的事可以自行决定。同样还是《春秋》，又有一处说，大夫奉国君之命外出作战，进退可由自己决定；又说大夫在国外出公差的时候如果听到父母的死讯，切不可急急忙忙立时回国。老董哎，我不挑《春秋》以外的东西来问难，就拿《春秋》本身来看，一本书说话前后矛盾，这是什么道理啊？”㉘

每一部经典都是要经受千锤百炼的，很多人都知道西方的《圣经》在一千多年来无数神学家的手里已经被打磨得几乎天衣无缝了，其实咱们中国的这些经典也有过不少类似的遭遇。

董仲舒对这个刁钻问题的回答是：“这几句话你从书里挑出来单摆浮搁看着确实是自相矛盾的，可你要是把它们再放回书里，上下文一联系，你就会明白每句话其实都是对的，只不过在说的时候是针对不同的情况罢了。所以，我们应该具体问题具体分析……”

董仲舒不厌其烦，诲人不倦，说着说着就说到判案子了：“我们一定要具体问题具体分析，有些事情看似一样，实质却完全不同，就判案来说……”董仲舒下面这一段话是一段名言，影响极其深远，单是一个汉朝就有多少人的身家性命全都被捏在董仲舒这句话里：

《春秋》之听狱也，必本其事而原其志。志邪者，不待成；首恶者，罪特重；本直者，其论轻。（《春秋繁露·精华》）

翻译过来就是：《春秋》断案的原则，一定要根据事实推究出犯罪嫌疑人在作案时的心理动机。对那些动机邪恶的家伙，哪怕他犯罪未遂，也得好好治他的罪；对首恶分子要严加量刑；而对那些出于善意而犯下罪行的人，量刑一定从轻。

这段话，就是赫赫有名的“《春秋》原心定罪”原则——回忆一下前边讲过的唐朝康买得杀人案中刑部侍郎孙革的判决：“康买得救父杀人不算行凶，估计拉不开架而用铁锨砸了张莅的脑袋也属情有可原。先王制定刑律的精神是以父子亲情为先，《春秋》“原心定罪”，《周书》当中的各种刑罚也不是没有变通余地的。这样看来，康买得杀人是孝心的体现，不该判罪。”——嗯，董仲舒现在这段话就是后来孙革判案的法律依据。

如果单说“原心定罪”，现代人也很容易理解，比如同样是杀人，就分蓄意谋杀、过失杀人、正当防卫等等，但在“原心定罪”之前加上《春秋》这个帽子，意义就不大一样了，就被拴上了《春秋》的道德准绳，更强调动机在“春秋大义”范围里的善与恶了。

这种思想不单在汉代，在整个中国历史上都得到过广泛的认同。比如《聊斋志异》里有个很著名的故事叫《考城隍》，说有位宋先生灵魂出窍，到了阴曹地府参加公务员考试，结果考上了城隍。宋先生没走关系没行贿，之所以考上了全凭真本事，或者说，全凭他写出了一句掷地有声的好句子：“有心为善，虽善不赏；无心为恶，虽恶不罚。”

这十六个字看上去合情合理，但操作起来却大有难度：城隍也许有法力，能看透犯罪嫌疑人当时是怎么想的，可活人哪有这么大的本事？那么，活人判案，也就只能从事情的来龙去脉去推断犯罪嫌疑人的作案动机了，这也就是董仲舒说的“必本其事而原其志”。

董仲舒为此举了四个例子：

是故逄（páng）丑父当斮（zhuó），而辕涛涂不宜执，鲁季子追庆父，而吴季子释阖庐，此四者，罪同异论，其本殊也。俱欺三军，或死或不死；俱弑君，或诛或不诛。（《春秋繁露·精华》）

直接翻译过来就是：逄丑父该杀，辕涛涂不该抓，鲁季子追捕庆父，吴季子宽恕阖庐，这四个人罪行相同而论罪不同，因为他们当时“犯罪”的出发点是不一样的。所以，同样是欺骗军队，却既有该杀的，也有不该杀的；同样是弑君，也还是既有该杀的，又有不该杀的。

——插一句话：我为什么觉得读历史应当经史并重呢？因为各部经书几乎都是古代知识分子的必读书，经书的内容和古人的思想、行为是水乳交融的，所以，如果我们也能把经书读熟，再读历史就会有一种高屋建瓴、顺流而下的感觉了。即便从小处来说，古人说话、写作的遣词造句到处有经书的影子，如果我们不熟悉经书的话，读史、哪怕是读话本小说，[29]都会遇到不少障碍。就看董仲舒上边说的这两句话，如果是他同时代的知识分子，马上就能明白他的意思，可我们如果不熟悉《公羊传》或《左传》的话，这时候就只能干瞪眼了。

现在，为了不再干瞪眼，我们只好去查查董老这番话的背景资料了。

先说说“逄丑父该杀”。熟悉《古文观止》的朋友应该记得在

“周文”里边收录了一篇选自《左传》的文章，题为《齐国佐不辱命》，是写齐、晋“鞌（ān）之战”之后的一次外交活动，而现在要讲的这个“逄丑父该杀”就发生在“鞌之战”当中。《左传》的记载是：齐国和晋国在鞌这个地方决战，齐顷公的战车落了单，眼看要落入敌手，而车上还有一位逄丑父，他急中生智，冒充了齐顷公。于是，假齐顷公作了晋国军队的俘虏，真齐顷公就趁机逃之夭夭了。晋国主帅发现到手的却是个假冒伪劣产品，气不打一处来，但最后还是说：“放了这家伙吧，以此来勉励那些认真侍奉国君的人！”㉚

故事完了吗？

完了。

可是，董仲舒不是说“逄丑父该杀”吗？怎么却把他放了呀？

答案是：董仲舒是公羊学大师，他自然是取《公羊传》而不是《左传》的说法。《公羊传》对这件事情的记载又和《左传》发生了矛盾：虽然对故事的前半部分两家说的没什么区别，可当晋军发现逄丑父假冒齐顷公之后，《公羊传》的说法却是：主帅问大家说：“欺骗三军的人该怎么处置？”大家说：“该杀！”主帅点点头：“那就把这小子杀了吧。”㉛

那，到底是杀了还是没杀呀？要不，就让《穀梁传》来评评理吧。

但可恨的是，《穀梁传》根本就没提逄丑父这回事。——这样吧，我们既然在讲董仲舒，就以《公羊传》为准好了。《公羊传》

说："逄丑父该杀。"

我们只要稍微一想，就会发现《公羊传》这个逻辑很奇怪，不合情理：一个甘愿献出生命而忠心护主的人怎么会"该杀"呢？不但不该杀，还应该大力表彰才是啊！翻翻书，古往今来，这种例子可不算少；听听评书（这是最能代表民间的道德判断的），就说那个流传最广的杨家将"金沙滩"的故事吧，杨大郎替皇上死了，杨二郎替八千岁死了，多感人啊，这可是满门忠烈啊！

《太平御览》有一篇《忠勇》，搜罗了历史上为臣子者既忠且勇的例子予以表彰，其中就有这位逄丑父；[32]《册府元龟》记载马衎的一段慷慨陈辞，也拿逄丑父当作难能可贵的正面典型；[33]《氏族大全》载逄姓的第一位名人就是逄丑父，给了个小标题叫"代君任患"，[34]看来都是褒奖的态度呀。

咦，这就奇怪了，《公羊传》为什么要说"逄丑父该杀"呢？

——注意，主语已经被偷换了：《公羊传》只是在叙述晋军对如何处置逄丑父的讨论过程，是晋军得出结论说"该杀"，《公羊传》在这里只是客观叙述这个事件而已，并没有从自己的角度评论说"逄丑父该杀"，再看看《公羊传》的上下文，也没有什么更进一步的分析论述了。[35]

这意味着什么呢？

也许意味着：说"逄丑父该杀"并不是《公羊传》的意思，而是董仲舒自己的意思。

那么，董仲舒又为什么认为"逄丑父该杀"呢？

董仲舒在《春秋繁露·竹林》里详细讨论了这个逄丑父问题，简要来说，他认为逄丑父的做法是不对的，因为，他虽然救了齐顷公，却使齐顷公成了丢人现眼的逃兵，这就叫“陷国君于不义”，这让人家一国之君今后还怎么抬头做人？《春秋》认为：最高的尊贵不能加之于大羞大辱之上，对于失去君位而又回国复了位的国君尚且不以国君相称，更何况作了逃兵的国君呢！㊱

——哦，原来道理是这么说的。是不是有人觉得董仲舒这也太苛求了呢？

是呀，我也很想问问董仲舒：“你说逄丑父这么做不对，那你说他当时应该怎么做才是对的？难道把齐顷公献出去不成？”

董仲舒的回答是：“献出去倒不至于，但逄丑父如果深明大义，在那个危难关头就应该对齐顷公这么说：‘你自己作了孽，惹怒了好几国诸侯，失礼失大了！如今你受了如此大辱，怎么还不去死啊！你这不是不知羞耻么！我请求跟你一块儿去死，也免得玷污了宗庙社稷。’——所以说：君子丢人现眼卑鄙地苟活，不如伟大光荣正确地去死。（君子生以辱，不如死以荣。）”

算董仲舒够狠！逄丑父以苟且之道欺骗了晋国三军，置自家国君于大辱之地，虽然忠心护主，却不合于大义，于是被董仲舒虚拟地判处了死刑。另外值得我们注意的是，在这个故事里似乎另有一些耐人寻味的东西：国君好像也是会犯错误的，也是可以被臣子指责的，也是要为自己所犯下的错误负责任的——这倒更符合封建时代君臣关系的特色，等进入专制时代可就不再是这个样子了。

2

再说说那个“辕涛涂不该抓”，此事见于《春秋·僖（xī）公四年》。

这里再解释一下：所谓“僖公四年”，因为《春秋经》是鲁国的编年体史书，所以是依鲁国纪年的，这里的“僖公”就是鲁僖公，“僖公四年”就是鲁僖公在位的第四年。《春秋经》对这一年的全部记载是：

四年春王正月，公会齐侯、宋公、陈侯、卫侯、郑伯，许男、曹伯侵蔡。蔡溃，遂伐楚，次于陉。夏，许男新臣卒。楚屈完来盟于师，盟于召陵。齐人执陈辕涛涂。秋，及江人、黄人伐陈。八月，公至自伐楚。葬许穆公。冬十有二月，公孙兹帅师会齐人、宋人、卫人、郑人、许人、曹人侵陈。

难得一向惜墨如金的《春秋经》这回多说了几句，看来这一年的事情还真不少：诸侯联军到处打仗，领头的就是“春秋五霸”之一的齐桓公。但是，《春秋经》这回虽然着墨较多，具体到每一件事上却照旧只是简单一句而已，我们马上就要讨论的那件事在《春秋经》这一段里其实只有七个字：“齐人执陈辕涛涂”，意思是：齐国人抓了陈国一个叫辕涛涂的家伙。

“齐人执陈辕涛涂”，这是鲁僖公四年里非常简要的一笔。

——先来回忆一下，鲁僖公四年应该是我们熟悉的一年。我在《周易江湖》里详细分析过晋国的几个卦例，是从晋国骊姬陷害太子申生开始讲的，而太子申生自杀，公子重耳和公子夷吾流亡国外，都是在这个鲁僖公四年里发生的。《古文观止》里有一篇《齐桓公伐楚盟屈完》，所叙述的事情也是发生在这一年——就是上面

《春秋经》引文里的“楚屈完来盟于师，盟于召陵”。

“辕涛涂不该抓”这件事就发生在“齐桓公伐楚盟屈完”之后，两件事是紧挨着的。

话说齐桓公统率中原诸侯联军南下攻打楚国，热闹半天却没打起来，跟楚国使者屈完定了个盟约就撤军了。联军和屈完定盟的地方是在召陵，也就是现在的河南郾城一带——大约杜甫观看公孙大娘舞剑就是在这个地方，杨再兴大战小商河也在这一带，岳飞郾城大捷也在这里，岳飞“十年之功毁于一旦”的大撤军也在此地。

如今，鲁僖公四年，齐桓公统率着中原诸侯联军也要从这里撤退了。

根据《公羊传》的说法，齐桓公要从河南回到山东，按照正常的行军路线，应该会经过河南境内的陈国和郑国。联军里，陈国大夫辕涛涂给齐桓公出主意说：“您这次南征，虽然仗没打起来，但也算把南蛮子驯服了。我看呢，大军遛了这么久，总得打两仗吧，所以，您回军不如取道东边的海滨，搂草打兔子，顺手把东夷征服，这是多么了不起的事业啊！”

齐桓公一听：“嗯，不错，是个好主意，贼不走空嘛。”于是不再按原计划从河南回山东，而是取道海滨，准备再打几仗。可没想到的是，海滨这条路实在太不好走，大军竟然陷在沼泽里难以脱身了。这可把齐桓公给气坏了，当时就把那个出馊主意的辕涛涂拿下治罪。

那么，现在的问题是：齐桓公该不该抓辕涛涂呢？

如果你是齐桓公，你会抓捕辕涛涂吗？

如果你是辕涛涂，你会认为自己是罪有应得吗？

如果你是当时联军中的一位事不关己的旁观者，你会怎样看待这件事呢？

而辕涛涂又为什么要出那个主意呢？他有什么不可告人的目的吗？

——你怎么想我就不知道了，但我知道《公羊传》是怎么想的。《公羊传》对这个问题的回答非常的简单明确："不该。"理由是：《春秋经》里说了，辕涛涂不该抓。

"《春秋经》里说了，辕涛涂不该抓。"——？！

哦，可是，《春秋经》这么说过吗？

好像没有呀！

那么，保险起见，咱们再回过头去看看方才《春秋经》的那段引文……嗯，就辕涛涂被捕事件只有七个字呀："齐人执陈辕涛涂"，意思是："齐国人抓了陈国一个叫辕涛涂的家伙"。——这明明只是对客观事实的客观描述而已呀，《春秋经》并没有告诉我们齐国人为什么要抓辕涛涂，更没告诉我们这件事谁对谁错，那么，难道《公羊传》是瞎说不成？

不，《公羊传》哪能瞎说呢，我们之所以想不通，只是因为我们还没有开窍，想那《春秋经》以微言大义奖善罚恶，这个"齐人执陈辕涛涂"里肯定藏着什么微言大义等待着我们的发掘。

你能发掘得出来吗？

什么，你要"大胆假设，小心求证"？——呵呵，错了，错了，对这些经典文献可绝对不能用这种态度来读，我们应该"大胆假设，大胆求证”，更要靠“感悟”（说难听点儿，就是凭空拍脑门儿），想想我在《周易江湖》里介绍过的许多历代先贤对《周易》的煞费苦心的解读，难道不正是这种风格吗？

但这也真有点儿难为人，“齐人执陈辕涛涂”，言简意赅，本来就只有七个字，这七个字里还包括了两个国名和一个人名，动词只有一个——“执”，难道“微言大义”就落在这个“执”字上吗？

我们看看《公羊传》是怎么深挖狠刨的：

执者曷为或称侯，或称人？称侯而执者，伯讨也。称人而执者，非伯讨也。此执有罪，何以不得为伯讨？古者周公东征则西国怨，西征则东国怨。桓公假涂于陈而伐楚，则陈人不欲其反由己者，师不正故也。不修其师而执涛涂，古人之讨，则不然也。

这段话是从分析《春秋经》“微言大义”的独特“书法”入手的，这是《公羊传》的一贯作风。

《公羊传》首先设问：“明明是齐桓公抓的辕涛涂，齐桓公是侯爵诸侯，照理说《春秋经》应该写成‘齐侯执陈辕涛涂’，可为什么写成‘齐人执陈辕涛涂’呢？”

呵呵，如果是我，肯定把嘴一撇：“齐侯也好，齐人也罢，有什么不同吗？这有什么可研究的？吃饱了撑的！”

但《公羊传》严肃地认为，“齐侯”和“齐人”虽然在这里都是在说齐桓公，但含义上有着很大的差别，大约就像同样称呼齐老三，叫“齐总”和叫“小齐”所表现出来的态度是很不一样的，如果叫“齐三儿”，那就又是一种态度了。——对了，“态度”，就是这个词，孔子就是在用一些字眼上的细微差异来表达自己对历史人物的不同态度的，于是就有了“一字之褒”和“一字之贬”。

好比孔子正在家里看电视，电视上在播齐桓公的讲话，孔子严肃地点了点头，在竹简上写道：“某某年，齐总在某某重要会议上发表了重要讲话。”——事情也可能是这样的：孔子看着电视里的齐桓公，从鼻孔发出了不屑地一哼，自言自语道：“这个齐三儿，又在那儿人模狗样地说瞎话了。”孔子想把这件事记下来，但毕竟是写书，语言不能太粗俗，于是孔子是这样写的：“某某年，齐三儿在某某重要会议上发表了重要讲话。”——看，和上一种情形的区别在字面上就只有“齐三儿”和“齐总”的不同。

于是，在对逮捕辕涛涂这件事的记载上，本该写作“齐侯”却写成了“齐人”，这就好比本该称呼“齐总”却偏偏叫他“齐三儿”，这分明是在批评齐桓公。古代经学家们的主流解释是：如果是“齐‘侯’执陈辕涛涂”，那就意味着齐桓公是以霸主的身份拿下了罪有应得的辕涛涂，这是堂堂正正、理所当然的；可如果是“齐‘人’执陈辕涛涂”，就意味着齐桓公捉拿辕涛涂并不是堂堂正正、理所当然的。一字之差，差之千里。

——是不是觉得这套理论很迂腐、很荒谬呀？其实一点儿也不，抛开真假和是否阐释过度不论，这恰恰就表现着人之常情。假设在1940年代的中国，你在村口望见有一队日本兵正向你这边过来，你立即掉头跑回村里，对乡亲们气壮山河又气喘吁吁地大喊道：“大，大，大日本皇军进村啦——！”

呵呵，如果换了我，我可不那么喊，我喊的会是：“小日本鬼子进村啦——！”

“齐侯”就大约等于“大日本皇军”，“齐人”就大约等于“小日本鬼子”。

这样看来，《春秋经》用“齐人”而非“齐侯”来称呼齐桓公，摆明了是对他的批评，但是，我们得好好想想：辕涛涂难道就不该抓吗？他不是明明给齐桓公出了个馊主意，把大军都给诓到沼泽地了吗？

是呀，辕涛涂看来确实有罪，确实糊弄了齐桓公，为什么不该抓他呢？

《公羊传》的回答是：当年大圣人周公带兵打仗，东征的时候西边的人就不高兴，大家都说：“怎么还不来打我们国家呀？凭什么先打他们、不打我们呀？周公您快来吧，我们想挨打都想疯啦——！”周公如果西征，东边的人又不高兴了：“周公偏心，怎么不打我们呀？快来攻打我的祖国吧，我这辈子最大的愿望就是能在有生之年光荣地当一回汉奸亡国奴！”

我在《孟子他说》里也讲过这段，孟圣人很爱拿周公说事。周公率领的是仁义之师，到处输出革命，颠覆外国政权，打到哪儿就解放哪儿，是世界人民的大救星。就算挨打国家的国君指责周公粗暴干涉别国内政，但不论哪国，国内的老百姓还偏就心向着周公，偏就愿意周公把自己的祖国给灭了。看看，汉奸那么早就有了。^_^

值得注意的是，都到汉朝了，周公这些事依然被作为官方主流意识形态里的经典范例，就像我以前讲过的，古人是没有什么像我们现在的“爱国主义”观念的，老百姓几乎都是文盲，就想过个安生日子而已，而在古代知识界的儒家思想里，“爱国”这个概念根本就没有什么地位，这是和我们现代意识形态有很大不同的。

接着说齐桓公。《公羊传》拿周公作例子，就是为了反衬齐桓公：为什么辕涛涂会出那个主意呢，他为什么要糊弄齐桓公呢，想想看吧，联军南下的时候就已经经过了一次陈国，如果齐桓公统率的军队能有周公军队的那种作风，陈国人欢迎还来不及呢，可陈国大夫辕涛涂却唯恐齐桓公在撤军的路上再经过一次陈国，这才出了那个馊主意。不错，辕涛涂确实是别有用心的，但齐桓公又怎么能责怪辕涛涂呢，他应该自己多作检讨才对啊！

嗯，这个说法还的确很有道理。——历代的经学专家们大多还是同情辕涛涂的，也大多赞同《春秋经》这里的“微言大义”，比如宋代孙复在《春秋尊王发微》中说：“称人以执，不得其罪也。”[37]（这个“称人以执”是一个被提炼出来的说法，也就是“‘称’齐‘人’而不称齐侯来‘执’辕涛涂”。）朱熹、叶梦得、吕祖谦也都赞同《公羊传》的论调，[38]这几位都是宋代顶尖的学者。而吕祖谦和黄仲炎还由此估计说：春秋霸主出兵打仗并不全是自己带粮食和其他军需物资的，而是走到哪儿就由当地诸侯提供。[39]这样看来，齐桓公的军队宛如蝗虫，辕涛涂是不想让祖国连遭两次蝗灾。

但是，效忠祖国，难道就不效忠联军了吗？——黄仲炎分析说：“为齐谋则诈，为其国谋则忠也”，但他也没有作更进一步的说明，想来联军自然是要被摆在次要位置上的，这个问题也许根本就不是问题。但同是宋代的崔子方发表过一点儿意见，觉得辕涛涂坑害联军，算不得“忠”。[40]

明人高攀龙还曾经认真捉摸过辕涛涂的背景，说道：“陈国和蔡国离楚国很近，常怀二心。再看看辕涛涂给齐桓公出的那个主意，这家伙确实没安好心，这是对联军的不忠。”但高攀龙接着又说：“可齐桓公又是抓人，又是攻打陈国，就算原本占理，也不能得理不饶人呀，他做的实在也太过分了，所以《春秋》才会责难于他。”[41]

哦，事情渐渐明朗了，道理也渐渐清晰了。不过，也还有让人糊涂的地方：在辕涛涂这件事上，《左传》和《穀梁传》的说法和《公羊传》又有出入了。（到现在为止，这“三传”好像还很少有合拍的时候。）《左传》说，辕涛涂先拿自己的意见去找同在盟军里的郑国大夫申侯商量，因为齐桓公计划的撤军路线上既有陈国，也有郑国，所以辕涛涂的这个“不让蝗虫二次过境”的主意应该说对陈、郑两国都有好处。既然对陈、郑两国都有好处，申侯自然没有理由反对。于是，在申侯表示赞同之后，辕涛涂就找齐桓公出那个变更撤军路线的主意去了。齐桓公也没多想，很快就同意了。但问题是，那位申侯可不是个厚道人，刚刚才送走了辕涛涂，转脸就向齐桓公表忠心，建议说：“军队外出太久了，疲惫不堪，如果往东走，即便遇到想打的敌人怕也打不动了，我看不如取道陈国和郑国之间，由陈国和郑国供应粮草军需。”齐桓公一听，很是高兴，当下便重赏了申侯，给了他虎牢这个地方。可高兴劲儿过后，齐桓公转念一想：咦，要不是申侯提醒，我还差点儿就被辕涛涂这小子给忽悠了！哼，这个居心叵测的坏东西，拿下！

逮捕了辕涛涂还不算完，齐桓公的气还没消，就在这年秋天，齐桓公攻打陈国，非要把胸中这口闷气彻底出足了不可。[42]

以上就是《左传》的记载。有一点值得我们留心：把密事说得有鼻子有眼、活灵活现、完完整整，这是《左传》的一大特色，真不知道作者是怎么知道这些事的。不过，这一招倒是被后世史家继承了下来，并在正史当中屡屡出现——举两个大家都很熟悉的小例子，比如《三国志·魏书·武帝记》裴注引孙盛《杂记》，写曹操逃亡途中因误会而杀了吕伯奢一家，杀完之后“既而凄怆曰：‘宁我负人，毋人负我。’遂行。”——咦，难道这不是很奇怪吗：当时是谁看见了，谁听见了，又是谁告诉作者的？再看看《三国志·诸葛亮传》写“三顾茅庐”和“隆中对”，明明上文刚刚写了“因屏人曰”，也就是说刘备屏退旁人，和诸葛亮两个关在小屋里密谈，可接下来书里就是洋洋洒洒的大段对话。这都是《左传》遗风，也是我们读史不可不慎的地方。

我们再来看看辕涛涂事件的《穀梁传》版本。

《穀梁传》对辕涛涂一事的记载非常简略，一开始也和《公羊传》一样，纠缠在为什么《春秋经》写作“齐人”而不写作“齐侯”的问题上，但得出的结论却和《公羊传》大不相同。——《穀梁传》说：“孔子这是批评齐桓公呢，因为齐桓公逮捕辕涛涂这分明是在干涉陈国内政！”[43]

唉，《左传》《公羊传》《穀梁传》，一家一个说法。这三部经典虽然号称“一经三传”，仿佛三位一体，可每当说点儿什么的时候却也经常会闹些分歧。可既然是董仲舒举例，那就该以《公羊传》的内容来理解董仲舒的意思。

好啦，现在归结一下：逄丑父和辕涛涂，这就是董仲舒举的第一对例子。这两个人的所作所为都是欺骗了军队，而推究事情的原委，却发现两个人的出发点其实是截然不同的，所以才一个该杀，一个无罪。这就是董仲舒所谓的“《春秋》断案的原则，一定要根据事实推究出犯罪嫌疑人在作案时的心理动机。”（《春秋》之听狱也，必本其事而原其志。）

——但是，还有一个重要区别怎么没有说呢：这两个人虽然都是欺骗了军队，但一个是欺骗敌军（逄丑父），一个是欺骗盟军（辕涛涂），这两者难道可以同日而语吗？

我是不知道该怎么回答的。那么，你是不是同意董仲舒的这个看法呢？

3

看看第二对例子，先说说“鲁季子追庆父”。

这件事情虽然大有嚼头，但来龙去脉实在过于复杂，“三传”的说法照旧有着冲突，我这里就从简了，等讲到《春秋》鲁闵公正文的时候再详细来谈。

事情发生在鲁国。鲁庄公病危，想赶紧把接班人的人选定下来。鲁庄公哥儿四个，他是老大，老二庆父，老三叔牙，老四季友。鲁庄公先问叔牙。叔牙说：“一继一及，鲁之常也。”——这句话透露了当时鲁国可能的继承制度，“继”是指父死子继，

“及”是指“兄终弟及”，叔牙这是建议老大鲁庄公死后就由老二庆父继位。鲁庄公没表态，又找四弟季友来问。季友说：“我衷心拥护您的儿子般！”季友的意见正合鲁庄公之意，但鲁庄公还是有些顾虑：“叔牙想立庆父，这可怎么办呀？”

政治斗争永远是残酷的，季友当机立断，马上逼叔牙喝了毒酒，随后等鲁庄公一死就立即拥立了公子般。至此，东风压倒西风，季友占了上风。

可庆父也不是省油的灯，遇挫每强，很快便找圉人荦暗杀了公子般（在《周易江湖》里讲过），另立了公子般的弟弟公子开为君。这位公子开当时不过是个七八岁的孩子，糊里糊涂地就作了鲁国的国君。至于季友，则不得不逃亡国外，到陈国落脚。这一回合，西风压倒东风，庆父占了上风。

如果你是庆父，这时候你会怎么做呢？

政客的一般做法是：明的一方面在国内全力拥戴新即位的小孩子国君，花大力气笼络国内贵族，迅速逮捕并处死杀害公子般的凶手，给国人施以小恩小惠；暗的一方面趁着正占优势的时候，全力攻杀季友，不死不休。如果这还觉得不够，那就再大造舆论，说外国势力准备趁着我国新乱大举入侵云云，以此制造紧张局势，转移大家的注意力，以造成“兄弟阋墙，外御其侮”的局面。——历史的经验一再告诉我们，学会给自己制造敌人是一项重要的政治技巧，再者，政治斗争永远都要拉一派、打一派，切不可两面作战、两派一起打。就算要面对的只有一派，那也要先分化他们，然后再一拉一打，打掉一派之后再来分化剩下的一派，照旧一拉一打。

再有一条原则是：如果决意要打掉谁，一旦动起手来，那就一定要不遗余力地把对手打进十八层地狱，再踏上一万只脚，让他永世不得翻身。

但是，可怜的庆父啊，虽然迅速处决了圉人荦，可不但没有对季友“痛打落水狗”，反倒又把新即位没两年的公子开给杀了。公子开谥号鲁闵公，这名号听起来像个慈眉善目的老国君，其实驾崩的那年他才不过十岁。

鲁闵公一死，鲁国的合法继承人就只剩下一个公子申了。季友知道，如果公子申再死了的话，论资排辈，庆父就真能当上国君了。事不宜迟，季友马上护着公子申逃到了邾国。

庆父在鲁国实在作孽太多，连杀两个国君，搞得天怒人怨。就在鲁闵公元年，有位齐国使者曾经说出了一句赫赫名言：“不去庆父，鲁难未已！”这句话后来以“庆父不死，鲁难未已”的变体流传下来，一直到近现代都成为人们常用的感慨词。——这是一个几乎贯穿整个中国历史的哀叹，所以我们不得不多问一问：“为什么一个坏蛋就可以撼动一个国家？”——这个问题可以一直问到1976年：“为什么四个坏蛋就可以撼动一个国家？”

“庆父不死，鲁难未已”，当一个传统的中国人发出这样一声哀叹的时候，他惟一能够想到的解决办法大概就是：政治地位高于庆父的“好人”睁开了眼睛，看清了庆父的真面目。可我们看看庆父这个例子，在当时的鲁国，谁的政治地位比庆父更高？谁的权力比庆父更大？如果不是封建制度下的鲁国，而是专制统治下的鲁国，更有什么人能够约束庆父呢？

（一个小细节：“不去庆父，鲁难未已”，这句话出自《左传》，而《左传》对这件事情的记载很可能张冠李戴了，因此这句名言的可信性也就成问题了，容后细表。）

我在《孟子他说》里详细讲过，中国的封建社会基本上属于贵族民主专制，所以，统治者的个人权力并不像秦朝以后的专制社会里那样大得可怕。庆父一再的倒行逆施在国内激起了民愤，季友又在准备暗中回国，终于，庆父见势不妙，逃往莒（jǔ）国，而季友则拥立了当初一起在邾国避难的公子申为君，是为鲁僖公。

东风再次压倒西风，这一回是庆父逃亡，季友追杀。《公羊传》在这里说：

庆父弑二君何以不诛？将而不免遏恶也。既而不可及，缓追逸贼，亲亲之道也。

《公羊传》大概认为，季友追杀庆父，当时是可以追得上的，而像庆父这种连弑二君的大坏蛋，抓到了当然就该杀。那么，季友在追杀路上自然应该快马加鞭才是，但是，季友不但不加鞭，还时不时地勒勒缰绳，好像唯恐真能追上庆父似的。看来庆父就算车子突然坏了，下来修车，季友也会在后边停下来给自己的车子加加油什么的，直到庆父把车修好了再继续开追。那么，季友为什么要这样呢？《公羊传》的解释是：如果抓到庆父能够挽救公子般和公子开的两条小命，那自然不能怠慢，可人死不能复生，就算追上庆父，公子般和公子开也活不过来了，那何必再对庆父赶尽杀绝呢？

——可是，不对呀，这话虽然看似有理，可要照这个逻辑，杀人犯难道都不该受到制裁了吗？！

当然不是，《公羊传》之所以这么说，是因为庆父的身份特殊：他可不是普通的杀人犯，他和季友可是兄弟关系。

那么，《公羊传》的意思难道是：历尽劫波兄弟在，相逢一笑泯恩仇？

也不是，这恩仇是泯不了的，但《公羊传》告诉我们说：“缓追逸贼，亲亲之道也。”这才是问题的关键。

儒家很讲究这个“亲亲之道”，认为季友故意放慢速度，不真的追上庆父，这是对的，是符合“亲亲之道”的。——大家想想前文讲过儿子为父报仇的那几个例子。

有人可能不理解了：“儿子为父报仇那几个例子都是个人恩怨，‘亲亲之道’也能理解，可庆父该算国贼啊，这可不是简单的个人恩怨啊，难道季友把兄弟亲情置于国家大义之上还是做对了不成？”

——别觉得不可思议，按照传统儒家的标准，季友还真是做对了。我们知道，礼治是儒家的一个核心主张，而礼治的诞生土壤正是封建制度下的宗法社会，宗法社会的一个重要特征又是以家族宗法为核心扩展成为国家政治统治（所以才会有“修身、齐家、治国、平天下”这个说法）。所以，家族利益高于国家利益，家族血缘纽带高于国家政治纽带，爱家主义高于爱国主义。这种状况直到封建社会瓦解、专制社会成形之后才发生了变化，但专制社会里依然没有爱国主义，因为那时候国家和人民都变成了皇帝的私有财产，所以“爱国”这个概念只是“忠君”的一个附属概念，而皇帝们也绝对不能容许有一个比“君”的地位还要高一级的“国”的概念。所以，古人提到“爱国”的时候，也往往是“忠君爱国”并称，比如雍正朝有“礼乐名臣”之称的张伯行说过：孔子乃至程朱，其学说都是“皆忠君爱国，明体达用之言”[44]——程朱是不是这样暂且不论，把孔子思想“传承”成这个样子，八成是存心的。

这是一个值得多费一些笔墨的问题。很多人对传统文化里的一些说法往往只从字面理解，因此而造成的误解实在太多了。说到爱家和爱国，就有必要先提一下孝道，而孝道就是一个被现代很多人误解的概念。中国所谓孝道，打着孝的幌子，其实却是忠道，而“十三经”里的《孝经》其实也就是《忠经》，这一点我已在《孟子他说》第三册里论之甚详。说到这个“忠”，忠于谁呢？忠于国家还是忠于皇帝？皇帝往往故意混淆这两个概念，把自己和国家等同起来。那么，古人难道就不讲爱国吗？

也不是的，比如，虽然《孝经》的本质就是《忠经》，但历史上还真是有过一部《忠经》的，据说作者和注者同是东汉的超级大儒：著为马融，注为郑玄，来头果然不小！[45]在这《忠经》里有一篇“报国章”，是专题来讲报国的：作臣子的之所以应该报国，是因为他的官职与俸禄都是君主给的。那么，难道只有作臣子的才应该忠君报国吗？是的，但是，“君临天下，谁不为臣”？并不是只有当官的家伙才是臣子，每个人都是君主的臣子，都受了君主的恩惠，正所谓“食土之毛，皆衔君德”，受了人家的好处，自然应该报答人家，而正如老板是开公司的，所以职员报答老板的最好方式就是努力为公司工作一般，皇帝是“开”国家的，所以臣子报答皇帝的最好方式自然就是“报国”。[46]——人生在世，最大的恩情就是皇恩，所以活着就要感恩，感恩就要图报，这看上去很像是本尼迪克特在《菊与刀》里所论及的日本精神，其实源头很可能却在中国。[47]

梁启超曾在《中国之旧史学》中提到所谓“旧史学”的四大弊端，其一就是“知有朝廷而不知有国家”，于是乎所谓“二十四史”不过是“二十四姓之家谱”[48]——这话够狠，似乎击中要害，如果这个道理成立的话，那么，我们有多少人的“自豪感”其实却不过是奴才的子孙为祖上侍奉过的老主人的家业而感到的“自豪”呢？而中国历史上首次出现具有现代意义的“爱国”的提法，很可能是在梁启超（还是他）的《爱国论》里——看看，“爱国”这是多么晚近的事呀。梁文开头就说：外国人都说我们没有爱国之性，性格是懦弱的，组织是涣散的，不论哪国人都能随便欺负和奴役中国人，而且一点点蝇头小利就可以让中国人趋之若骛……梁启超归结说：不是我们中国人没有爱国心，而是中国历来就缺乏明确的国家概念，外国人以前其实也是这样的，也没什么爱国心，只是近几百年来的民族主义才促成了欧洲现代民族国家的成型，爱国主义这才相应地油然而生。[49]——其实这个道理说起来很简单：只有人民群众当家作主、成为了社会主人翁之后，才产生了真正的爱国主义概念。——道理确实很简单，之所以“爱国”，是因为“国家”是“我们”的。（梁启超说：“夫国家者，一国人之公产也。”）

由此而引发的问题是：“爱国”的前提不再是很多人想象中的“我生在这个国家”，而是，并且扎扎实实地是：“国家是我们的”。——在这个问题上，我们可以看一下一种传统的逻辑结构是否成立，嗯，我们可以把这个问题想象成一道简单的逻辑试题：

因为：我生在熊国；

所以：我爱熊国，我以我是熊国的一员为荣。

问：以下哪项中的推理与题干的推理最为类似？

A）因为：我是我妈妈生的；

所以：我爱我妈妈，我以我是我妈妈的儿子为荣。

B）因为：我生在熊家；

所以：我爱熊家，我以我是熊家的一员为荣。

呵呵，别急，在回答这个问题之前，我们先来设想一下另外一个问题：如果有一位少年，爸爸是龟公，妈妈是老鸨，还有两个哥哥，既做龟公，又兼贩毒和拐卖人口，那么，这位少年“不爱”他这个家，在道德上是否站得住脚呢？而后，如果这位少年拒绝继承家族事业，毅然离家出走，在另外一处地方谋得了一份正当职业，开始了一番积极奋斗，那么，这在道德上是否站得住脚呢？他又是否可以“不以”自己的家庭为自豪呢？或者说，如果这位少年生在一处穷山恶水的地方，身边的人不是流氓就是恶霸，那么，如果他离开了这个地方，去追求阳光明媚的生活，这在道德上是否站得住脚呢？他是否可以“不爱”自己的家乡呢？他又是否可以“不以”自己的家乡为自豪呢？——这些问题是否都过于简单以至于根本就算不得问题呢？那么，把这个逻辑扩展一下却又为什么往往得出相反的结论来呢？

好啦，现在再回到上面那个选择题。答案A显然是错的，因为自然属性和社会属性不具可比性，而且，即便承认这个可比性，一位只有一两个孩子的妈妈和一位有几千万、乃至几亿孩子的妈妈也是不具可比性的。如果换个角度，以梁启超的“夫国家者，一国人之公产也”来衡量，并且接受“妈妈和孩子”这一拟人手法的话，那么，答案A显然把母子的关系搞颠倒了，正确的关系是：“我们”才是妈妈，“国家”才是孩子。

答案B像是正解，“因为：我生在熊家；所以：我爱熊家，我以我是熊家的一员为荣”和“因为：我生在熊国；所以：我爱熊国，我以我是熊国的一员为荣”这两句话在逻辑结构上是一致的，内容上也是完全具有可比性的。

但是，“我生在熊家，所以……”这个逻辑在道德上想来是多数人不会认可的——当初有秦姓子弟瞻仰岳飞庙，写下一副广为流传的对联：“人从宋后少名桧，我到坟前愧姓秦”，说的就是这个道理。生在哪里，也许不一定就必须要爱那里、要以那里为荣，在巴金的“激流三部曲”时代，有多少有志青年都是以反叛家庭/家族为荣的。小鱼儿是在恶人谷长大的，身边全是天下间最顶尖的坏蛋，小鱼儿不但不会以恶人谷的出身为荣，相反，这小子出淤泥而不染，闯荡江湖靠的全是自己的正直、善良和聪明。一个人无论出身如何，他大可以以自己的正直、善良和聪明为荣，相反，如果一个人跟其他人交往的时候满嘴不离自己显赫的家谱，想来没人会喜欢这样的家伙吧？——这个道理肯定是绝大多数人都会认可的，那么，为什么同样的问题，同样的逻辑，换到个人与国家的关系的时候，一些人的价值取向却完全颠倒过来了呢？[50]

还得说梁启超的判断准确：“夫国家者，一国人之公产也”——问题的是与非，症结全在这里。搞清了这层道理，我们才能理解为什么周朝人的思想、行为和秦汉之后有着如此巨大的差异，我们才能理解春秋时代原汁原味的“春秋大义”到底是什么样子，我们才能思考为什么《公羊传》在这里会褒奖季友。

有人可能还会问：“那春秋时代不是还有‘大义灭亲’的壮举么？”——不错，的确是有，等我们后文遇到的时候再仔细分析，现在只是要把重点放在这个“缓追逸贼，亲亲之道也”上面。可是，季友真的就这么放过庆父了吗？

不是的。董仲舒认为，季友的“追”虽然故意磨蹭以体现“亲亲之道”，但已经明确表露了杀意。后来，作为政治流亡分子的庆父看到大势已去，准备认罪投降，看来是想争取一个“坦白从宽”，以甘愿回国受审为条件，以换得一个免除死刑的宽大待遇，但季友就是不松口，最后逼得庆父自缢而死。

季友为什么不松口呢？如果答应了庆父，不是正符合了“亲亲之道”吗？这我可就不知道了，也许季友是为了国内政权的稳定吧，如果真的审判庆父，庆父当初的那些或明或暗的同党们不知道又会搞出什么动静来呢，这一案也不知道会牵连多少人呢。

庆父就这么在国外自杀了，这也许是一个最为“政治正确”的结局吧？——是的，这样的结局也许对各方面的人马都有好处，只除了那些无辜的、也不可能再跳出来为自己喊冤的死者。

再稍微说两句后话：庆父、季友，还有那个被季友杀死的叔牙，他们和鲁庄公都是兄弟关系，后来，庆父的后人建立宗族，号为孟孙氏，也叫仲孙氏，季友的后人就是季孙氏，叔牙的后人就是叔孙氏，又因为庆父这哥儿几个都是鲁桓公的儿子，所以孟孙氏、季孙氏、叔孙氏便被合称为“三桓”。读过《论语》的朋友应该对

“三桓”印象很深，尤其是那个季孙氏，《论语》里边著名的“季氏将伐颛臾”和“八佾舞于庭”，都是说的季孙氏。（这个说法在古代经师那里也是有争议的，暂不细表。至于姓和氏都是怎么回事，详见《孟子他说》。）

下面再来动一回脑筋，《春秋经·闵公二年》是这样记载的：

九月，夫人姜氏孙于邾娄。公子庆父出奔莒。

我们只看最后一句：“公子庆父出奔莒”，这就是上文提到过的“庆父见势不妙，逃往莒（jǔ）国”，这之后就是季友回国，拥立了鲁僖公。那么，从这句话里你能看出什么“微言大义”来吗？

这句话曾经给历代经学大师们造成过极大的困扰，我先提示一下，前文刚刚讲过“齐人执陈辕涛涂”，《公羊传》抓住“齐人”的“人”字大做文章，说孔子不写“齐侯”而写“齐人”是批评齐桓公不地道。《公羊传》的这个解释历来都没有太大的疑议。好啦，我们把“齐人执陈辕涛涂”和现在这个“公子庆父出奔莒”联系在一起来看，能看出什么问题来吗？

是呀，既然齐桓公做了错事就不再是“齐侯”而是“齐人”，那庆父做的事可比齐桓公要坏上无数倍呀，怎么也应该叫他作“庆父反动派”之类的才对，可为什么还是叫他“公子庆父”呢，这不明明是一个尊称吗？——清代的官版权威《春秋公羊传注疏》有过一个解释，说：庆父罪大恶极，但《春秋经》还是称他“公子”，可见《春秋经》的褒贬并不是体现在爵号、名字、日期这类细小地方，有人做了坏事，《春秋经》如实把坏事记录下来，这不就是褒贬吗？[51]

这是一个具有颠覆性的解释，真要这么说，《公羊传》的权威就大可怀疑了，“微言大义”一说也好像有点儿站不住脚了。嗯，真是这样吗？

第二个问题：这个“春秋大义”里的“缓追逸贼，亲亲之道”虽然在宗法社会讲得通，可在进入专制社会之后难道就不被批判吗？皇权会容得下这个道理吗？对弑君逆贼不诛九族就算开恩了，还什么“缓追逸贼”，哪有这等道理！是呀，既然如此，专制意识形态下饱受浸染的那些知识分子难道看着这条“春秋大义”就不觉得别扭吗？

——确实觉得别扭。简单举两个例子：这个“缓追逸贼，亲亲之道”的说法还曾被《穀梁传》用在鲁隐公元年的“郑伯克段于鄢”的故事里，[52]事情虽然不同，道理讲的却是和《公羊传》一样的。于是，宋代沈棐《春秋比事》批评说：“为了大义是不能顾念亲情的，当年周公为了维护政权稳定，不也杀了自己的亲兄弟么。这才是正理。”[53]

宋人高闶的《春秋集注》也论过此事，说：现在有些人很不负责任地说什么《春秋经》在鲁闵公之死一事上并没有责备季友的失职，反倒嘉许他对鲁僖公有拥立之功。我呸，这是胡说八道，季友他不忠于前君而自结于后君，这是贤者作为吗！还有人讲什么“缓追逸贼，亲亲之道”，世上哪有这种道理，作臣子的首要大义就是为君讨贼，所以才有“大义灭亲”一说。在庆父这件事上，季友和庆父是亲戚，这不假，可季友和鲁闵公也有血缘关系呀——不仅如此，在这个血缘关系之上还有君臣的尊卑关系。庆父和鲁闵公也同样有这两层关系。庆父杀了鲁闵公，是主动断绝了他与鲁闵公之间的尊卑关系和血缘关系，这时候，他相对于鲁闵公和季友来讲已经算是个毫无关系的人了。（熊逸按：可以联想一下前文防年杀继母的那个案件。）从鲁闵公的角度来讲，如果季友杀了庆父，既维护了君臣大义，又维护了亲属之情，可季友却“缓追逸贼”，这既没有维护君臣大义，也丧失了亲属之情。难道这就是贤者所为吗？[54]

看，时代发展了，对经义的解说也必须要与时俱进了。至于《春秋经》原本到底是什么意思，这好像从来都不重要。

4

再来说说董仲舒所举的第四个例子：“吴季子释阖庐”。

这个故事里的两位主人公我们都不陌生，吴季子就是季札，阖庐就是吴王夫差的爸爸。《春秋经》里在“襄公二十九年”写了一句照旧非常简短的话：

吴子使札来聘。

翻译过来就是：吴国派了季札到我们鲁国作外交访问。

在这次访问当中，季札详细点评了鲁国国家交响乐团演奏的各种音乐，就是《孟子他说》第一册里讲过的那段。现在我们要来了解的重点是：《春秋经》的这短短一句话里隐含着什么“微言大义”没有？

《公羊传》认为“有”，因为吴国地处江南，在当时属于荒蛮之地，代表着落后生产力和落后文化，是被中原“诸夏”看不起的。所以，《春秋经》一般记载和吴国有关的事情时，仅仅说一个“吴”如何如何，既不给个尊称，也不记载人家君臣的名号。但是，独独在“襄公二十九年”，《春秋经》竟然破了例，不但尊称人家“吴子”，居然还记载了季札的名字，嗯，这里边一定是有什么深刻用意的。

那么，用意如何呢？当然就是表彰季札，认为这小子虽然出身于夷狄，却大有诸夏之风。

故事的一般版本是：当年季札他爸吴王寿梦一共生了四个儿子，季札排行老四。大家都很喜欢老四，很想把位子传给他，可这么做又实在是坏了规矩。怎么办才好呢？后来有了主意：现在老大正作国君呢，那就立个规定好了：等老大死了以后不能把位子传给自己的儿子，而必须传给老二，然后老二传老三，这样一来，总有一天会传到老四季札那里。

事情还真就这样发展下去了：老大死了，老二接班；老二死了，老三接班；老三死了，老四……老四跑了！

要说这老哥儿仨都够义气的，为了让君位赶紧传给老四，他们天天祷告。——我们一般人祷告个啥无非是求老天爷保佑升官发财、长命百岁，可这哥儿仨恰恰相反，都祷告说：“老天爷啊，您要是保佑我们吴国，就快给我们几个降下灾祸吧！让我们赶紧死了，好给老四腾位子！”

单是祷告还不够，这哥儿仨整天是上山擒虎豹，下海斗蛟龙，专捡危险的事做，活生生地为“作死”一词下了完美的注脚。

老哥儿仨就这么忙活了多少年，好容易如愿以偿地死光光了，可老四却还是不肯配合，趁人不备，逃之夭夭。

这可怎么办？总得有人作国君吧？

老四风格高，可风格高的人永远都是少数，结果，老三的儿子就接班了，这就是著名的吴王僚。等国内政局尘埃落定之后，老四季札这才没事人似的回来了，参见新任吴王，承认了他的统治身份的合法性。

按说季札都点头了，别人也就没什么可议论的了。可是，老大的儿子公子光不干了："如果照爷爷的遗愿，现在应该是我四叔季札接班，就算四叔这人淡薄，那也该轮到我接班呀，凭什么是我堂弟得了便宜呀！"

——暂停一下。故事说到这里，肯定有人会想："这都是真事么？老哥儿仨又是祷告，又是作死，这种违背人性的事怎么可能呢？"

这个怀疑不是没有道理，但是，我们如果把"祷告"和"作死"的情节去掉，看到的可能就接近当时的真相了——或者再说得保守一些：即便这哥儿四个的事情对于严肃的历史读者来说未必值得当真，但故事所传达出来的"兄终弟及"的继承制度却很可能就是当时的客观实际。

一般认为，母系社会里（假如中国历史上确实存在过母系社会的话[55]），血统是按女性一方来计算的，所以，当一个男人死后，他的财产（如果有的话）应该优先传给他的兄弟姐妹，而令我们现代人难以想像的是：他自己的子女却是没有继承权的。因为死者和他的兄弟姐妹都是一母所生，而死者的子女却是死者的妻子所生，这两类近亲在母系社会的血统里分属两个不同的系统。

母系社会听起来好像非常古老，其实即便在进入父系社会之后，母系时代的一些传统并不是马上消失的。商代的国君继位就有“兄终弟及”之制，武王伐纣之后，商人的遗民国家宋国也依然保留着这个传统，就连大圣人周公的封国——根正苗红的鲁国——也有“兄终弟及”一说（前边庆父那个故事里刚刚讲到的。但此说不大可靠，容后再表），那么，在荒蛮的吴国，这老哥儿四个的故事也许真的是诞生得合情合理的。

较真的人可能还会穷追不舍：“就算是‘兄终弟及’，如果君位传到了最小的弟弟，等最小的弟弟死了，又该传给谁呢？”

换到季札时代的现实状况，这个问题就是：“当老三死了之后，老四季札拒绝继承君位，那么，按照‘兄终弟及’制度，在最小的兄弟季札放弃了继承权之后，合法继承人到底是吴王僚（没即位之前称作公子僚，为了减少阅读的麻烦，就一直叫他吴王僚好了）还是公子光？”

这事还真不好说，按照王国维的研究，殷商的继承法是以兄终弟及为主，父死子继为辅，而父死子继的规矩却是等父亲这一辈的哥儿几个都死光了以后，由最小的弟弟的儿子来继位——如果这个规矩一直绵延到周代的话，绵延到南方不大开化的吴国，或者说，吴国还保持着相对于中原诸国更为原始的习俗的话，那很有可能吴王僚才是真正合法的继承人。

——这只是一个推测而已，也存在其他的可能：他山之石，可以攻玉，前辈社会学家斯宾塞研究澳洲的土著部落，发现了现实生活中依然存在的“兄终弟及”制度：头领死了，位子传给最大的弟弟，依次往下传，继位的除了亲弟弟之外，还包括父亲的兄弟的儿子们（也就是堂兄弟。注意，现在很多人已经分不清“堂”和“表”的区别了：大体来说，父亲这支叫“堂”，母亲那支叫“表”），如果依次继承下来，所有的兄弟，包括所有的堂兄弟，都死光了，这时候该由谁继位呢?

——由众兄弟当中年纪最长的那一位的长子继位。然后，又是新一轮的“兄终弟及”。

如果这个法则放之四海而皆准的话，那么，吴王僚是老三的儿子，在季札放弃了继承权之后，合法继承人就应该是老大的儿子公子光。

我们如果这么一捉摸，就会发现公子光的想法并不是没有道理，如果我们都这么想，那公子光自己就更认为自己有道理了。公子光是个狠角色，决心靠自己的力量去寻回公正——是的，如果从正当的途径无法取得失去的公正的话，那么，使用一些阴险卑鄙的手段也是很容易被原谅的。

公子光的确很容易就原谅了自己。他接纳了一位落魄的楚国政治犯，这就是史上第一位大汉奸（严格说是大楚奸）伍子胥，伍子胥为公子光介绍了一位叫作专诸的勇士。这段故事是大家耳熟能详的了：专诸以鱼肠剑刺杀吴王僚，公子光如愿即位，是为大名鼎鼎的吴王阖庐。

——等等，我们先想一个问题：如果你是公子光，你会在杀死吴王僚之后就宣布自己当国君吗?

如果你的答案是“是”，那我建议你最好从事技术性的工作。——历史的经验一再告诉我们：越是卑鄙的动机，就越是需要正义的口号。公子光刺杀吴王僚，他该怎么向大家解释这个事情呢？宣传口径必然会是：“伪吴王僚是个破坏了吴国君位继承传统的僭越分子，他的吴王身份是不合法的。为了维护传统，为了申张正义，僭越者必死！打倒伪吴王僚——！”

作为旁观者，大家现在可能会像当时吴国人一样，对公子光的这番表演嗤之以鼻：“小样儿的，装什么大瓣儿蒜，谁不知道你小子就是想夺权呀！”

但公子光一脸正色地说：“你们这是以小人之心度君子之腹，我根本不是为了自己夺权，我所做的这一切完全是为了维护咱们吴国的传统，为了申张正义！”公子光说到做到，很快找来季札：“四叔，我杀了伪吴王僚这个僭越分子，就是为了给您扫清继位路上的障碍。四叔您在吴国众望所归，您又是真正的合法继承人！四叔，我求您了，继位吧！”

——原来公子光这是路见不平啊？！

当然不是。谁都看得出来季札不会接受君位，谁都看得出来公子光只是做做样子。但是，这个“样子”是必须要做的，因为做了之后，按照吴国的君位继承传统，公子光就理所当然地成了君位的合法继承人。——如果不做这个“样子”，那他至少在名义上永远都是不合法的。

这个“样子”还有另一层作用，就是给了吴国贵族们一个台阶。——要知道，公子光刺杀吴王僚，这到底也算是弑君，何况吴王僚必然是有一批死党的。现在，吴王僚已死，公子光已经夺权，这是既成事实，改变不了。设想一下，假如我是当时吴国一位还算比较正直的贵族，我会一方面觉得公子光弑君作乱，应该反抗他才对，可人家手握大权，发难反抗只能是自投死路；可让我公开拥护公子光吧，拥护一个弑君者毕竟说不过去。唉，真是为难啊！

——现在好了，公子光请过了季札，那就意味着：第一，季札放弃了继承权，所以公子光作国君当之无愧，应该拥护；第二，天塌下来有高个子撑着，在这件事上，季札就是那个高个子，连季札都不追究公子光，我还犯得上么？

所以说，公子光没有立即即位，而是去请季札，这真是一个深谙人类心理的好策略。

可能还是有人会问："公子光请季札，这明摆着是玩虚的，谁看不出来呢？这不是掩耳盗铃么！"

不错，这还真就是掩耳盗铃，但很多时候，盗铃的人非但不傻，反而绝顶聪明，也正因为绝顶聪明，他们才会一边盗铃，一边掩耳，而大家眼睁睁地看着他在盗铃，却一个个都仿佛视而不见——为什么呢？因为他一掩耳，大家也就得了台阶，心照不宣地借坡下驴了。

可能有人还有疑惑："公子光耍的这是权谋，就算真要维护继位传统，也不该采取暗杀手段啊。季札为什么不去追究他呢？季札号称贤人，难道对弑君者就不闻不问吗？"

是呀，季札如果不去追究公子光的弑君，又何以为贤呢？

公子光玩的是权术，《公羊传》宣传的却是仁义。《公羊传》这样记载了公子光去请季札的那一段：

……于是使专诸刺僚，而致国乎季子。季子不受曰："尔弑吾君，吾受尔国，是吾与尔为篡也。尔杀吾兄，吾又杀尔，是父子兄弟相杀终身无已也。”去之延陵，终身不入吴国。故君子以其不受为义，以其不杀为仁。[56]

公子光刺杀了吴王僚之后，先去找到季札：“四叔，这王位本来就是您的，现在给您空出来了！”

季札拒不接受，说：“你杀了我的国君，如果我从你的手里接受了君位，那我就成了你篡位的同党。按说我该杀了你，可是，你杀了我哥，我再杀你，那岂不是父子兄弟之间互相杀来杀去没个完嘛！”于是，季札既不接受公子光的“美意”，也不追究公子光的罪过，自己跑到延陵这个地方独善其身去了，一辈子没再踏入过吴国国都。君子评论说：季札不接受君位，这叫“义”；不杀公子光，这叫“仁”。

——插一个小问题：如果读书仔细，你会发现季札那句话有个疑点。什么叫“你杀了我哥”（尔杀吾兄）呢？公子光刺杀的吴王僚明明是季札的侄子，怎么这里说成哥哥了呢？

这就是文献记载的互相冲突所致。我上边讲的那个四兄弟的故事版本是比较流行的说法，《史记·吴太伯世家》大体就是这么说的，而《公羊传》则认为吴王僚是吴王寿梦的“长庶子”，也就是吴王寿梦小老婆所生的所有孩子中的老大，那自然和季札是兄弟辈的。其他文献也各有各说，反正这一家人的关系不是那么清楚的，我这里就不作详辨了。

《公羊传》认为，《春秋经》又称“吴子”、又提名号地来褒奖季札，是因为季札有仁有义，符合贤者的标准。我们从这里再次看到了儒家“以家族纽带为第一”的重要原则，看，为了避免父子兄弟持续相杀，就连弑君者也是可以不予追究的。

现在可以归结一下了。让我们像董仲舒一样，把“鲁季子追庆父”和“吴季子释阖庐”这两件事并列来看：同样是弑君，但庆父该杀，公子光（阖庐）不该杀。这就像前一对例子一样：同样是欺骗三军，但逄丑父该杀，辕涛涂不该抓。这就是董仲舒所谓的“必本其事而原其志”。

不过，说实在的，可能是我的脑瓜不够灵光，对逄丑父和辕涛涂的处理我还可以理解，可对这个庆父和阖庐，我却怎么也想不明白。——简单的推测是：庆父犯罪“未遂”，阖庐犯罪“已遂”，区别就在这里。庆父虽然连弑二君，但还没有达成自己夺权的最终目标，季友一直都有翻盘的可能；而阖庐杀了吴王僚，大局已定，季札已根本就没有回旋的余地。看来道理似乎是这样的：如果事情尚有可为，则为之；如果事情已不可为，那就只好“既往不咎”了。（“既往不咎”这个成语是孔子贡献给我们的，看来当真也是儒家的精神呢。）

不费那个脑筋了，无论如何，我们只要明白董仲舒的主旨就可以了：

春秋之听狱也，必本其事而原其志。志邪者，不待成；首恶者，罪特重；本直者，其论轻。是故逄丑父当斮，而辕涛涂不宜执，鲁季子追庆父，而吴季子释阖庐，此四者，罪同异论，其本殊也。俱欺三军，或死或不死；俱弑君，或诛或不诛；听讼折狱，可无审耶！故折狱而是也，理益明，教益行；折狱而非也，闇理迷众，与教相妨。教，政之本也，狱，政之末也，其事异域，其用一也，不可不以相顺，故君子重之也。[57]

——《春秋》断案的原则，一定要根据事实推究出犯罪嫌疑人在作案时的心理动机。对那些动机邪恶的家伙，哪怕他犯罪未遂，也得好好治他的罪；对首恶分子要严加量刑；而对那些出于善意而犯下罪行的人，量刑一定从轻。所以逢丑父该杀，辕涛涂不该抓；鲁季子追捕庆父，吴季子宽恕阖庐，罪行相同而论罪不同。都是欺骗三军，有该杀的，有不该的；都是杀死国君，有该谴责的，有不该谴责的。审判案件一定要把深层的道理搞清楚啊！所以说，如果法院公正，理就会越来越明，教化也就会越来越得到推行；如果法院不公正，人们就会越来越淡化了是非观念，结果，官方宣传上在教育人民仁义道德，现实世界却在教给人们相反的道理，这世界还怎么得了。教化是为政之体，刑法是为政之用，它们领域不同，但作用一致，所以是绝不可相互悖离的，它们同样都为君子所重。

看来“《春秋》原心定罪”认真推究起来，还真是一个深刻的思想，也是一个为很多腐儒所忽视的概念。我们不难想见，就算再有多少“醇儒”满嘴仁义道德，如果现实社会中总是公理无处申张，总是“卑鄙是卑鄙者的通行证，高尚是高尚者的墓志铭”，有多少人还会持之以恒地坚守那些仁义道德呢？

但董仲舒这番道理虽精，却只能流于纸面，因为这和专制社会的运作机制是无法合拍的，也就注定了最后只能成为嘴巴上的仁义道德而已。如果真想要公理大行，其中道理要晚到晚清时候的严复和郭嵩焘他们才看得明白。严复放眼西望，讲到西方文化的精髓，概括说："不外于学术则黜伪而崇真，于刑政则屈私以为公而已。"[58]看上去和董仲舒的意见并没有太大差异，但严复却讲出了公理大行所需要的基础，这基础并不是董仲舒所谓的"以教化为体，以刑法为用"，而是"以自由为体，以民主为用"。——严复在这里点明了一个重要的逻辑关系：如果没有"自由"作为基础，"民主"便只能是无源之水、无本之木，至于学术打假（学术则黜伪而崇真）和刑政公允（刑政则屈私以为公）云云，自然也就更没着落。

两千年前的董仲舒哪能看得这么远呢，他能把问题想到现在这"《春秋》原心定罪"的一步已经很是了得了。在汉代，"《春秋》原心定罪"这个观点恐怕不止董仲舒才有，或许它还在儒家知识分子当中颇有一些共鸣，不过，这也可能是因为董仲舒名声太大、弟子众多的缘故吧。但我们可以肯定地知道，那个极为精炼的"原心定罪"四个字虽然与董老的思想如出一辙，实际上却是另有出处的。

在隽不疑依据"春秋大义"果断处置了那位不知真假的卫太子的一年之后，也就是始元六年（公元前81年），以汉昭帝为核心的权力集团召集了一大批贤人和知识分子，让他们和政府官员一起讨论各类国家大事。这是中国历史上的一次重大事件，大讨论的结果在后来的汉宣帝时期被桓宽整理成书，这就是著名的《盐铁论》。

这是一次很有意思的讨论，讨论当中经常形成两方面针锋相对的局面：知识分子们主要来自民间，有一些草根立场，了解一些民间疾苦，但缺乏政治上的实战经验；官员们则既有着丰富的政治经验，又往往是现行政策的既得利益者。当权者也不知道是怎么想的，不但没有在政策问题上统一口径，反倒给这两个阶级的代表们设了一座可以自由发挥的大擂台（这背后其实有着辅政四大臣的斗争背景）。

这个擂台一打起来，就把当时所有的焦点问题几乎全都议论到了：像什么三农问题（《力耕篇》），自由贸易问题（《通有篇》），贫富两极分化问题（《错币篇》），政治体制的内在缺陷使得官场劣胜优汰、劣币驱逐良币的问题（《相刺篇》），执政者以身作则、保持先进性的问题（《救匮篇》），言论自由、言者无罪的问题（《箴石篇》），省部级一把手权力不受监督的问题（《除狭篇》），吏治腐败问题（《疾贪篇》），至于什么权力寻租问题，侵吞国有资产问题，大型国有垄断行业的利弊问题更是议论当中的重要主题（《盐铁论》顾名思义，主要还是讨论盐铁官营问题的）。

看看，汉朝人在两千年前就已经在努力解决这些问题了，我们真不得不钦佩中国人罕见的耐心和毅力啊！

不过呢，现在我搬出《盐铁论》来，主要还是为了引述其中讨论到的“《春秋》决狱”的段落。

在《盐铁论·刑德篇》里，政府官员和民间知识分子讨论德与刑——也就是礼和法——的关系问题。官员们认为，只有完善的法律才能杜绝犯罪，而知识分子们认为，法律当然应该有，可现在的法律也太过繁文缛节了，复杂到就连专业法官都经常搞不清楚，更何况文盲的老百姓呢。[59]

知识分子们尤其反对严刑峻法，他们引述《论语》说：当年鲁国马厩发生了火灾，孔子下朝后听说了，只询问有没有人受伤，根本就不问马怎么样了。[60]这就叫以人为本啊。可现在法律是怎么规定的呢？偷一匹马就可以被判死刑，这叫什么事啊！

接着，知识分子们提出了一个很儒家、很儒家的观点："法者，缘人情而制，非设罪以陷人也。"也就是说：法意不外人情，法律条文不是给人设套下绊子的。

再下边的一句话就更重要了："故《春秋》之治狱，论心定罪。志善而违于法者免，志恶而合于法者诛。"——直接点明了以《春秋》来断案的核心原则：论心定罪。也就是说：根据动机来给犯罪嫌疑人定罪，如果动机是好的但行为违法，可以免罪，如果动机是坏的但行为合法，应该定罪诛杀。——我们后来一般不说"论心定罪"，而说"原心定罪"。

在《盐铁论》里，当知识分子们说出了"《春秋》原心定罪"这个道理之后，政府官员们便无言以对了。

（四）

官员私斗：汉代"《春秋》原心定罪"的一个案例范本——弃市——完城旦舂——孝道的顺民逻辑

现在来看一个汉代"《春秋》原心定罪"的实际案例。这个案例和前边讲过的那些有一个重要不同：这回的控方和辩方全都本着

"《春秋》原心定罪"这同一个原则，你来我往，各有阐发，煞是精彩。

这事发生在汉哀帝时期，博士申咸诋毁元老重臣薛宣，说他不孝顺，既不供养母亲，在母亲死后居然还不服丧，实在不该继续在朝廷里觍着脸待着。

这倒不是空穴来风，薛宣有两个弟弟，一个叫薛明，一个叫薛修，哥儿仨都是高官。薛宣做丞相的时候，薛修在临淄当官，后母跟薛修在一起住。薛宣想接走后母，但薛修不干。后来，后母死了，照规矩做儿子的应该辞官回家，守孝三年。薛宣说："规矩是死的，人是活的，服丧三年没几个人能做到。"薛修说："你做不到，可我做得到。"

薛修说到做到，当真就辞官守孝，守满了三年。

这儿我得说明一下：古人所谓守孝三年，并不真是完完整整的三年，而是两年零一个月，也就是说，在时间跨度上刚刚跨了三年。[61]

因为这事，薛宣和薛修兄弟翻脸。前边讲了，薛修是在临淄做官，而巧合的是，博士申咸也是山东人，所以说，申咸要么就是知道一些内情，要么就是和薛修有着什么瓜葛。

薛宣的儿子薛况也在朝廷做官，听申咸议论爸爸，气不打一处来，于是暗中指示门客杨明做好准备，要找机会给讨厌的申咸毁容，让他没法再在朝廷立足。

而恰好在这个时候，司隶的职位出了个缺。薛况可沉不住气了。

——这两件事有什么关系呢？我们要知道，当时申咸的职务是博士，还有个给事中的加官（“加官”的性质类似于保险公司的附加险种），大体近似于党校教授兼国务顾问，而司隶的原型却是汉武帝时代设置的司隶校尉，有纠察权，隶属于“三公”之一的大司空（御史大夫）。现在，司隶出缺，申咸很有可能就补了这个缺。真要到那个时候，申咸掌握了纠察权，虽然还没有“双规”的权力，可当真弹劾起薛宣来那也真不是闹着玩的。薛况就是担心这点，所以沉不住气了，赶紧找来杨明，嘱咐道：“事不宜迟，赶紧动手！”

杨明果然动了手，就在宫门之外拦截申咸，把申咸砍得鼻子也断了，嘴唇也裂了，身上留了八处创伤。

案子很快就被破获了，关键就看怎么审、怎么判了。

这案子看似简单明了，不就是个故意伤害么，应该很好判才是。

不错，按照“春秋大义”，如果犯罪嫌疑人的犯罪动机是恶的，而且犯罪实施完成，这是该杀的。但控方的重点并不在这个故意伤害上面——相对于薛况和杨明犯下的另一罪行，故意伤害倒不显得有多要紧了。

咦，难道他们还犯了别的罪了吗？前边可没说啊！

——不是我没说，大家得仔细看。生活经验丰富的人应该很容易想得出来，试想一下，如果你在黑社会总部的门口打了一个打手，你最有可能落一个什么罪名呢？

想到了吧，这就是俗话说的“打狗也不看主人”，“打了奴才的屁股，就等于打了主子的脸”，这才是最要紧的。再想想我前文交代杨明是在哪里袭击申咸的？——对了，宫门外。胆敢在宫门之外殴伤朝廷大臣，这简直就是不把皇帝放在眼里，简直就是打狗不看主人。

有人可能会问：“不对呀，你举例不当呀，怎么能拿黑社会跟皇朝相比呢？”

呵呵，这个举例很恰当，只要仔细捉摸一下，就会发现专制皇朝的制度结构和运作规律与黑社会毫无二致。我们之所以说黑社会“黑”，不过是因为我们能够站在外面冷眼旁观而已，而歌颂皇朝的“伟大”，也只是因为皇朝太大了，我们无奈地置身其中。其实，皇朝并不比黑社会更伟大，黑社会也不比皇朝更黑。

好啦，举例恰当，再往下看：

控方接着引述《春秋》原则：动机不良就该杀！在宫门外犯罪，这是冒犯皇上，此风不可长！薛况是主犯，杨明是帮凶，这二人动机和行为都是邪恶的，犯了大不敬之罪。对杨明的处罚理应从重，所以，判杨明和薛况——弃市！

弃市，这是个什么处罚？望文生义来看，大概是说把犯人丢弃在集市上？

“弃市”这个词很常见，很多人都知道它的意思就是执行死刑。但是，如果只是执行死刑的话，它和砍头、斩立决等等有什么不同呢？

很多人不知道的是，“弃市”其实也是儒家礼治当中的一个概念。你以为儒家都是好好先生吗？不是的，儒家也认真研究过怎么杀人。我们先来看看《礼记》，《礼记》和“《春秋》三传”并列于“十三经”，从书名看，就知道是专门讲“礼”的，《礼记·王制》写道：

爵人于朝，与士共之。刑人于市，与众弃之。是故公家不畜刑人，大夫弗养，士遇之涂弗与言也。屏之四方，唯其所之，不及以政，亦弗故生也。

翻译过来就是：在朝廷上授人爵位，一定要当着一众士人的面隆重授予；在集市上当着大家的面对犯人施刑，意思是和大家一起抛弃这个罪犯。公室不供养受过刑罚的人，大夫也不收留他们，士人在路上遇到他们也不和他们说话。把受过刑的罪犯放逐到四方，任其流浪，剥夺政治权利终身，这种人越早死越好。

这段话够狠吧？其中的“在集市上当着大家的面对犯人施刑，意思是和大家一起抛弃这个罪犯”（刑人于市，与众弃之），就是“弃市”。其背后透露出来的含义是：受过刑的人都不是什么好人，也别指望他们能够改过自新，大家谁也不带他们玩，让我们来一起厌弃他们，让大家都知道：他们都是这个社会上的贱民！

——真可怕呀！可如果是冤狱呢？

正统答案大概是这样的：圣王治下没有冤狱。

既然有这样一个背景存在，我们应该就更能体会司马迁接受腐刑时的那种痛苦了，也更能够体会士大夫阶层为什么天然就厌恶宦官了——宦官也是人，宦官会弄权，王公大臣也一样会弄权，而区别就在于：宦官正是“刑余之人”。

那么，从这层意义来讲，所谓“弃市”，不仅中国有，外国也有；不仅古代有，近代也有：十七世纪，一个仅仅二十出头的不妥协的异见分子被犹太教教会开除教藉——这是一个盛大的仪式，哀鸣的号角声渐渐隐去，烛火一盏盏地熄灭，喧哗一步步让位于死寂，光明一点点屈服于黑暗，所有这一切都暗示着这个年轻人已经拒绝了天堂，堕入了地狱（这种仪式化的操作也正是儒家所擅长的，其中意义容后再表），从此之后，再不会有本族人和他交往，甚至连靠近他都是不被允许的。于是，年轻的斯宾诺莎，这位将要被重重记在哲学史上的世界级的大师，就这样遭到了“弃市”——勉强还算文明的是，他的肉体并没有受到伤害。

中国古代的弃市虽然意义与之相同，却绝对不可能那么“仁慈”。尽管从《礼记·王制》的记载上看，弃市未必意味着死刑，但在实际执行过程中，弃市基本上就是死刑的同义词了。薛况和杨明如果被弃市的话，很可能要被砍头——说得古雅一点儿就叫“大辟”。魏晋以后的弃市一度改用绞刑，后来又恢复为砍头，再后来就连凌迟都有了。所以，弃市虽然基本上等于死刑，但不一定就是砍头。

即便弃市是执行砍头，但简简单单的砍头是绝对不能被称为弃市的，如上所述，弃市一定要达到“与众弃之”的目的，这才是弃市的“礼”的真谛。所以，为了达到这个目的，犯人在被执行死刑之前通常要被游街示众，有时候为了昭显该犯的罪行，还在犯人的脖子后边插个大牌子，写上“反革命某某某”或者“黑五类某某某”等等字样。但犯人也有冤枉的，也有肚子里憋着很多话想趁着临死之前赶紧说出来的，而统治者一般都很清楚控制言论的重要性，所以，他们总会有让犯人喊不出来的办法——早先是在嘴里塞个东西，后来就发展到割断喉管了（我们可以想想电影《墨攻》里那位女主角的遭遇）。

“弃市”的渊源很早，据日本学者滋贺秀三的推测，这可能源自上古时代在军阵上执行的一种死刑形式。[62]这只是一种推测，或许还有另外的可能，比如《论语・宪问》就有这么一段：有个叫公伯寮的家伙在权贵季孙那里说子路的坏话，子路是孔子的学生，所以子服景伯把这事告诉了孔子，说："季孙听了谗言，有点儿怀疑子路了，不过您别担心，以我的力量还是可以把事情摆平的，我会让公伯寮那小子陈尸于市（肆诸市朝）的。"[63]

在这里，"肆诸市朝"基本就是"弃市"的意思，据钱穆的解释："肆者，杀其人而陈其尸。大夫尸于朝，士尸于市，公伯寮是士，当尸于市，此处市朝连言，非兼指。景伯言吾力犹能言于季孙，明子路之无罪，使季孙知寮之枉愬，然后将诛寮而肆诸市也。"[64]

"肆"的意思既然是"杀其人而陈其尸"，考查一下"肆"字的发源，在先秦文献当中"肆"和"祀"有相通的用法[65]，而"祭祀"原本也是要杀人的，那么，儒者重要的本职工作之一就是在祭祀活动中充当司仪，难道说……

这些内容问题以后再说，不过这个"弃市"倒也真像是一种儒家风格的死刑方式，从周代到清代，虽然名义有变，实质却一直如此，比如明朝的甘石桥、清朝的菜市口，都是热闹的杀人场所——杀人是一定要让大家来看的。

回到汉朝，此一刻，眼看着薛况和杨明即将就被控方以"弃市"处理了。这是否也告诉了我们一个重要信息：随着宗法社会的衰落和封建制度的瓦解，礼治的重要应用原则——刑不上大夫，礼不下庶人——已经松动了很多，像薛况这样的元老重臣之子、朝廷命官，犯了法也是要以一种不给面子的方式来杀掉的？（这时候是西汉晚期，我们想想汉朝初年贾谊强调礼治“别贵贱”的作用，结果长年来搞得大臣们以受司法调查为耻，只要一被调查，不管心里冤不冤都得自杀。名人如周亚夫、萧望之，都是这么死的。这在《孟子他说》里已有说明。可现在薛况的案子里，朝廷官员居然可以被弃市处死，“礼”所强调的尊卑贵贱的等级秩序就全乱套了，是谓“非礼也”。）

弃市可不是好玩的，薛家决不能就这么让控方如愿以偿——以他们的实力，应该是请得起明星律师团的。于是，很快，辩方开始了精彩发言。

辩方抓的要点也是“《春秋》原心定罪”，却从这同一个原则中推导出了和控方不同的结论。辩方认为，薛况的作案动机是因为父亲受了申咸的诽谤，所以心生愤懑，这是父子亲情所致，是孝心的体现，情有可原，哪就够得上死罪？

——这么辩护倒也在理，可是，对控方在“大不敬”这点上的纠缠又该怎么反击呢？

辩方认为：这次故意伤人纯粹是出于私人恩怨，和百姓斗殴在性质上没什么两样，根本就谈不上“大不敬”，随后又引述孔子的一番话来加重自己这边的砝码，强调“正名”的重要性：“孔子曰：‘必也正名。’名不正，则至于刑罚不中；刑罚不中，而民无所措手足。”[66]这一正名，更发现这次事件纯属私人恩怨，和“大不敬”决无干系。

辩方随后又提出一个概念：“圣王不以怒增刑”，也就是说，好皇帝不会因为发怒就加重量刑，言下之意是：法律是明摆着的，该怎么处理，就怎么处理，法律如果规定盗窃罪判十年有期徒刑，不能因为皇帝今天跟皇后吵了架就把最近抓到的小偷全给弃市了，如果一搞严打就可以随意重判，那就是人治而不是法治了。

辩方最后归纳：杨明应该只以故意伤害罪判刑，薛况有爵位在身，可以减罪，所以，他和其他同谋应该减刑为“完为城旦”。

皇帝把两方面意见交给大臣们讨论，最后的结果是：薛况减刑一等，发到敦煌；薛宣免职回家。[67]

薛况被发到敦煌干什么去了？是不是“完为城旦”去了？什么叫“完为城旦”呢？

——这是一个法律术语，“城旦”是有期徒刑当中的一种，从秦朝就有，服刑的人要到边疆去，白天防备敌人入侵，晚上就修筑城墙——秦始皇的长城有一部分就是这么修的，如果你胆敢私藏禁书，就得接受这种惩罚。当然，这些亲身修筑长城的人在看到长城的时候怕是不会升起什么民族自豪感的。

大概谁都得承认“城旦”是个聪明的主意，不但节省了专业监狱的高昂开支，而且犯人们还能像奴隶一样辛勤工作，创造剩余价值，更可喜的是，既不用给他们开工资，又不必给他们好吃好喝，他们就算累死、饿死、病死、冻死，那也是他们活该。而且，一般人恐怕不会想到，看管犯人的管理机构和管理者竟然也有可能富得流油。

“城旦”的刑罚具体也分好几种，犯人们有的要被割掉鼻子，有的要在脸上刺字，相对最舒适的要算只把鬓角和胡子剃掉了，这就叫“完”，薛况去“为城旦”就是被这么“完”的。

现代人可能会不理解：这不就是理发么，上理发馆修修鬓角还要花钱呢！这算哪门子处罚呀？

这还真是个严重的处罚。在古人的观念里，有所谓“身体发肤，受之父母，不敢有丝毫损伤”一说——《世说新语》里记了一件趣事，说大儒范宣在八岁那年有一次在后园挑菜，不小心弄伤了手指，当下便号啕大哭起来。事情的线索很明朗：（1）一个八岁的孩子，（2）弄伤了手指，（3）号啕大哭。这三条加起来，傻瓜也能做出准确判断：“伤口很疼！”——但是，错了，范宣说：“我不是因为疼才哭的，而是因为想到了‘身体发肤，受之父母，不敢有丝毫损伤’这条圣训，这才哭的。”[68]

这个观念的原始出处是在《孝经》：“身体发肤，受之父母，不敢毁伤，孝至始也。”[69]这道理背后的逻辑是：如果犯了罪，身体发肤难免受到毁伤，这就违反孝道了；一个对双亲关怀备至的好孩子，如果犯了罪，身体发肤受到毁伤，他也就不再是一个孝子了。那么，为了作好孝子，就要先作好顺民，就千万别犯罪，千万别和政府作对——这就是“孝道”深层处的花花肠子之一。

话说回来，因为“身体发肤，受之父母，不敢毁伤”，所以古人是不理发的，头发被剪了就等于受到了奇耻大辱——这个观念绵延了两千多年，直到晚明，民间大范围的抗清运动其实并不是发生在清军大举入侵的时候，而是发生在“剃发令”颁布之后，这也就意味着，那许许多多英勇抗清的人民群众并不是在为明朝而战，而是在为自己的头发而战。

说回薛况这个例子，无论如何，理发和刮胡子再怎么具有侮辱性，也许总比割鼻子、刺字要好。薛况最后被判的就是这种徒刑，全称叫“完城旦舂”，刑期大约是四五年。——最后那个“舂”字的意思是“舂米”，如果女人服刑就干舂米的活儿，男人服刑就干边防和筑城的活儿。这种男女分工还算比较以人为本的，演变到后来就变成了男人筛沙子，女人绑刷子，以此来挣出被遣返回乡的路费。

（五）

查案不难，判案才难——许世子判例——谁是理性人——腹诽判例——约法三章

“原心定罪”好不好呢？听上去倒也是相当可取的，但实行起来尺度如何把握，这就是个难题了。先看一个小案子：

甲、乙与丙争言相斗。丙以佩刀刺乙，甲即以杖击丙，误伤乙。甲当何论？

或曰：殴父也，当枭首。

论曰：臣愚以为，父子至亲也，闻其斗，莫不有怵惕之心，扶杖而救之罪所以欲诟父也。《春秋》之义，许止父病，进药于其父而卒，君子固心赦而不诛。甲非律所谓殴父，不当坐。[70]

某甲和某乙是父子俩，某乙（父亲）和某丙起了争执，动上手了。某丙是个狠角色，一言不合即拔刀相向，某甲（儿子）一看爸爸危险，赶紧抄起棍子以雷霆万钧之势直击某丙，真气鼓荡之处棍风飒然。说时迟，那时快，棍落处只听得一声闷哼，偌大身躯栽倒尘埃。

问你了：某甲应该怎么判？

——这不是跟康买得杀人案的情况差不多么？本着“亲亲之道”来判不就结了？

不是的，某甲那一棍子，力气着实不小，可准头实在太差，敌人没打着，砸的是自己的爸爸。某丙拿着刀还纳闷呢：好快的身手，我这一刀还没刺下去呢，他这棍反倒后发先至，这不会就是传说中的五郎八卦棍吧？

就算十成功力的五郎八卦棍也敌不过国法，某甲这下可惨了，不但误伤了爸爸，自己恐怕也保不住项上人头。圣朝以孝道治天下，父子之亲乃天下第一人伦，于是，法官的判决：某甲以殴父罪论，当处枭首。

“枭首”这个词也是大家比较常见的，但很多人并不知道它的真正意思。“枭”字不是一个动词，而是指猫头鹰。猫头鹰在古代被认为是一种猛禽，所以还衍生出了“枭雄”这个词，那么，“枭首”顾名思义就是猫头鹰的脑袋。据说猫头鹰妈妈给猫头鹰娃娃觅食，非常辛苦，等到筋疲力尽、再也动弹不得的时候，娃娃们就一起来啄妈妈身上的肉——这真是个残忍的传说，我都不忍心说下去了——猫头鹰妈妈无法躲避，只能悲哀地用嘴衔住树枝，等到身上的肉被娃娃们啄尽了，便只剩下一颗头颅高悬在树枝之上，这就是

“枭首”。

人类社会的枭首就是仿照猫头鹰社会来的，把犯人的头砍下来，高悬在木杆上，起到示众的作用。这种刑罚至少从秦朝就有，直到辽代以后才不再载于法律正典。

现在，某甲忤逆人伦，殴伤亲爹，即将被处以枭首。——在秦、汉两代，对谋反和大逆才用枭首，可见某甲被定罪之重。

但这案子并未就这么轻易了结，而是被很审慎地交到了董仲舒那里。董仲舒看罢卷宗，提起笔来，写道：“《春秋》说……”

人命关天的时候董老还要讲古？！不错，但他的讲古是很有现实意义的。董仲舒的意见是：本案可参照《春秋》“许止父病，进药于其父而卒”办理。

看来我们要是在汉朝当法官，一定要把经书读熟啊，至少得能看懂董老的批示是什么意思。

董仲舒讲的这个“古”，出自《春秋·昭公十九年》，在《春秋经》里照例又只是短短的一句话：

许世子止弑其君买。

翻译过来就是：许国太子止杀了他的国君爸爸。

这是许国的事。许国大家可能不太熟悉，这是个小国，姜姓，受封于周武王，原本的地盘在现在的河南许昌附近（看来许昌这个地名来源很古哦），后来到许悼公的时候迁到了现在安徽亳县附近的城父集。这位许悼公也就是《春秋经》这里提到被太子止杀了的“其君买”。

嗯，杀了又如何呀？怎么杀的呀？为什么要杀呀？前因呢？后果呢？你倒是说清楚了啊！——没办法，《春秋经》就是这么写的。这种叙述风格是《春秋经》的一贯做派，古人就曾经感慨过，说孔夫子这么写历史，谁能看得懂啊！还好世上有“三传”，[71]可是，我们想想，一部脱离了教辅就无法让人看懂的教科书究竟能有多大意义呢，更何况三本教辅之间还常闹矛盾，更更何况教辅的解释还常有牵强附会的嫌疑？

无论如何，我们必然还是要看看教辅的。《公羊传》是从《春秋经》里“许国太子止杀了他的国君爸爸”的下一句话“葬许悼公”开始分析的：

冬，葬许悼公。

贼未讨何以书葬？不成于弑也。曷为不成于弑？止进药而药杀也。止进药而药杀，则曷为加弑焉尔？讥子道之不尽也。其讥子道之不尽奈何？曰：“乐正子春之视疾也，复加一饭则脱然愈，复损一饭则脱然愈，复加一衣则脱然愈，复损一衣则脱然愈。”止进药而药杀，是以君子加弑焉尔，曰：“许世子止弑其君买，是君子之听止也。葬许悼公，是君子之赦止也。赦止者，免止之罪辞也。”[72]

《公羊传》说的是：照《春秋经》的记事规矩，既然许悼公是被弑的，在凶手没有伏法之前是不能写“葬”的，可为什么这里却坏了规矩呢？原因是：太子止所谓的“弑君”并不是故意的，他爸爸病重，他端了碗药给爸爸喝，谁想到爸爸喝了以后就死翘翘了。所以，君子才会先用“弑”字给太子止定罪，然后又用“葬”字宽恕了太子止。

作为现代人，我们恐怕很难理解这所谓的“弑”字之贬和“葬”字之褒。就说那个“弑”吧，如果太子止不是存心给爸爸下毒，只是不小心端错了药，人家本来闹肚子呢却给端了碗巴豆汤，这确实逃不了轻忽之嫌；如果许悼公已经是“阎王命令五更死”，太子止恰巧在四更半的时候给爸爸喂药，这可一点儿罪过都没有啊。《公羊传》看来是把太子止定性为后一种情况的，那为什么还要苛责他呢？因为《公羊传》搬出了孝顺的楷模——曾子的高足乐正子春——来作为儿子为爸爸进孝的标竿。乐正子春是个超级大孝子，好像普天之下没人比他更孝顺了，所以，如果拿他来竖标竿，恐怕连神仙都达不了标，[73]太子止就更加相形见绌了。《公羊传》对太子止的批评是：做孝子就得做到人家乐正子春那样，你比人家差得可不是一点半点，所以得用个“弑”字把你钉在历史的耻辱架上。（我们想想《孟子他说》里方孝孺是怎么批评豫让的。）

“春秋大义”，把太子止批评了，随即又原谅了，[74]董仲舒所讲的就是这个故事。所以，董仲舒认为，对某甲误杀亲爹案，应该参照《春秋经》和《公羊传》对太子止的评议，不该治他殴父之罪，不该处以枭首之刑，“君子原心，赦而不诛”，无罪释放好了。

从这个案例来看，“原心”也算原得恰如其分，但这种方法并非没有风险的，比如，我们可以向董仲舒追问一下：您董老德高望重，深明“春秋大义”，判案公正无私，这都不假，可是，如果不是您来亲自判案，那么，“谁来原心”和“如何原心”可就都成问题了。

谁来原心？——我们只要在论坛上多转转就足以对这个问题形

成比较清晰的感觉了。比如有人发帖论证：中国人不是龙的传人，你就看回帖好了，没几个人在意这位仁兄的论证是否证据确凿、逻辑严密，多数人都在“原心”，所以这样的话是非常多的：“楼主是汉奸！”“拿了日本人的钱了吧？”“你这个×××！”“哗众取宠，想出名想疯了吧！”“拖出去杀了！”等等等等，大多还都是只看标题就回帖的。——如果我们哪天坐在被告席上，法官全是这副腔调，那可真是要了命了！

要谈原心，先得谈谈理性。现代经济学上经常把“人”定义为“经济人”，或者说是“理性人”，然后以此为出发点来分析人类社会的经济运作。但“理性人”这个概念一定先要厘清一下才行，或者如达伦道夫所谓，“理性人”只是经济学为了研究“人”作为消费者、并且只作为消费者的时候而抽象出来的一个概念，正如心理学设定了“心理学人”，社会学设定了“社会学人”一样，都是为了特定领域的研究需要而设定出来的不完全的概念——如果我们把“理性人”的适用范围稍稍扩大一些的话，那么，所谓“理性”，应该仅仅是指人的行为基本上是基于趋利避害的天性的，用俗话来说，就是在一个人面临选择的时候，他会两害相权取其轻，两利相权取其重；用术语来说，他会自主或不自主地衡量每一个选择的机会成本。我们可以看到很多这样的权衡，比如，“自由”本身就是个说不清、道不明的东西，它的弊病多如牛毛，可不知怎么，依然有那么多人追求自由，托克维尔便解释说：“人们似乎热爱自由，其实只是痛恨主子”——看，人们并不是在追求“自由”的理想，而只是两害相权取其轻而已；同样，墨索里尼拥有众多的支持者，这在我们看来简直不可理喻，可伯林评论说：“人们之所以拥护墨索里尼，是因为他们害怕无政府状态。”

理性问题往往又和善恶问题纠缠在一起。我们回忆一下：《孟子他说》讲到性善还是性恶问题的时候，说过善恶在这里其实是个假问题，因为善恶是人的社会属性，是后天的，而趋利避害才是人的自然属性，是先天的。用洛克的话说就是：“善恶仅仅相对于快乐和痛苦而言”，而洛克的同道人边沁也有过类似的说法：“自然把人类置于‘苦’与‘乐’这两位至高无上的主人的统治之下，他们两个决定着我们做什么和怎样做。”申不害和韩非子他们正是为虎作伥地鼓吹君主用“苦”与“乐”这两大法宝来操纵臣僚，用我们现代上班族容易理解的话来说，就是“奖金”和“罚款”。

所以，有一点似乎应该稍微强调一下：这里所谓的“理性”绝对不等同于“理智”（如果硬要在字面上作一个区别的话），我们在“理性人”这个范畴里所谓的“理性”仅仅是说人的趋利避害的天性，而并不是说人的行为基本上是“理智”的——恰恰相反，如果我们仔细分析历史的话，会发现人虽然常常表现为“理性人”，但常常也是不“理智”的。我们再好好到历史里看看那些政治高手，他们之所以在政治上能够成功，很大的原因就是他们掌握了这个道理，懂得了对人（尤其是对大众）既要许之以利，又要动之以情，但绝对不可诉之以理智。这一点很值得我们在读史的时候、乃至在现实生活中去细心体会。

太阳底下没有新鲜事，上面这个我自己好不容易才想通的问题后来发现其实早就有不少专家作过细致的研究了，比如英国的格雷厄姆·沃拉斯在上个世纪初就质疑过传统政治理论中的“理性人”这个概念。沃拉斯是一位冷静的观察者，他是从实际的伦敦民主竞选过程来作研究的，我这里只举他书里一个关于“非理性的移情作用”的小例子：

1907年2月郡议会选举期间，伦敦广告牌上出现了无数张招贴画，目的在于制造一种信念，即郡议会的进步党议员是靠诈骗纳税人过活的。如果如实发表这样一个声明，就是诉诸批判性理智，可能会引起争端，甚至打官司。但这张招贴是诉诸下意识的推理过程。招贴上画着一个显然代表进步党的人，用一个短粗的手指指点着说：“我们要的是你们的钱！”（为了避免诽谤罪，所以画面的意思非常含糊。）这张画妙就妙在充分利用了这样一个事实：大多数人是按照对于一个被控犯诈骗罪的人的外貌的一连串迅速而无意识的推理来判断控告的真伪的。如果从画中人所戴帽子的形状、他的表链和戒指的式样、不整齐的牙齿以及红鼻子来看，分明是个职业性的骗子。……这张招贴画是极其成功的，它……将继续发挥一种非理性的移情作用。[75]

沃拉斯所谓的“理性”也就是我在上文所谓的“理智”，如果没有一种完善的程序来作制约，那么，人类在天性上的弱点是很容易造成事情的失控的，或者说，是很容易被政治高手利用的。

我们还会发现，理智的叙述往往是政治语言中最为忌讳的东西。我们来拿日常生活的语言举例子好了：一个女人声泪俱下地说：“男人都不是好东西！”——这话显然是不理智的、不正确的，却有着足够的情感震撼力，立刻便能够得到其他女性的呼应。可如果这女人说的是：“有一些男人不是好东西。”——这话千真万确、放之四海而皆准，但显然不会得到任何共鸣。如果更进一步，这女人说的是："要解答'男人到底是不是好东西'这个问题，我们先要确定一下讨论的范畴，然后，还需要给'好东西'下一个准确的定义——它到底属于'实证表述'（positive statements），还是属于'规范表述'（normative statements），然后……"我就不说"然后"了，听众早都跑光了。

勒庞研究大众心理，作过一句相当悲观的结论："说理与论证战胜不了一些词语和套话。"这种现象尤其在群体的背景之下更显得异乎寻常——这些词语和套话"是和群体一起隆重上市的。只要一听到它们，人人都会肃然起敬，俯首而立。许多人把它们当作自然的力量，甚至是超自然的力量。它们在人们心中唤起宏伟壮丽的幻象，也正是它们的含糊不清，使它们有了神秘的力量。它们是藏在圣坛背后的神灵，信众只能诚惶诚恐地来到它们面前。"[76]我们真应该万分小心：分析一个独立的个人和分析处于群体背景下的这同一个人需要分别戴上不同的眼镜才好——前辈社会学家们常有犯这个错误的，他们认为只要把个人行为解释清楚了就可以把这些解释推广到群体当中去，当然，麻烦还不止这些。

心理学家米尔格莱姆以若干经典实验告诉我们：权威的影响和群众的影响是如何使一个当之无愧的理性人丧失了他原本的理性的——米尔格莱姆的实验试图探讨的问题是：为什么文明程度如此之高的德国会举国疯狂地在纳粹的旗帜下展开暴行，而那些暴行的实施者并不比我们一般人更缺乏理智，甚至比我们多数人的文化素养还要高上不少。

理性人的理性并不总是那么可靠的，其实我们身边就有很多这样的例子——我一直觉得传销组织是非常值得社会学家和心理学家们去深入研究的，因为这样的组织简直就是极权政治的缩影，把一个传销组织作为个案来剖析清楚，或许有助于我们了解很多很多其他的事情。

好啦，我们再接着往下来想：如此针对人性特点的政治技巧（传销技巧）在一个比较成熟的民主体制里一般并不会产生太过强烈的危害，因为不同的声音总会互相抵消一些，正所谓十个魔鬼的互相制衡胜过一个圣人的乾纲独断，可如果换到古代的专制社会，普天之下只有一种声音，并且这种声音还非常富于这类"既要许之以利，又要动之以情，但绝对不可诉之以理智"的政治技巧的时候，还能够保持清醒的人恐怕就真是凤毛麟角了。

了解了这些之后，再来考虑那个"谁来原心"的问题，就有点儿不寒而栗的感觉了。人的理智和判断在多大程度上是可靠的，这是一个大可怀疑的问题，那么，如果这是人性的天生缺陷（或者说是特点）的话，那么，能否克服呢，又该怎样克服呢？是依靠个人修养的提高呢，还是依靠某种制度来作弥补，又或者这两者需要结合起来？

"谁来原心"，"如何原心"，这在近现代社会尚且是个令人头痛的问题，更何况在权大于法的时代呢。那些时代里，任何原则性的观点都可以被随意解释，并且解释得合情合理。——在董仲舒那个许世子判例的一千多年以后，明孝宗突然死了，大臣弹劾御医误用御药，把御医一干人等抓了下狱。当时的最高法院大法官对这件案子所参照的就是许世子判例："侍奉君父如果有了闪失，误伤等同于故意，对这些御医适用《春秋》许世子判例，绝对不能轻饶！”——咦，很奇怪呀，怎么和董仲舒的判法截然相反呢？[77]

看来“《春秋》决狱”也不是个很有谱的事情。我们再来看看清朝发生在旗人家庭中的一起眼熟的谋杀案：这是一个三口之家——爸爸、后妈和儿子，后妈和邻居某男私通，爸爸气愤难平，对儿子说：“好孩子，去，把你妈和那谁谁给杀了！”儿子还真听话，夜入邻宅，杀了后妈和邻居某男，随后从从容容投案自首。

这案子该怎么判？

从前文的《春秋》判例来看，儿子应该是情有可原的，可当时这位法官看来没受过什么“《春秋》决狱”的训练，居然把儿子判了极刑，估计出发点是从儿子杀妈大逆不道这儿来的。就在这个紧要关头，还好有个明白人出来说话，引的是《春秋·庄公元年》之事，论证出妈妈如果做了对不起爸爸的事，儿子是可以不认这个妈的，这是符合“礼”的，所以，就当下这个案子来讲，儿子只不过是遵从父亲之命而杀死了父亲的仇人而已，判这样一个好孩子以极刑岂不有违“春秋大义”？

两种意见争议不下，奏请皇上裁决，结果“诏特从末减”，也算是个不错的结局吧。[78]

同一类的案情可以用不同的《春秋》大义来判，同一则《春秋》故事也可以解释出不同的微言大义，这可不是个别现象，而是经常发生的。单说许世子这个判例，历代的经学家们就有不少争论呢。[79]所以，很多时候，虽说有一套《春秋》作为宪法在那儿摆着，可最要命的倒不是宪法的条文本身，而是宪法的解释权落在谁的手里。

我们这时候再来想想那个中国人是不是龙的传人的问题，我们不妨把它作为一个假想的案件来审判一下。

张三说：“这是一个学术问题，学术问题应该学术解决。即便楼主说错了，这也只是一个学术错误。”

李四说：“楼主居心叵测，提出这种荒谬言论是对全体中国人的侮辱！”

王五说：“楼主纯属诽谤，纯属造谣中伤！”

——现在可以排除张三了，因为李四和王五的判决才属于我们要讨论的“原心定罪”。

如果真是在汉朝，李四和王五的意见占了上风，皇帝一点头，楼主就得等死了。但皇帝这时候也许未必会轻易点头，他应该还会允许反方申辩一下。反方很可能会对李四和王五提出这样的问题：“你们怎么证明楼主是‘居心叵测’，怎么证明‘诽谤’？达尔文还说人是猴子变的呢，楼主如果被你们判了枭首，达尔文还不得被五马分尸？李四说楼主‘提出这种荒谬言论是对全体中国人的侮辱’，那么请问，你是怎么得出这个结论的，你把论证过程讲给我听，还有，你是否是在问过了‘全体中国人’之后才下结论说这‘是对全体中国人的侮辱’，还是你有权代表‘全体中国人’——如果真是这样，那么，你的‘代表’是不是经过合法程序的？”

——李四和王五该怎么应对这种质疑呢？

好好想想……

好像很难作出有力的反驳吧？

别急，再好好想想……

呵呵，最好的办法还是“原心”——他们可以对质疑者说：

“你一定拿了楼主的钱了！你们一定是一伙的！”

看到这里，有人可能发现疑点了：“不对呀，要照这么辩论下去还有个头儿呀！再说了，前文明明是讲‘《春秋》原心定罪’，可现在怎么只有‘原心定罪’，没有《春秋》了？咱们得根据‘春秋大义’来‘原心定罪’呀，不能法官想怎么‘原心’就怎么‘原心’呀！”

——不错，是这个理，作为“原心定罪”依据的那个《春秋》怎么说着说着就不见了呢？

不见了就对了！

全国能有几个董仲舒？官场上又有几个秉公执法的家伙？法官判案，秉承了“原心定罪”的办法，至于《春秋》不《春秋》的，既懒得看，也无所谓。于是，“《春秋》原心定罪”就变成了“法官原心定罪”，法官想怎么判你，就能怎么判你，“原心定罪”是个很虚的标准，有着无限的发挥余地。

要知道，一种思想，乃至一句话，到底是什么意思，不是看它声称自己“是什么”，而是看它声称自己“不是什么”。——因为一种思想，乃至一句话，常常可以有无限多的解释，拿大家最熟悉的佛教来说，我们看历史上的佛教，一开始说自己四大皆空，但在面对皇权的时候，他们也会从佛经里找出忠君思想，需要他们讲爱国的时候，他们又会从佛经里找出爱国主义，所谓儒家思想在历史上也是一样，需要什么思想，就可以从经典中找出什么思想，或者把经典中的某些段落解释成这个思想。但真理是越辩越明的，只有在攻击论敌的时候，正是和论敌在某个问题上的针锋相对才会让观众把双方的意思看得清楚明白。比如《孟子》是百家争鸣时代的产物，所以充满了辩论内容，而且，他的论敌也有书流传，互相参照之下就更容易看懂他们的意思。

所以，单纯来讲“《春秋》原心定罪”，即便真的是从《春秋》文本出发，还不是想怎么解释就怎么解释。那么，结论又是怎么来的呢？

还拿那个“龙的传人案件”来说吧，同样是“原心定罪”，咱们看看回帖，有人认为“犯罪嫌疑人”的动机是“因为他是汉奸”，有人认为他“拿了日本人的钱”，有人认为他“是个×××”，也有人认为他是“哗众取宠，想出名想疯了”……同样是“原心”，但不同的人就能原出不同的花样来。那，到底谁原的对呢？

——谁也不是别人肚子里的蛔虫，这个问题根本没法回答。但是，如果这真是古代的一桩真实案件的话，答案就非常确定了：谁的官大谁“原”的就对。如果最高长官接受了犯罪嫌疑人的贿赂，他也可以“原心”说：“虽然该犯伤害了民族感情，但他的动机是要弘扬历史文化，所以不但无罪，而且有功！”

在人治的社会里，这种荒诞的事情是从来不缺的。有一个广为人知的笑话是：私塾先生喜欢学生张好好，讨厌学生李坏坏，有一天上课，先生发现李坏坏居然趴在桌子上睡觉，手里还举着本书挡着脸，于是痛骂他说：“你这臭小子，读书的时候居然睡觉！”骂完之后一转头，看见张好好也在睡觉，一样是举着本书挡着脸，先生的脸色马上和缓起来：“看看人家张好好，睡觉的时候还在读书！”——拿这个笑话对照一下历史：雍正朝有一次黄河水清，这可是天大的祥瑞，于是各地官员们纷纷写表章歌功颂德，可是，歌功颂德也有出毛病的时候，这些马屁表章当中有两份在格式上不合规矩，被有关部门反映给了雍正皇帝。雍正一看，一份是鄂尔泰的，一份是杨名时的，于是发话：鄂尔泰是难得的大忠臣，不能因为小节有失就处分他，至于杨名时，这小子毫无亲君爱国之心，比鄂尔泰差远了，如今犯了这么大的错，可得好好罚罚他！

“原心定罪”本来像是没什么问题，可“谁来原心”和“如何原心”却都是不小的问题。而“《春秋》原心定罪”在没有公正的执法程序保障的情况下，先是把《春秋》剥离了出去，然后就变形为“诛心之论”了。

不用等多久，流弊马上就能出现。还是汉武帝的那位大法官张汤，和大司农颜异一直不大对付，终于找到机会下了黑手：颜异有一次和门客聊天，门客说起当时的一项新政策存在弊端，这可是个敏感话题哦。颜大人政治觉悟高，听完之后什么都没说。——的确什么都没说，只是嘴角微微动了一下。

不知道是不是有人故意使坏，这件事居然被举报上去了。张汤秉承着一项优异的政治传统——想整政治对手，必须一招致命——上奏说：“颜异身为朝廷高官，对政策有意见就应该直接提出来，可他倒好，嘴上不说，心里却暗中不满，实在该判死罪。”

此事出于《汉书·食货志》，原文说：“自是后有腹非之法比，而公卿大夫皆谄谀取容。”这里的“腹非”就是我们熟悉的“腹诽”，以腹诽为由攻击政治对手早已有之，但颜异因腹诽罪被判处死刑这可给历史开了先河。原文所谓的“比”，全名叫“决事比”，就是当某个案件的审理没有现成的法律条文来作依据的时候，就以先前判过的类似案件来作依据。从这点上看，汉朝的法律思想倒是很先进的，这似乎就避免了“走在法律条文前边的犯罪”只能以无罪结案的尴尬。不过，“决事比”其实也像“《春秋》原心定罪”一样，在权大于法的时代里，在没有公正程序的司法环境里，再好的法律思想也只能被人往坏了用。这个“腹诽罪”就以颜异案作了“决事比”，以后谁要敢动动嘴角什么的，那可是要判死刑的！

还有一点是值得注意的：对颜异之死，老百姓会怎么看呢？

这一点史书无载，但在古代的专制社会里，老百姓一般看到的事情总是这样的：又一个大贪官被查处了，好啊，大快人心啊，皇帝圣明，清官努力！——但真实情况往往是：很少有官员真正是因为贪污腐败而下马的，不贪不媚的人是很容易被官场的竞争法则所淘汰的，所以，下马的所谓贪官往往只是权力斗争的失败者、牺牲者，把他们整下来的人未必就比他们清廉。朝廷可真是一个丰富多彩的世界，可归根结底，大多数的政治斗争基本上都只是围绕着同一个问题：站队。

颜异腹诽案真是个恐怖的案例，可是，让我们反过来设想一下，如果颜异是张汤的一党，而有人向张汤这样举报颜异的话，张汤会怎么判呢？

很简单，照旧是遵循“原心定罪”的原则，认为颜异那嘴角的微微一动表达的是对那位议论朝政的门客的不满，这正显示了颜异的一颗赤胆忠心。——是生是死全在长官的一句话，全看你跟长官的关系如何。在这样一个环境里，人如果不虚伪阿谀便无法自保。

有人可能感叹了：“繁文苛法陷害人啊，要是都像刘邦当年只有一个‘约法三章’那就好了！如果颜异不是生活在汉武帝时代，而是生在汉高帝刘邦时代，恐怕就死不了了。”

——这个想法看似有理，实则未必。

“约法三章”是尽人皆知的，前文也提到过汉朝初年法律并不完善。可是，大家别以为所谓“约法三章”就真的只是什么“杀人者死，伤人及盗抵罪”那么简单。《汉书·刑法志》说：汉朝初年，虽然只有“约法三章”，法网非常疏阔，网眼之大连长须鲸都能钻出去，可即便这样，在大辟刑中还存有“夷三族”的法令，执行的时候不是直接砍头，而是先用黥（qíng）刑，就是在脸上刺字；然后再上劓（yì）刑，就是割掉鼻子；然后再把两只脚给砍下来；然后再用竹板抽，直到把犯人抽死；死了还不算完，这时候才把犯人的头砍下来，枭首示众；这还不算完呢，最后一步是当着市集上的群众，把犯人的尸身剁成肉酱。

数一数：第一步，刺字；第二步，割鼻子；第三步，砍脚；第四步，枭首；第五步，剁肉酱。一共五步走，完成了这一套杀人程序就叫“具五刑”，这类刑罚则被称为“肉刑”，韩信和彭越他们当年被“夷三族”，全家老少就都是这么死的。[80]

如果是那个时候要整颜异，颜大人比那些遭受五刑的难兄难弟还得多受一份罪——割舌头。腹诽也是诽谤，对诽谤的人除了正常处罚之外，还要割舌头的。

——这让人在毛骨悚然中多少有些好奇：为什么诽谤罪就还有特殊待遇呀？难道诽谤就比杀人放火更可恨吗？

（六）

赵家村的爱国主义——君亲无将——同姓公卿和异姓公卿——国家股份公司

托洛茨基在《被出卖的革命》一书里讲过一句意味深长的话："权力转移给国家只是在法律上改变了工人的地位。"[81]用这句话来套历史，能套准很多问题。

我们看看诽谤罪为什么要有割舌头的特殊待遇，难道诽谤就比杀人放火更可恨吗？

诽谤原本一点儿都不可恨，但随着社会的发展，随着政治制度的变迁，诽谤就变得越来越可恨了。

"诽谤"原本是个中性词，就是"提意见"的意思，不少典籍里都说过舜或者禹的上古圣王时代里广开言路，设置过所谓"登闻之鼓"和"诽谤之木"什么的，都是群众们直接向统治者反映意见的东西。"诽谤之木"原本大概只是个一人来高的木棍上插着一块木牌子，可以让人写意见用，后来，也许是统治者越来越重视大家的意见，把这东西越做越大、越做越高，最后就做成了一根两三丈高的石头柱子，上边横着一个云朵一样的精美石雕——这就是大家都很熟悉的华表，现在的天安门广场上就有。

当"意见"变得越来越不中听的时候，"意见"就变成了"诽谤"；当统治者的权力越来越大的时候，人民群众提意见的权利就越来越小，提意见的风险就越来越高，"服从"就越来越变成人民的天职。——当人们痛心疾首于一个遍地虚伪的社会时，他们应该想想，有几个人天生就是虚伪的呢，有几个人愿意成天口是心非地过日子呢，还不都是被环境逼的？更有甚者的是，当他们不再明显地感到这种环境逼迫的时候，他们甚至还有可能成为制造虚伪的帮凶。

是的，越是天下一统、思想一统的时代，人们就越是习惯“真理只有一个”，也越是想当然地认定这个真理掌握在权力者的手中，也扎根在自己的心中。于是，当“另一种声音”出现的时候，甚至在权力者还没有下手剿灭之前，人民群众便已经怒不可遏了。想想《孟子他说》第一册里讲过的故事，耶稣基督不就是这么死的吗？当“真理只有一个”，并且这真理掌握在我们手中的时候，几乎所有的异见便只会成为“诽谤”，而审判、乃至杀戮一个“诽谤者”，难道不是正义的吗？

“诽谤者”虽然不一定死在火刑柱上，但人民群众心头那“正义的火苗”的威力可绝不比火刑柱更小。

一个虚伪的社会也许会陷入这种恶性循环，在上下互动之下，虚伪会愈演愈烈，人与人之间也会越发变得彼此相像。

有人可能会问：“难道这也是‘春秋大义’吗？”

——当然不是，但是，当颜异事件活生生地上演在大家身边的时候……

好啦，我们先把焦点集中在颜异身上吧。《汉书》里不是说了吗，官员们从颜异案件中受到了不小的触动，从此，阿谀奉承、歌功颂德很快就流行起来了。那么，想想看，我们能指责这些官员都是些虚伪的卑鄙小人吗？反正如果换我，我肯定天天要向朝廷唱赞歌的。

有人可能继续会问："颜异到底是个朝廷大员，判他死罪如果在《春秋》里边找不到一点儿依据的话，这也不大说得过去吧？"

——这依据要找还真能找到，而且，这还是"春秋大义"当中重中之重的一条："君亲无将"，出处就在《公羊传·庄公三十二年》。

事情还是前文提到过的庆父和季友的那次政治斗争，我们回忆一下，鲁庄公一共哥儿四个，就是鲁庄公、庆父、叔牙、季友。鲁庄公快要死了，鲁国面临谁来接班的问题，庆父早就惦记着国君的位子，叔牙明确表态支持庆父，季友则支持鲁庄公的儿子公子般。这种局面一出，谁都知道山雨欲来风满楼了，肯定会死人，只是个死多死少的问题。

老四季友先下手为强，逼着三哥叔牙喝了毒酒。《公羊传》分析说："《春秋经》是把叔牙当作弑君凶手来写的，可叔牙根本就没有弑君呀，他只是"将"弑君而已，心里有这个弑君的念头罢了。那么，为什么把他也当作弑君凶手呢？——原因在于，对于君主和父亲，就连'将'都不行，也就是说，就连心里有个小小的叛逆的念头都不行，谁要是动了这种念头那就该杀。"——我们得记住《公羊传》原文里的这极其重要的八字方针："君亲无将，将而诛焉。"[82]

这里的"君亲"指的就是"天地君亲师"里的"君亲"，也就是国君和父亲。《公羊传》严厉指出：无论对父亲也好，对国君也好，动一点点反叛的念头都是该杀的！（如果真照这个标准苛刻一点儿来执行的话，青春期的孩子们至少一多半都得没命，如果再加上一个“腹诽”判例，人类就该绝种了。）

这时候我们再来想想颜异的“腹诽”，颜大人可不就是对皇帝的政策起了一点点不满的念头么？该杀呀，一点儿都不冤枉。

——这，这，这是儒家思想么？

很多人都会有一个误解，认为永远是思想在影响着社会。就拿我们正在讲的这个儒家思想来说吧，他们会认为是儒家思想占了主导地位，从而深刻影响着世道人心和国家的大政方针。而事实上，并不全是这么回事，因为“思想影响社会”这句话还可以反过来说的。

我们先来想想，什么“君亲无将，将而诛焉”，孔孟那会儿有这个道理吗？

《孟子·万章下》里记录了一段意味深长的对话：

齐宣王想让孟子讲讲公卿的事情，孟子反问了一句：“您想问的是哪种公卿呀？”

齐宣王愣了：“公卿难道还有好几种吗？”

孟子说：“有两种。既有同姓的公卿，也有异姓的公卿。”

齐宣王问：“同姓的如何呢？”

孟子说：“同姓的公卿啊，君王如果犯了大错，他们就会劝阻，如果劝来劝去还是劝不动，那就把君王废了，另外再立一个。”

齐宣王的脸“唰”地就白了。

孟子说：“别太吃惊，呵呵，你问我什么，我就实话实说什么。”

齐宣王缓了缓，又问：“那，异姓的公卿又如何呢？”

孟子说：“如果是异姓公卿，君王犯了错他们就劝，劝来劝去劝不动，那他们就会——”

赤橙黄绿青蓝紫，齐宣王的脸变成霓虹灯了，摒住气等着孟子。

孟子等他大喘气完了，接着说：“那他们就会拍屁股走人。”[83]

上面这一段话，如果说是陈胜、吴广说的，可能倒有人信，但恐怕很多人都想不到，这竟然出自于一位儒家大宗师之口。再联系一下颜异腹诽案，颜大人仅仅是动了动嘴唇，就被“春秋大义”给判了死刑，要是让汉武帝和张汤来审孟子，非把老人家给剐了不可！

孟子时代和汉武帝时代相去并不很远，可怎么同是儒家，思想的差异竟如此之大呢？——这主要是因为社会形态变了，政治体制也变了。

孟子讲的同姓公卿和异姓公卿是属于传统封建社会的。早期的很多封建小国其实并不比现在的一个村子更大，大点儿的也就相当于一个镇子吧，再大的有一个县城那么大的，有一个市那么大的。我们设想一下，有个大村子叫赵家村，村子里主要都是姓赵的，当然了，村长和全体村干部也都姓赵，姓赵的村民们虽然也有不少穷苦人，可跟村长他们都是八竿子打得上的亲戚，所有姓赵的人论起来都是一家，他们无论是穷是富，在村子里都有一份政治权利。村子里也有一些外姓人，他们属于弱势群体，毫无政治权利可言，只是闷头干活儿，给赵姓统治者创造剩余价值。而随着社会的发展，村子里的情况发生了一些微妙的变化，外姓人里有一些登上了村子的政治舞台，能够负担起一些“高贵”的工作了，还有一些外村来的政治流亡分子，原本在自己国家里也是贵族，现在就留在赵家村做事了。

这是一种非常简化的描述，但大体上还是能够说明问题的，现在我们只要把“赵家村”这三个字替换为“赵国”就可以了。而所有赵姓的人，无论是贵为公卿（村干部）的还是穷得叮当响的（赵姓村民），在身份上都是贵族，简单来说，最低等的贵族就是“士”，从士到公卿，大家都有政治权利，大家和国君（村长）都有着或近或远的血缘关系；[84]而那些外姓干粗活儿的人就都是“民”[85]，都没有政治权利，和国君（村长）也没有血缘关系。

封建社会实行的是一种贵族民主专政，这个赵国（赵家村）并不是属于国君（村长）一个人的，而是属于所有赵姓人的，但是，无论如何，它也绝不是属于那些外姓人的。明白了这一点，就能明白孟子那番话是怎么回事了。

这也可以用一个家族公司来打比方，好比有一家赵氏集团公司，各级管理层大多都是赵家的人，他们在公司也都有股份，但公司也从人才市场聘用了一些经理。那么，如果公司的最高管理者赵大鬼迷心窍了，非要做出一个对公司利益伤害很大的决策，这个时候，如果你是一位赵姓的高管（同姓之卿），你就会再三来劝赵大，可赵大如果能被劝住那就不叫鬼迷心窍了。那该怎么办呢？这时候，你就会联合其他赵家的股东、董事们，罢免赵大，另选一个人出来接替赵大的岗位。——看，非常合情合理是吧？

可你如果只是被聘用来的一位外姓的经理（异姓之卿），尽完你劝告的职责也就够了，你可不该（也没资格）罢免老板啊。如果照着孟子的说法继续往下做呢，你在劝说无效之后就应该自动离职。

从孔子到孟子，在国民和国君、国民和国家的关系问题上，强调的都是一种“互相”的观念，而这种观念产生于周代宗法社会的土壤：就赵家村来讲，所有的赵姓人和赵家村、和村长是有血缘纽带的，国事就是家事，儒家的礼治就是以这种血缘纽带为基础的，而从血缘纽带上看，如果一个人和他的家庭成员的关系在血缘纽带上比他和国家（国君）的关系更要亲近，那么，保家先于卫国，这就是顺理成章的了。“春秋大义”嘉许子报父仇，认为父子伦理超越于国法之上，也正是基于这点。我们如果把圣人的逻辑扩展一下，可以把国民和国家政权的关系划分成几种类型：（1）血缘关系；（2）职员和公司的关系；（3）业主和物业公司的关系；（4）奴隶和奴隶主的关系。显然，国民和国家政权的关系不同，对国家承担的义务也相应不同，当国家遭受入侵的时候，让奴隶满怀爱国主义情怀地去为国捐躯显然于情于理都是讲不通的。——事实也是如此，从西周到春秋，当兵打仗的几乎都是“士”，这既是他们的义务，也是他们的荣誉，而那些“民”则仅仅承担物质生产和提供给养的工作。

是呀，奴隶难道也有祖国去爱吗？——这问题早有人问过，比如周作人，他文绉绉地质问道：“而奴于主人，乃言忠爱乎？”[86]周作人的这篇文章题目叫作《中国人之爱国》，颇有几分讽刺哦。但就话论话，奴隶之言爱国好像确实有点儿问题，爱国的前提首先是要“有”一个祖国吧？伏尔泰就曾经故意刁难地问道：“祖国这个词在一个不知有米太亚得、也不知有阿热西拉斯、而仅仅知道自己是土耳其近卫军一名士兵手下的奴隶的希腊人口里含义是否恰当呢，而且这名土耳其近卫军士兵还是一个奥斯曼帝国大臣手下的奴隶，这位大臣又是奥斯曼帝国皇帝在巴黎我们称之为大土耳其苏丹的人手下的奴隶？”[87]

在现代民约论的意义上，把国家当作股份公司的比喻在一百年前的中国就已经有了。1900年，蔡元培的《上皇帝书》写道：“国者，公司也。民者，出资之股主也。天子者，总办也。诸侯者，官者，皆总办所自辟之分办也。”——这是现代意义（或者说“理想意义”）上的赵家村，其中只有村民，没有奴隶，而与蔡元培同时代的陈天华则惊讶地发现近邻日本居然已经变成这个理想模样了——他在《警世钟》里叙述日俄战争，说：“日本的国民，现在力逼政府和俄国开战，那国民说道：就是战了不胜，日本人都死了，也留得一个大日本的国魂在世；不然，这时候不战，中国亡了，日本也要亡的。早迟总是一死，不如在今日死了。（政府又说没有军饷，和俄国开不得战。日本人民皆愿身自当兵，不领粮饷。战书既下，全国开了一个大会，说国是一定要亡的，但要做如何亡法方好；人人战死，不留一个，那就是一个好法子了。所以日本预存这个心，极危险的事毫不在意。俄人把守旅顺口、九连城一带如铁桶一般，都被日本打破。）”

陈天华这个叙述是否准确，我却没法判断，这已经超出我的知识范围了，不过有鉴于陈前辈在《警世钟》和《猛回头》里经常犯些历史错误，谁要是有兴趣还是核实一下为好。

（七）

江山可以送人吗？——卖国的人不都是贼——工人无祖国——泰戈尔对民族长远利益的质疑——民族主义与普世情怀

“腥风血雨难为我，好个江山忍送人”，这是陈天华《警世钟》开场诗中的一句，抛开“江山忍送人”的文学感染力不谈，冷眼看去，很多时候，江山确实是可以送人的——梁武帝有句名言：“我打来的天下又从我手里失去了，也没什么好遗憾的。”（自我得之，自我失之，亦复何恨）[88]这话道出了个中真谛，是呀，江山的送与不送，又关老百姓什么事呢？

但陈天华是个热血青年，常常把理想当作事实，前文蔡元培在《上皇帝书》里讲的那些需要为之努力的社会理想到了陈天华这里却变成社会现实了：

须知国家是人人有份的，万不可丝毫不管，随他怎样的。中国的人最可耻的，是不晓得国家与身家有密切的关系，以为国是国，我是我，国家有难，与我何干？只要我的身家可保，管什么国家好不好？不知身家都在国家之内，国家不保，身家怎么能保呢？国家譬如一只船，皇帝是一个舵工，官府是船上的水手，百姓是出资本的东家，船若不好了，不但是舵工水手要着急，东家越加要着急。倘若舵工水手不能办事，东家一定要把这些舵工水手换了，另用一班人，才是道理，断没有袖手旁观，不管那船的好坏，任那舵工“水手胡乱行驶的道理。既我是这个国的国民，怎么可以不管国家的好歹，任那皇帝”官府胡乱行为呢？皇帝、官府尽心为国，我一定要帮他的忙，皇帝、官府败坏国家，我一定不答应他，这方算做东家的职分。古来的陋儒，不说忠国，只说忠君，那做皇帝的，也就把国度据为他一人的私产，逼那人民忠他一人。倘若国家当真是他一家的，我自可不必管他，但是只因为这国家断断是公共的产业，断断不是他做皇帝的一家的产业。有人侵占我的国家，即是侵占我的产业；有人盗卖我的国家，即是盗卖我的产业。人来侵占我的产业，盗卖我的产业，大家都不出来拼命，这也不算是一个人了。（陈天华《警世钟》）

“国家譬如一只船”，这个比喻会让现代人很眼熟，一下子联想到奥克肖特。可能“船”的意像真的很像国家社会吧，载舟覆舟之喻不也如此吗。但陈天华毕竟不是奥克肖特，他这段话即便从理论上被人认同了，但在实操层面上却依然只有“古来的腐儒”那句话是货真价实的：“不说忠国，只说忠君”，或者，虽然既说忠君，也说忠国，但忠国的实质含义却等同于忠君，正如哈耶克所谓的专制统治者必然要玩弄名词的魔术——这个比喻如果仅从近现代背景来理解的话，“船”上的格局或许是下面这个样子的才更加贴近事实：

如果一艘船被宣布为集体财产，而旅客仍旧被分为头等、二等和三等；那很明显，对三等旅客来说，生活条件的差别要比法律上的所有权的转换重要得不可计量。另一方面，头等旅客一面喝着咖

啡抽雪茄烟一面提意见说，集体所有制就是一切，舒服的头等舱是无关紧要的。（托洛茨基《被出卖的革命》）[89]

在中国这艘船上，在封建之后的两千年里，严复的悲哀论调恐怕才是更接近事实的：“东方之臣民，世隆则为父子，世污则为主奴，君有权而民无权者也。”严先生更狠的一句话是：“天子之一身，兼宪法、国家、王者三大物。”（严复《法意》）这简直比路易十四的“朕即国家”更显嚣张：“朕”不仅是国家，还是宪法。——严复其实还忘说了一点：“朕”还是全体人民。所以，爱国、爱宪法、爱人民，这些个“爱”归根结底都是爱皇上，反过来说也是一样：爱皇上也就等于爱国、爱宪法、爱人民。

对了，“宪法”这个词过于现代了，我们还是把它理解为皇帝从一执政起就“口含天宪”好了。如果有天真的大臣和老百姓搞不清这一点的话，认为爱国和爱皇上是两码事，甚至爱国胜于爱皇上，那可就麻烦了，达摩克利斯之剑可就时时刻刻悬在头顶了。

我们再来看看事情的另外一面：普世情怀似乎也是爱国主义的对立面，托马斯·潘恩所谓“我的国家是世界，我的宗教是行善”，这在专制帝国肯定是大逆之言，因为皇帝们想要推行的意识形态刚好相反：“我的国家是领袖，我的宗教是服从。”

说这类大逆之言的可不止潘恩一个，甚至有些不中听话是由一些在大众当中极有名望的人说出来的，比如雪莱——这位咏过西风、咏过云雀的浪漫诗人竟然还写过不少政论，其中甚至还说过这样的话：“虽然并非所有的政府都坏得像土耳其政府那样，但也没有一个政府好得像它们理应做到的那样。每一个国家的大多数人有权改进他们的政府。少数人不应该扰乱他们；少数人可以退出，依照他们自己的方式，建立他们自己的制度。”——大家先别急着骂雪莱是分裂分子，马克思可曾经盛赞他是“一个真正的革命家，而且永远是社会主义的急先锋”，恩格斯还说他是“天才的预言家”。[90]

就雪莱的这段话来说，确实当得起马克思和恩格斯的赞誉，因为共产主义的一个重要特征就是“无国界的普世主义”，年纪大些的朋友应该还记得《共产党宣言》里的这样一句名言：“工人无祖国”，马克思和恩格斯一向是尖锐批判民族主义的，他们所展现的是一种宏大而又非常现代的普世主义，他们似乎并不认为民族的利己主义较之某些特殊等级和特殊团体的利己主义来得更要纯洁[91]。

如果从相反的角度来作观察，我们也许可以提出这样一个问题：“为了本民族的利益（或者本国利益、本集体利益），是否可以牺牲无辜——比如，是否可以牺牲掉几十万无辜的妇女儿童？”

在回答这个问题之前，需要先来弄清楚两个前提：第一，是否有什么东西是高于民族利益或国家、集体利益之上的，比如最基本的良知或者别的什么？第二，这个问题本身是否就存在缺陷，那被牺牲的“几十万无辜的妇女儿童”是些什么人呢？——如果是同胞的话，他们难道不也是这个民族当中的一分子吗？

那么，所谓民族利益或国家、集体利益不应该也包括他们的利益在内吗？

那么，他们之所以可以被牺牲掉仅仅因为他们是少数分子吗？

那么，少数就可以在多数的决议之下被任意处置吗？……

还有许许多多的疑惑呀。

一个显而易见的回答是："如果为了本民族/国家/集体的长远利益，这样的牺牲有时是非常必要的。"——这的确是一个有力的回答，但是，正如泰戈尔曾经质疑过的，所谓民族的长远利益到底是真实存在的吗？

泰戈尔以一位诗人的严谨态度这样分析道："就人们在政治经济上的联合意义而言，民族就是全体居民为了机械目的组织起来的那种政治与经济的结合。这样的社会没有长远的目的，它本身就是目的。作为一种社会存在，它是人的自发的自我表现。它是人类关系的自然准绳，使人们能够在互相合作中发展生活理想。它也有政治的一面，但那只是为了特殊的目的，也就是为了保存自我。这仅仅是力量的那一方面，而不是人类理想的方面。"[92]——泰戈尔似乎比奥克肖特更早地注意到"它（社会）本身就是目的"，是的，"在政治活动中，人们是在一个无边无底的大海上航行；既没有港口躲避，也没有海底抛锚，既没有出发地，也没有目的地，他们所做的事情就是平稳地漂浮。大海既是朋友，又是敌人，航海技术就在于利用传统行为样式的资源化敌为友。"——这应该是奥克肖特被引述最多的一段话了，在他的眼里，政府最重要的职能（如果不是惟一职能的话）就是保障这只船不会沉没，至于船要驶向何方，这是完全不需要操心和计划的。嗯，如果真是这样的话，所谓的长远利益或长远目标又在哪里呢？

从另一个角度来看，民族主义也许是被"塑造"出来的——草莽有着某种渴望，庙堂有着某种目的，至于这两者到底孰先孰后，泰戈尔说："我在日本看到全体人民自愿地听任他们的政府整顿他们的思想，削减他们的自由。这个政府通过各种教育机构限制他们的思想，制造他们的感情，在他们露出向往精神生活的迹象时，就以猜忌之心提防他们，带领他们沿着狭窄小道走向必须按照它自己的秘方完全将他们焊接成一个整齐划一的群体，而不是走向真实的境界。人民愉快而焦急地接受这种普遍的精神奴役，因为他们渴望将自己变成一架叫作民族的机器，并在他们的集体尘世利欲方面胜过其他机器。”[93]

相形之下，普世情怀则显得有些温情脉脉了——陀斯妥耶夫斯基曾经表现过一种更为传统的温情（这是不同于马克思和恩格斯的）：“对于俄罗斯来说，欧洲如同俄罗斯一样的珍贵，欧洲的任何一块石头都是可爱的和珍贵的。如同俄罗斯一样，欧洲也是我们的祖国。啊，更大的祖国！”[94]——我们只要试着把这句话里的“俄罗斯”替换成“中国”，把“欧洲”替换成“亚洲”，就能够准确判断出陀斯妥耶夫斯基在我们这里到底该挨多少砖头了：“对于中国来说，亚洲如同中国一样的珍贵，亚洲的任何一块石头都是可爱的和珍贵的。如同中国一样，亚洲也是我们的祖国。啊，更大的祖国！”——不过，好像有些球迷还真是这么想的，他们会因为某支亚洲球队打进世界杯而兴高采烈，但我们如果按照同样的逻辑，岂不是还应该为那些没有打进世界杯的任何一支亚洲球队感到沮丧才对吗？^_^

——是呀，想想最经典的普世情怀的宣言吧，约翰·多恩的那篇布道词：“没有人是座孤岛，独自一人，每个人都是一座大陆的一片，是大地的一部分。如果一小块泥土被海卷走，欧洲就少了一点，如同一座海岬少一些一样；任何人的死亡都是对我的缩小，因为我是处于人类之中；因此不必去知道丧钟为谁而鸣，它就是为你而鸣。”——如果少一些诗意，多一些科学唯物主义观点的话，国家意义的淡化应该是和社会主义的进程捆绑在一起的，因为“根据马克思主义的理论，国家是统治阶级的一种工具。在一个真正没有阶级的社会中是可以没有国家的。”

——难道不是吗？再想想孟子的“民为贵，社稷次之，君为轻”，[95]还有荀子的“从道不从君”，[96]在那个没有爱国主义的古老年代里，“人民”和“真理”正是被这两位圣贤放在政治与伦理的首位的。

唉，哪个老板会喜欢这些乱七八糟的思想呢，尤其是孟子的那些让人脊背出冷汗的逻辑？赵大肯定就把孟子恨得牙根痒痒，连带着还得恨恨伏尔泰和雪莱他们。

随着秦始皇统一六国，封建社会结束了，历史进入了中央集权的专制时代，赵家村那种政治形态已经荡然无存了。国家不再是贵族们共同所有的了，而变成了皇帝的私有财产，所以，儒家思想如果还想继续生存下去，就必须要做出重大的改变才行——也就是说，必须要向现实妥协。

回想百家争鸣的时代，各派学者们各持己见，活跃在学术舞台和政治舞台上，而专制时代的学术生活却大不一样，独立精神和自由思想在专制土壤里是生存不下去的，变成了皇帝呼唤什么，学者们就炮制什么，皇帝划定了什么禁区，学者们就避之唯恐不及，学派之间有了学术之争，皇帝来作最高裁判。这个世界啊，想想孔子当年讲什么“君使臣以礼，臣事君以忠”，嗯，现在已经不大合适了，君使臣如果“不以礼”，难道臣事君就可以“不以忠”了吗？

孟子讲什么“民为贵，社稷次之，君为轻”，呸，居然把皇帝老子排在最末一位，反了你啦！荀子讲什么“从道不从君”，错，应该掉过来，改成“从君不从道”才对！皇帝看看先秦儒家三巨头，越看越挠头：“这都是什么大逆不道的思想啊，不好不好！”

于是，汉朝儒家，从叔孙通到贾谊，无论从思想上还是从朝仪上都把皇帝捧得高高的，等到了董仲舒的时候，终于抛出了著名的“三纲”理论：君为臣纲，父为子纲，夫为妻纲，重新确立了社会等级秩序[97]。——咦，经书里有这些话吗？

（八）

三纲实系命——黑社会的三纲五常——乞丐何曾有二妻——在哈巴狗的眼里，狼是粗俗可鄙的——《驯狗教程》——“罢黜百家，独尊墨家”，“罢黜百家，独尊阴阳家”——从《论语》中论证出奴隶制的优越性，用《左传》来支持纳粹，甚至从《诗经》里论证出外星人的存在——谄媚的笑资格考试

这里有个问题可要注意：虽然现在一提儒家，很多人立刻就反应出“三纲五常”，可“三纲”之说却不见于“十三经”这类的顶级官学经典。陈独秀当年解释过这个问题：“三纲五常之名词，虽

不见于经，而其学说之实质，非起自两汉、唐、宋以后，则不可争之事实也。”陈独秀继而给“三纲”作了个简单明确的说明，择其大意，“君为臣纲”是为忠，“父为子纲”是为孝，“夫为妻纲”是为从，总而言之，其实质就是“片面之义务，不平等之道德，阶级尊卑之制度”，并且是“孔教之根本教义”。[98]

陈独秀分析说，“三纲”的由来在于宗法社会里的礼治，“礼”的意义本来就是要使贵贱有别的。——这话倒是不错，可是，陈独秀那个“孔教之根本教义”的说法可能就有分析过度之嫌。毕竟，宗法社会与专制社会是截然不同的，所以，从“三纲”看出的情景或许是这个样子的：先秦儒家思想中封建宗法社会的痕迹已经随风而逝了。

“三纲五常之名词，虽不见于经”，陈独秀这话也不错，可“虽不见于经”，却见于“子”，在《韩非子·忠孝》一篇中，韩非说他曾经听说过这样一种说法：“臣事君，子事父，妻事夫，三者顺则天下治，三者逆则天下乱”，看来“三纲”的苗头的确早就有了。但耐人寻味的是，韩非在这里表现出对“臣事君，子事父，妻事夫”这一说法的极大热情，说这是“天下之常道”。[99]——这倒让人迷惑了，“三纲”之说到底算儒家呀，还是算法家?

无论如何，“三纲”之说在后世的影响实在太大，就连黑社会都搞这一套。——据说郑成功据台湾反清，创立“金台明远堂”，写下一部《金台山实录》，由军师陈近南携入内地，意在组织内地的反清志士。陈近南路上不大顺，遇到清军检查，情急之下就把《金台山实录》扔到海里去了（看来陈近南的武功并不像金庸描写的那样高明啊），后来这书被渔民捞得，后来到了四川人郭永泰的手上，郭永泰仿照这本书另写了一部《江湖海底》，内容是帮会的规章制度和黑话切口之类，由此组织了一个黑社会，这就是名震江湖的“袍哥”。这个传说故事是否真实，我也无从考据，但这本《江湖海底》确实是有的，据说书名里的这个“海底”就是指“从海里捞出来”的意思。

就是这本作为黑社会宪法的《江湖海底》，里边又讲“五常”，又讲“五伦”、“六礼”，很有儒家味道。比如“五伦论”：“今日香堂施一礼，命把五伦说详细：第一君事臣以礼，第二臣事君忠应当的，第三愿子成龙意，第四奉亲如佛依，第五夫妻如宾侣，妻敬夫是应该的，咱们兄弟要体惜，莫把五伦来抛弃。”——这可真是前辈风范啊，如果他们真能言行如一的话，那这样的黑社会或许要比现在一些模范社团还要和谐融洽。^_^

再者，现在虽然没有黑社会了，但这套东西还是很值得那些“具有黑社会性质的犯罪团伙”好好学习的。[100]

看看，“三纲五常”这些东西对黑社会都有影响，对学界的影响自然更大，所以，后儒注解《春秋》有时候也会把“三纲”说上，比如明代有位季本（徐文长就是他的学生），写过一部《春秋私考》，说春秋时代的开端实在不是个好时候，“三纲”全都乱套了，诸侯各自为政，再不把周天子放在眼里，歪理邪说层出不穷，大家听了居然还觉得很顺耳，世人的公道之心泯灭殆尽，这正是孔圣人之所以要作《春秋》的原因啊。[101]——季本对孔子之所以作《春秋》的解释倒是历朝历代的主流意见，可他这里却疏忽了，春秋时代哪里有什么“三纲”呢，不过，这种以今判古的作风可绝不止季本一人啊。（——有趣的是，季先生解经如此以纲纪为先，又大辟邪说，没想到后来他这部书却被钱谦益斥为邪说，还说该烧。唉，到底有谁掌握了绝对真理呢？[102]）

等专制的时间慢慢久了，人们这才把忠君思想视为天经地义，所以读先秦文献便总会遇到难解的地方。比如，有人读《孟子》发现不对劲了，就写了首诗来讥讽。这首诗现在依然有些知名度：

乞丐何曾有二妻，邻家焉得许多鸡？
当时尚有周天子，何事纷纷说魏齐？[103]

前两句是从细节上质疑《孟子》的两则寓言，乍一看很有道理：的确，乞丐哪能有一妻一妾呢？（以今度之，也真说不准。）但这其实怪不得孟子，这是因为诗的作者不了解先秦的写作风格——就好比“小猫钓鱼”的故事是为了说明“做事要持之以恒”这个道理，你不能质疑说小猫不会钓鱼，所以这故事是假的。——清代辨伪大家崔述曾经专题论之，说战国说客都喜欢打比方，孟子亦然，可后人却每每把他们的比方当成实事，采之入书，更有敷衍成篇者。[104]

没有幽默感的读者是很可怕的，他们每每会把作者的寓言、反讽之类的东西当真（我觉得郭沫若就是最冤的一个），从崔述的说法来看，这样的人在古代就有不少。那么，以冷静的眼光看这首诗，前两句质疑自然可以放过不问，至于后两句，分明是在讽刺孟子不忠君——是呀，在孟子生活的时代里，周天子明明还在，孟子不去帮周天子，却在魏国、齐国这些诸侯那里到处游说，想让人家一统天下，这这这，这置周天子于何地呢？孟圣人岂不成了乱臣贼子了么？

可是，真要看看孟子的时代，就知道他这个做法本也没错，人家孟子本来就是不忠君的。不但孟子不忠君，就连孔子也不忠君，因为先秦时代根本就没有后来那种忠君观念。我们这一比较，就能从这首诗里体会到专制时代知识分子的一些心态：奴性已经养成了，扎根到骨子里了，对那些没有奴性的人看不顺眼了。——在哈巴狗的眼里，狼是粗俗可鄙的。

封建社会里那些为数众多的大小贵族好歹都是自己国家的主人翁，所以在保家卫国的时候那当真是保自己的家、卫自己的国，可当专制时代来临之后，整个国家的一切，从土地到人民，全都变成了帝王的私有财产了，于是，一个老百姓，甚至是一位大臣，他不再作为一个独立的人而存在了，更不会作为国家的主人翁而存在了，他的身份只相当于地主家的一只鸡、一头牛，或者是一只狗——狗的保家卫国实质上只是替主人保家、替主人卫国，但在主人的一再调教之下，狗或许也会认为保家卫国是自己的天职，甚至还以此为荣，尤其是，当狗知道自己即将为此献出生命的时候居然更加觉得无比的荣耀（这是值得心理学家认真研究的）。而对那些不那么训练有素的狗来说，即便主人换了，自己还是闷头过自己的日子。这些散淡的狗即便从来不去招惹是非，也会成为忠狗们的眼中钉——当忠狗们自以为占据了道德制高点的时候，它们很容易会拿自己的标竿来衡量别人，对达不了标的人充满愤怒（这也是一个值得关注的心理现象）。

所以，从某种意义上说，专制时代的儒家经典在经过专家学者们的连番修正之后，就变成了一部部行之有效的《驯狗教程》。——事实上，只要是专制社会，任何经典都难免遭遇这样的“修正”。这个时候，如果狗和狗之间发生了打斗，几只坏狗咬死了几只好狗，试问，主人要治这些坏狗以谋杀罪吗？

也许会的，毕竟秩序是要好好维护的，但说实在的，主人对这些小事并不会太放在心上，因为他的狗有很多很多，但是，如果有一只狗对其他的狗说：“弟兄们，听我说，我们原来是狼来着……”主人就该紧张了，马上就会把这只狗抓来治罪。那么，治它个什么罪呢？

一个大圈子终于绕回来了：治它以诽谤罪。看，诽谤确实是一种比杀人放火严重得多的罪行。既然诽谤罪如此严重，自然应该谨慎处理，这个谨慎也许就意味着“宁可错杀一千，不可放过一个”，哪怕仅有一点点诽谤的苗头（“君亲无将”的“将”），也要马上严惩不贷！

有人可能会说：“虽说这是帝王统御术，可到底《公羊传》上写着‘君亲无将’的精神啊，就算它是儒家修正主义吧，可再怎么修正，好歹也是儒家的底子呀。”

——这话有理，但正像前边稍稍提到的那样，并不是儒家提倡什么，社会就响应什么，很多时候事情是恰恰相反的：帝王呼唤什么，儒家（也包括其他家）就提供什么。这正是经济学上的一个基本道理：一般来说，不是供给决定需求，而是需求决定供给；出现了什么样的需求，就会填补过来什么样的供给。

而且，我们要考虑一下皇帝的“消费者偏好”。

我们可以把皇帝想象成一个大农场主，把国家想象成农场，把人民想象成农场上的牲畜——这可一点儿也不夸张，因为正如农场和牲畜全都是农场主的私人财产一样，国家和人民也全是皇帝的私有财产；农场主想杀鸡就可以杀鸡，而“君要臣死，臣不可不死”，道理都是一样的。

但每个农场主都是不一样的，他们的共同点是：全都拥有并经营着一家广大的农场，但有的农场主喜欢迅速扩张自己的农场，牲畜死多少都无所谓，只要农场扩张就好；也有的农场主富于爱心，喜欢动物，愿意把动物们照顾得好好的，嗯，虽然该吃的时候还是要杀了吃的；也有的农场主对自己的这份产业并不上心，天天花天酒地，随便农场爱什么样什么样，牲畜们爱活不活，爱死不死……正如托尔斯泰的那句名言：“幸福的家庭都是相似的，不幸的家庭各有各的不幸”，农场也是一样的。皇帝们各有各的偏好，各有各的念头，就算是同一位皇帝，不同的时期也会有不同的偏好和不同的念头，而专家学者们要想活得好，就得摸准主子的心。我们就看汉代好了：皇帝想加强皇权的时候，“春秋大一统”学说应运而生；[105]皇帝想削藩了，刚讲过的那个“君亲无将，将而诛焉”就被学者们捧出来了；斩杀诸侯王的时候，董仲舒的学生吕步舒本着“春秋大义”而“专断于外”，惩处了好几千人，这真可谓把汉武帝的心思都给摸透了；皇帝想打匈奴了，就有了“《春秋》九世复仇”；搞妥协的时候，“温柔敦厚，《诗》教也”；想削弱权臣权力的时候，就出来了“《左传》崇君父，卑臣子，强干弱枝”的精神……儒学这时候真可谓“时代呼唤什么，它就应运而生什么”。

这问题值得我们思考：到底是儒家思想主导着这个时代的社

会发展，还是皇权在借着儒家的名义强化专制统治？如果是后者的话，那么说，也许儒家不儒家的并不重要——如果当时没有董仲舒其人，而另有一位墨家大师或者阴阳家大师出现，此公头脑灵活、口才出众，像董仲舒一样地把自己本家的学术理论修正为顺应专制呼声的崭新造型（无论是刻意而为还是适逢其会），汉朝世界因而变成“罢黜百家，独尊墨家”，或者“罢黜百家，独尊阴阳家”等等，其结果也许并不会和“罢黜百家，独尊儒术”有什么本质区别。这时候的学术早已不再有独立思想和自由精神了，无论什么学派被定为官学，样子也许都会变得差不多。

这就是专制社会的一个重要特征：人和人之间越发的彼此相似，学说和学说之间也越来越像是同门。

这没什么不好理解的吧，我想，如果是我来存心曲学阿世的话，就凭儒家这几部经典，我有信心从中论证出任何观点。是的，只要你足够用心，就可以不断挑战荒谬的极限，比如从《论语》中论证出奴隶制的优越性，用《左传》来支持纳粹，甚至从《诗经》里论证出外星人的存在……嘿，别说是儒家经典，就算拿一套《安徒生童话》，也一样能够论证无极限。

当然了，我这也只是说说罢了，没这个脸皮真正去做。但我们多看看历史的话，会发现有这个脸皮的人多到超乎想象：皇帝刚刚出台一个什么政策的时候，各个学派、各个宗教团体，不管原本是主张什么的，马上都能从自家的典籍里找出证据来附和皇帝的最新政策。可能会让一些心地淳朴的善男信女难以置信的是：这么做，其实在技术上一点儿也不困难[106]，只要你脑袋够尖、脸皮够厚，很容易就做到了。——其实，即便是“正心诚意”地来引申“春秋大义”，又有多少不是引申者自己的主观臆断呢？俞汝言《春秋平议序》说了一句非常精辟的意见：“传经之失不在于浅，而在于深，《春秋》尤甚。”[107]朱熹也曾经表示过这样一种意见：“圣人心事正大光明，必不如传注家之穿凿。”[108]这让我想起小时候语文课归纳中心思想的套路：无论是阿猫阿狗的琐事还是花红柳绿的铺陈，最后都被引申成某某主义、某某主义和某某主义。

这么看来，所谓“春秋大义”，也不知到底有多少是真正的“《春秋》”的“大义”呢。

“《春秋》原心定罪”，大司农颜异以“腹诽”首案被汉朝的法律文书记录在册，这个案例警醒大家：千万不能有什么意见，即便心里真有意见，不但嘴不能说，而且嘴角也不能动，对了，眼角眉梢最好全都别动，这世道啊，脸上有一点儿表情都可能闹出杀身之祸，看来，也只有谄媚的笑是最保险的了。

——话是这么说，不错，可这种高难度的技术活儿可不是每个人都能做到的。于是，在表面之下，谄媚的笑就渐渐变成了官场必备的重要本领，如果那时候市场经济足够发达，开一个秘密会员制的“‘谄媚的笑’培训班”会是一个非常赚钱的营生，嗯，如果我们本着诚信经商的原则，还可以开办每年一度的“谄媚的笑资格考试”，定出四级和六级的标准，考试合格者发给证书，这也许比举荐贤良方正和科举考试更要实际得多呢。

可惜我这只是空想，但是，那时候虽然没有实质性的市场经济，而市场经济的原理却并不仅限于市场经济本身，它们在很大程度上是适用于整个人类社会的。——如果真货被逼出市场，这就等于向全社会发出了一个市场信号：弄虚作假是低风险、高利润的，而货真价实则只会落得血本无归。这是很多人在市场丛林里已经频繁经历过的事情，而专制体制下的古代官场也是同样的道理。此刻，颜异的腹诽罪变成了法条中的决事比，这是一个多么响亮的市场信号啊！

——咦，前面不是说过，“春秋大义”可以被任意引申，用来论证任何你想要论证的道理吗？那么，有没有人用这个方法来反对一下腹诽罪呢？到底并非所有人都喜欢说假话呀，尤其说假话的时候还要带着那副“谄媚的笑”。

（九）

Don’t Be Evil，真的吗？——《路温舒尚德缓刑书》——文章模板——乌鸦蛋和凤凰蛋——提意见的“第二十二条军规”——领袖似乎比普通老百姓更容易向堕落和愚蠢的一面发展——事情总是被“奸臣”搞坏的——“大人栽培”和“小的岂敢”——禅宗和尚的“打机锋”和官员们的“揣摩上意”

前面不是说过，“春秋大义”可以被任意引申，用来论证任何你想要论证的道理吗？那么，有没有人用这个方法来反对一下腹诽罪呢？到底并非所有人都喜欢说假话呀，尤其说假话的时候还要带着那副“谄媚的笑”。

还真有人这么做了。这个人大家可能并不陌生，他这篇文章大家应该也不陌生：

臣闻齐有无知之祸，而桓公以兴；晋有骊姬之难，而文公用伯。近世赵王不终，诸吕作乱，而孝文为太宗。繇是观之，祸乱之作，将以开圣人也。故桓、文扶微兴坏，尊文武之业，泽加百姓，功润诸侯，虽不及三王，天下归仁焉。文帝永思至德，以承天心，崇仁义，省刑罚，通关梁，一远近，敬贤如大宾，爱民如赤子，内恕情之所安，而施之于海内，是以囹圄空虚，天下太平。夫继变化之后，必有异旧之恩，此贤圣所以昭天命也。往者，昭帝即世而无嗣，大臣忧戚，焦心合谋，皆以昌邑尊亲，援而立之。然天不授命，淫乱其心，遂以自亡。深察祸变之故，乃皇天之所以开至圣也。故大将军受命武帝，股肱汉国，披肝胆，决大计，黜亡义，立有德，辅天而行，然后宗庙以安，天下咸宁。

臣闻《春秋》正即位，大一统而慎始也。陛下初登至尊，与天合符，宜改前世之失，正始受之统，涤烦文，除民疾，存亡继绝，以应天意。

臣闻秦有十失，其一尚存，治狱之吏是也。秦之时，羞文学，好武勇，贱仁义之士，贵治狱之吏；正言者谓之诽谤，遏过者谓之妖言。故盛服先生不用于世，忠良切言皆郁于胸，誉谀之声日满于耳；虚美熏心，实祸蔽塞。此乃秦之所以亡天下也。方今天下赖陛下恩厚，亡金革之危，饥寒之患，父子夫妻戮力安家，然太平未洽者，狱乱之也。夫狱者，天下之大命也，死者不可复生，绝者不可复属。《书》曰："与其杀不辜，宁失不经。"今治狱吏则不然，上下相驱，以刻为明；深者获公名，平者多后患。故治狱之吏皆欲人死，非憎人也，自安之道在人之死。是以死人之血流离于市，被刑之徒比肩而立，大辟之计岁以万数，此仁圣之所以伤也。太平之未洽，凡以此也。

夫人情安则乐生，痛则思死。棰楚之下，何求而不得？故囚人不胜痛，则饰辞以视之；吏治者利其然，则指道以明之；上奏畏却，则锻练而周内之。盖奏当之成，虽咎繇听之，犹以为死有余辜。何则？成练者众，文致之罪明也。是以狱吏专为深刻，残贼而亡极，偷为一切，不顾国患，此世之大贼也。故俗语曰："画地为狱，议不入；刻木为吏，期不对。"此皆疾吏之风，悲痛之辞也。故天下之患，莫深于狱；败法乱正，离亲塞道，莫甚乎治狱之吏。此所谓一尚存者也。

臣闻乌鸢之卵不毁，而后凤凰集；诽谤之罪不诛，而后良言进。故古人有言："山薮藏疾，川泽纳污，瑾瑜匿恶，国君含诟。"唯陛下除诽谤以招切言，开天下之口，广箴谏之路，扫亡秦之失，尊文、武之德，省法制，宽刑罚，以废治狱，则太平之风可兴于世，永履和乐，与天亡极，天下幸甚。（《汉书·贾邹枚路传》）

《古文观止》从《汉书》里选了一篇《路温舒尚德缓刑书》，这是路温舒在汉宣帝即位初年呈上的一份奏章。路温舒也是要拿儒家经典来做大帽子的，他说：《春秋》很重视即位的一开始，这就像我们买了个崭新的日记本，在写第一页的时候都得工工整整的才行，好的开始是成功的一半。路温舒这时候提出了《春秋》“大一统”这个概念，这实在是个过于复杂的概念，我们先把它放一放，容后再说。嗯，路先生接着说：“皇帝您刚刚上岗，拿到了老天爷的聘书，您这时候最该做的就是把上一个王朝的错误给改正过来——哎，如果您觉得我的话不中听，可别埋怨我哦，这可不是我个人的意思，这是老天爷的意思。我的话您可以当成放屁，老天爷的话您还是听听的好。”

路温舒所谓的“上一个王朝”指的就是秦朝。董仲舒当年把儒家搞成了一个大拼盘，吸收了阴阳五行的观念，认为朝代的更替遵循着五行嬗变的规律，所以秦朝作为“上一个王朝”，是和汉朝有着五行生克上的微妙关系的，形成的具体理论比如“五德始终说”等等——这些说法极其复杂，彻底是一笔乱账：别看汉朝人大讲阴阳五行，可从东汉到西汉，这套理论从来就没有定过型，专家们一会儿说相生，一会儿又说相克，一会儿说五行，一会儿说三统，一会儿这样，一会儿那样，你说我的不对，我挑你的毛病，大概直到现代社会没人深究这些事了，这套阴阳五行学说才算定型。遥想当年，虽然这套说不清、道不明的新儒家理论在很大程度上强化了专制统治，但似乎也有一个微妙的好处，那就是：给皇帝找了个婆婆——这位“婆婆”就是老天爷，老天爷经常会用祥瑞和灾难来表达自己对皇帝的意见。臣子们充分利用了这一点，上疏的时候常常打着老天爷的旗号，这也算是一种自我保全之道吧。路温舒现在用的正是这招，咱们再来回顾一下他方才那段“正即位，大一统”的话：

臣闻《春秋》正即位，大一统而慎始也。陛下初登至尊，与天合符，宜改前世之失，正始受之统，涤烦文，除民疾，存亡继绝，以应天意。

就这么短短两句话，路温舒拉起的大旗就有三面：第一，《春秋》（官方意识形态经典教科书）；第二，五德始终或三统说（汉政权合法性的理论基础）；第三，老天爷（皇帝的婆婆），顺带着还拍了皇帝的马屁。大家读《古文观止》的时候很容易就把这两句话给忽略过去了，其实这正是我们要认真对待的地方，路温舒只用了这么短的篇幅就给自己戴好了三顶安全帽。——年轻人读古文，都觉得《滕王阁序》《赤壁赋》才是好文章，岁数大点儿之后就该明白路温舒这样的才是真正的高手。^_^

路温舒把这三点一说，道理清楚明白，那么，把秦政府的失误改正过来应该就是顺理成章的了。细心人可能在这里会发现一个问题：路温舒这会儿可不是汉朝初年啊，而是已经经历过了汉高帝、汉惠帝、汉高后、汉文帝、汉景帝、汉武帝、汉昭帝、昌邑王，这才到了汉宣帝，你路温舒说什么改正秦政府的失误，难道你的意思是说，经过了汉朝这么多届的统治，到现在还延续着秦政府的失误吗？这可是对汉朝历代先王的大不敬啊！

如果我和路温舒同朝为臣，平日里和他有仇，大可以抓住他文中这个破绽整死他。但我们从前边那三顶安全帽应该就可以推知，路大人精着呢，不应该犯这种低级错误呀。

他当然不会犯这种错，他接下来写的是：“臣闻秦有十失，其一尚存。”——高手啊，刚刚才露了一个小破绽，还没等有心人去抓呢，转眼间就消弭于无形：秦朝有十个重大失误，现在还剩一个。言外之意是：汉朝历代先王劳苦功高，把秦朝十大失误解决掉了九个，现在就只剩下一个，等着陛下您来出手了；而且，您要是放着不管，似乎有愧于先祖吧？

那么，这硕果仅存的一个失误究竟是什么呢？路温舒现在才说："治狱之吏是也。"

所谓"治狱之吏"，并不是说"管理监狱的干部"，而是"法律工作者"，"狱"字这里大略是指"刑事案件"，这个说法从周代就有了。顺便一提，如果指民事案件的话，那一般就是"讼"。

当文章说到"治狱之吏是也"的时候，我们也该开始擦亮眼睛了：前边那些全是虚的，就算全部删掉也不影响路温舒真正要表达的意思（最开始那一段更虚，只是实在太长了，我就没讲），到现在这句话才算落了实地。但严格来说，这还不算真正地落到实地。路大人这篇文字要表达的中心思想是：咱们汉朝现在的法律太繁琐了，刑罚太重了，判案太没标准了，那些搞法律的人想弄死谁就能弄死谁，而且还是非常合法地陷害人家，法律变成了法律工作者手中的杀人利器，国家可不能这么搞啊！

路温舒针对的是整个汉政府的法律体系，认为这个体系从立法到司法，各个方面全都坏掉了。现在我们再来体会一下他前边说的那个"臣闻秦有十失，其一尚存：治狱之吏是也"，看到了吧，为什么我方才说这句话"不算真正地落到实地"，因为路大人只是拿"治狱之吏"做了个引子，乍看上去矛头指向的仅仅是一些负责具体法律工作的基层公务员而已，没什么大不了的，可再往下看，路温舒细细论述，原来是……

这可真是高手行文啊，一步步、一层层，化骨绵掌一般啊，这就是专制体制逼出来的高妙文章。路大人接着表演他的高妙，抨击早已倒台的秦政府说：

秦之时，羞文学，好武勇，贱仁义之士，贵治狱之吏；正言者谓之诽谤，遏过者谓之妖言。故盛服先生不用于世，忠良切言皆郁于胸，誉谀之声日满于耳；虚美熏心，实祸蔽塞。此乃秦之所以亡天下也。

大意是：秦朝的时候，勇武之人很拔份，治狱之吏很牛气，可知识分子没地位，高风亮节的人反倒被人看不起，谁敢讲真话就用诽谤的罪名扣死他，谁敢说点儿朝廷的不是就被当成妖言惑众，穿儒服的全下岗了，真话没人敢说，歌功颂德的声音满天飞，不知道底细的还以为秦朝是个太平盛世呢，哪知道火山口就在鲜花底下蠢蠢欲动。这就是秦帝国迅速败亡的原因。

——我们先得质疑一下：路大人说的都是真的么？他不会是为了讨好汉朝皇帝而故意把前朝说得很糟糕吧？不行，我们得慎重一些，看看其他渠道的资料来验证一下。嗯，正好，这里有秦朝的文献可以参考：

皇帝临位，作制明法，臣下修饬。二十有六年，初并天下，罔不宾服。亲巡远方黎民，登兹泰山，周览东极。从臣思绩，本原事业，祗诵功德。治道运行，诸产得宜，皆有法式。大义休明，垂于后世，顺承勿革。皇帝躬圣，既平天下，不懈于治。夙兴夜寐，建设长利，专隆教诲。训经宣达，远近毕理，咸承圣志。贵贱分明，男女礼顺，慎遵职事。昭隔内外，靡不清净，施于后嗣。化及无穷，遵奉遗诏，永承重戒。[109]

再看另一份：

维二十八年，皇帝作始。端平法度，万物之纪。以明人事，合同父子。圣智仁义，显白道理。东抚东土，以省卒士。事已大毕，乃临于海。皇帝之功，劝劳本事。上农除末，黔首是富。普天之下，抟心揖志。器械一量，同书文字。日月所照，舟舆所载。皆终其命，莫不得意。应时动事，是维皇帝。匡饬异俗，陵水经地。忧恤黔首，朝夕不懈。除疑定法，咸知所辟。方伯分职，诸治经易。举错必当，莫不如画。皇帝之明，临察四方。尊卑贵贱，不逾次行。奸邪不容，皆务贞良。细大尽力，莫敢怠荒。远迩辟隐，专务肃庄。端直敦忠，事业有常。皇帝之德，存定四极。诛乱除害，兴利致福。节事以时，诸产繁殖。黔首安宁，不用兵革。六亲相保，终无寇贼。驩欣奉教，尽知法式。六合之内，皇帝之土。西涉流沙，南尽北户。东有东海，北过大夏。人迹所至，无不臣者。功盖五帝，泽及牛马。莫不受德，各安其宇。[110]

这都是秦始皇巡游途中刻在石头上的官方宣传文字，翻译过来就是：皇帝圣明，天下太平，风调雨顺，五谷丰登。人民群众衷心拥护英明的皇帝。都是托了皇帝的福，老百姓才有现在的好日子过。吃水不忘挖井人，大家都应该感恩戴德……

——完了吗？

——完了。

有人可能会问："人家这么长、这么精心堆砌的华丽文字你怎么这么随随便便就翻译出来了呢？"其实呢，这种歌功颂德的官样文章从秦始皇时代直到近代，基本上都是那一套，如果摘去文中的人名和极个别的具体事件，你根本分不清这到底是秦朝的、汉朝的，还是宋元明清的。听说那时候就有人开盈利性网站，弄几个文章模板，哪位老爷的秘书想弄篇什么稿子的时候，买一篇模板，把时间、地点、关键词简单一改就能用得上了。咱们作为读者，一个懒而有效的办法是：只要遇到史料里的这种文章，不管它有几千几万字，在脑子里马上替换成"歌功颂德"这四个字就足够了，这可以大大加快读书速度。

——当然，也可以多用几个字，翻译成比较文雅的式样，比如用七言绝句体："江安淮晏海澄波，共唱梁州乐世歌。座客善讴君莫讶，主人端要和声多。"（借用陈寅恪前辈的《闻歌》）

如果秦始皇时代的那些官方文件属实的话，秦帝国显然就是一个人间天堂，那么，路温舒的所有指控也就都是毫无道理的了。但路温舒是汉朝人，而只有立足于后朝才可以安全地批评前朝。于是，在路温舒的文章中，秦始皇那些美丽的石刻无一不被砸得粉碎，人间天堂眨眼间变成了人间地狱，秦朝的苛政乱法在路温舒的笔下呈现出一副令人毛骨悚然的狰狞面目。

但是，在明眼人看来，正如汉政府官样文章中的灿烂辉煌和秦政府的美丽石刻无甚差别一样，路温舒此刻批评的苛政乱法如果把"秦朝"两字换成"本朝"，同样是言之成理、证据确凿的。——

这再一次体现了路温舒作为一个政治人（我特意没有用“政客”这个词）的高明之处。

现在考你一个问题：如果你是路温舒的政敌，你现在能想到什么办法来陷害他吗？

要注意游戏规则哦，买凶杀人那可不算，太不艺术了！

想到了没有？冠冕堂皇的办法就是把路温舒这篇奏疏里所批评的秦朝的那些苛政乱法一一对应到本朝的现实例子，然后弹劾路大人“借古非今”，构成诽谤罪。

腹诽都得判死刑，落实到字面上的诽谤还不得夷三族、具五刑，外加割喉啊！

——看到了吧，以路大人如此高明的太极推手功夫，如果存心想陷害他还是可以找到他的破绽的，所以呢，切不可以为功夫高了就能艺高人胆大，“莫得罪小人”这句话无论什么时候都得牢记在心。路大人如果得罪了我这个小人，嘿嘿，后果堪忧哦！

而且，这事如果换在秦朝，我陷害起路大人来可以更加冠冕堂皇。秦朝的法律明确规定“以古非今者族”，这里的“族”就是“灭族”的意思，这条是留给路大人的，法律紧接着还规定了“吏见知不举者，与同罪”，[11]这就是说，如果我知道了路大人“以古非今”却不去举报他，我也得被灭族。看，不是我不仗义哦，为了保全家族，也只好挥泪举报了。

但事情没那么简单，我得承认，路大人比我高明多了。我好容易才在他的文章中找到了一处破绽，可仅仅奸笑了不到三声，却突然发现：他居然在下文里很快就把这个破绽给补上了？！

我不是想以诽谤罪来弹劾路温舒吗，可路温舒接着写道：

臣闻乌鸢之卵不毁，而后凤凰集；诽谤之罪不诛，而后良言进。故古人有言："山薮藏疾，川泽纳污，瑾瑜匿恶，国君含诟。"唯陛下除诽谤以招切言，开天下之口，广箴谏之路，扫亡秦之失，尊文、武之德，省法制，宽刑罚，以废治狱，则太平之风可兴于世，永履和乐，与天亡极，天下幸甚。

这段文字非常漂亮，翻译过来就是：我听说，如果不去毁掉乌鸦蛋和老鹰蛋，那么凤凰就会飞来了；如果犯了诽谤罪的人不会被杀，那就会有人向国君出好点子了。古人说："高山大泽里藏着毒蛇猛兽，大江大河里也常有些脏东西，就连美玉都有瑕疵，所以，国君挨点儿骂不算什么。"希望陛下废除诽谤罪这个罪名，以此来让天下人都可以自由地发表意见。当年秦朝的十大失误迄今就这一条还没改过来，就等您一句话了。咱们不搞秦朝那一套，要学就学周文王、周武王这样的圣王，治国要以德为主，以法为辅，刑罚轻一些，别搞刑讯逼供。如果这样的话，用不了多久就天下太平了。汉朝万岁万万岁！

路温舒在此提出了一个非常前卫的思想：言论，即便当真是胡说八道，即便当真是诽谤朝政，发言的人也是不应该被定罪的，因为只有在宽松的言论环境下，真知灼见才有露面的机会。路温舒用的比喻很有意思，言下之意是：鸟蛋长得都差不多，你要嫌乌鸦蛋不好，给它砸了，可你敢说你砸的就一定是乌鸦蛋而不是凤凰蛋么？凤凰看到乌鸦蛋的悲惨遭遇，难道还敢轻易飞过来下蛋么？咱们想想国外的例子：哥白尼，伽利略，当初不都是被当成乌鸦蛋给砸碎了么，很久以后人们才发现他们错砸了凤凰的金蛋。

路温舒的这个观点实在太前卫了，以至于必然遭到许多人的激烈反对。比如，反对者会说："如果不砸碎那些乌鸦蛋和老鹰蛋，这些坏蛋肯定很快就被下得到处都是！"

嗯，这么说并非没有道理，那么，如果我们既不愿放弃凤凰的金蛋，又坚持要砸碎所有的乌鸦蛋和老鹰蛋，有什么切实可行的好办法没有？

——通常会有两种办法。第一种办法是最常见的，这就是"第二十二条军规"。

呵呵，别以为"第二十二条军规"只是小说家言。举个例子好了：宋神宗驾崩，年幼的宋哲宗即位，太皇太后垂帘听政，这个时候，众望所归的司马光重出江湖了。太皇太后问："现在最要紧的是做什么呀？快给我们拿个主意！"司马光的回答是三个字："开言路"——看上去正是路温舒的希望吧？司马光这一说，大臣们还真就准备着开言路了，可开是开，总得有个规矩吧，于是，大臣们设计了六条规矩：第一，凡是暗中有什么打算的；第二，凡是狗拿耗子的；第三，凡是发表煽动性言论以动摇国本的；第四，凡是迎合业已实行之法令的；第五，凡是想迷惑领导以图升迁的；第六，凡是蛊惑老百姓的，以上这六种情况，谁要是在开言路之后不小心犯上任何一条，一定严惩不贷！

这招很厉害吧？对了，其中第四条单摆浮搁地看不容易看懂，实际上这是针对王安石的，规则的设计者特意告诉大家：不能为王安石的政策说好话。这就叫做：言论有自由，意见有导向，朝廷有政策，头顶有钢刀。

还好，太皇太后把这六条意见拿给了司马光看，司马光说："这哪是征求意见呀，这不成了拒绝意见了么！但凡是个提意见的，这六条里边至少也要犯上一条。"——六条意见于是撤销，提意见的人很快便数以千计。[112]

关于广开言路的六条政策，虽然在司马光这里暂时失效，但在两千年的专制时代里，它是无处不在的，可以说，有专制的地方就有这六条政策，它是如此的冠冕堂皇，以至于它所规定的竟然完全是正确的。这很容易让人联想起老诗人弥尔顿的讽刺："有时在一篇标题页上就可以发现五条出版许可令……于是他们便如法炮制地制定了那些气派十足的出版许可令，把我们弄得晕头转向。"（弥尔顿《论出版自由》）

这是一个古老的、普世性的问题，两千年前就呼声不绝，却直到现代社会才得以解决，个中原因是：解决这个问题必须具备一个大前提——社会制度的根本改变。毛泽东《为民主和自由而斗争》（收录于《毛泽东选集》第一卷）说得最是精彩："中国必须立即开始实行下列两方面的民主改革。第一方面，将政治制度上国民党一党派一阶级的反动独裁政体，改变为各党派各阶级合作的民主政体。这方面，应从改变国民大会的选举和召集上违反民主的办法，实行民主的选举和保证大会的自由开会做起，直到制定真正的民主宪法，召集真正的民主国会，选举真正的民主政府，执行真正的民主政策为止。……第二方面，是人民的言论、集会、结社自由。……”——看，这“六条政策”的废除是多么晚近的事情啊。

但这六条政策也给了我们一个重要的启发：如果想要在最短的时间里对历史上的某个政府作个大致的了解，只要看它的言论禁忌就可以了。因为一般来说，之所以需要设定禁忌，是因为有些见不得人的东西害怕曝光，所以禁忌越多，自然就说明见不得人的东西越多。

但遗憾的是，见不得人的东西在历史上从来都不罕见，所以，“六条政策”式的高明手段往往就是对路温舒问题的第一种解决办法：凤凰蛋和乌鸦蛋都欢迎，但是，只有凤凰下的乌鸦蛋才在被接纳之列，违规者将予以严惩！——而相应的，很多人也逐渐学会应该怎么说话了，“因为专制时代言论不自由，人民发明了一种隐喻法，于字里行间表现意思，称曰‘奴隶的言语’。”（周作人语）[113]

有一点是很值得留心的：整个历史上，路温舒和司马光这样的举动并不多见，而“六条意见”的提出者和执行者却永远多如过江之鲫。这难免让人起疑：“这世上哪来的这么多无耻之徒？”——问题或者可以这样来说：“为什么全世界的无耻之徒有一多半都跑去做这一行了？”

答案照例还是：“制度使然。”这就是北岛曾经以诗的语言做出的结论：“卑鄙是卑鄙者的通行证，高尚是高尚者的墓志铭。”

是呀，在专制制度之下，数不清的无耻工作并不会因为其无耻就没人来做，于是，“由于有些需要做的工作本身就是坏的，是所有受到传统道德教育的人所不愿做的，因而愿意做坏事就成为升官得势的门径”。（哈耶克语）[114]“六条意见”这类审查性质的工作无疑也是“所有受到传统道德教育的人所不愿做的”工作之一。但是，事情也并非全然如此，有些时候，一些分不清到底是可喜的还是可笑的变化就会悄然出现：“不久，就连那些审查官本身也不可靠了。由于受到排斥和嘲弄，他们失去了使命感和对自身工作的自豪感。当‘检察官’成了一种可耻的称呼时，这种职业只能吸引最平庸者……”（科塞语）[115]

好啦，以上就是路温舒“下蛋问题”的第一个解决方法。至于第二个解决方法，其风格是非常儒家的——许多时代里儒者们都会这样说：“只要上有明主，下有清官，事情这不就结了！”

这倒是，上有太皇太后，下有司马光，事情这不就结了！

可是，我们如果再追问一句：“那，除了撞大运之外，怎么才能让‘上有明主，下有清官’呢？”

这也不难（至少说起来不难），儒家的标准答案是：“皇帝先要做到‘正心诚意’，只要上梁正了，下梁就不会歪。”

宋代理学祖师爷程颐在绍兴八年得到追赠的时候，制词里就很赞扬他“自得于‘正心诚意’之妙”——严格来说，“正心诚意”这个标准答案应该说是宋代理学家的标准答案，二程啦、朱熹啦，都是很主张这一套的。当然，这倒不是他们凭空创造出来的，而是早在孔孟那里就有渊源的。

可是，这总让人心里不太踏实：这个答案真的管用吗？

是呀，这个答案真的管用吗？对于这个问题，很多先哲们都斩钉截铁地给出过回答。——哈耶克的认真精神可以让我偷懒一下，他在《自由秩序原理》的一处注释里罗列了很多答案出来：

谴责权力为罪魁祸首正如政治思想本身一样地古老久远。希罗多德就曾让奥塔尼斯在他的关于民主的著名演讲里说：“即使将所有男人当中最优秀的那些安排在这个职位上，它大概都会改变他习惯的思维方式。”

弥尔顿：“长期持续的权力可能会使最诚实、最正直的人腐败堕落。”

孟德斯鸠：“从来都是这样的，每一个当权者都容易滥用权力，他会一直这样做，直到他碰到障碍为止。”

康德：“拥有权力不可避免地会破坏理智的自由判断。”

伯克：“在历史记载中，许多最大的专制暴君都是以最合理的方式开始其统治的。然而，事实真相是，这种邪恶的权力既腐蚀了人心，又毁灭了良知。”

亚当斯：“权力如果不受限制，并且失衡，它就总是会被滥用。”以及“绝对的权力将毫无区别地使暴君们、君主们、贵族们以及民主主义者们、雅各宾党人、无套裤汉陶醉着迷。”

麦迪逊：“世人手中的一切权力均容易被滥用。”以及“权力无论存在于何处，均或多或少地容易被滥用。”

阿克顿：“权力导致腐败，而绝对的权力绝对地产生腐败。”（熊逸按：这句话在国内以另一种更加响亮的翻译而广为人知：“权力导致腐败，绝对权力导致绝对腐败。”）[116]

看看吧，这么多前辈高人，似乎都是一个论调哦，但这样的说法很不符合我们传统的儒家精神。还好，哈耶克的这个大费周章的注释当中还有一个压箱底的名句，这是罗特克在《绝对主义》一文里说的："在毫无限制的独裁权力中，存在着一种可怕的恶意诱惑，只有最高尚无私的人才能抵制住这种诱惑。"——这才是我们儒家式的答案：独裁也好，极权也罢，这有什么不好的呢？在伟大领袖的无私胸怀里，权力只能是他造福人民的一个手段，他的权力越大，人民的福祉也就越高。

儒家理想中的伟大领袖啊，只是，古人们期待了两千多年，也不知一共遇上了几个？

更为现实的尴尬是：领袖似乎比普通老百姓更容易向堕落和愚蠢的一面发展，即便他一开始的时候还显得英明伟大。

看看他山之石，二百年前的一位英国人威廉·葛德文讲过一个比喻：设想一个外国人参加到我们繁杂的事务中来，他不会说我们的语言，不了解我们的生活习惯，没有一个朋友可以商量，也没人帮他，难道还有比这更不幸的事么？很快，一群恶棍、骗子、小偷就会围上他，欺骗他，糊弄他。最后，当他离开我们国家的时候，还是同他刚来的时候一样孤立无助，对这里的真实情况一无所知。

葛德文接着说：国王就是这样的一个外国人。

——很让人吃惊的类比是吧？可是，国王真有这么惨吗？

当然不是！葛德文说：比这还惨！国王和那个外国人之间有一点是不同的，那就是：如果那个外国人脑瓜够灵的话，可以从那帮坏蛋的包围里逃脱出去，找到一些真正值得信任的人，可对一位国王来说，这在任何情况下几乎都是办不到的。他被安置在自己特有的一个圈子里，被一种气氛包围着，不可能看到事物的真相。接近他的那些人最为关心的事情就是不让他了解真实情况，为此，这些人结成了阴谋集团。一个人，如果他无法自由接见来客，并且在不知不觉中同他最应该了解的人和物隔离开来，那么，不管他的名号上有多么高贵的尊称，他事实上都只是一个囚犯。[117]

看来“上梁”要“正”确实比较困难哦，而“信阳事件”似乎可以成为葛德文说法的一个佐证。

当然，这是一个由来已久的问题（和很多由来已久的丑事一样），还别说是专制时代，就算在封建时代，在国君的权力还远远没有无限大的时候，这个问题就已经出现了。比如，郭店楚简里有一处记载鲁缪公问孔子的孙子子思“什么才是忠臣”，子思的回答是：“经常数落国君的就是忠臣。”这话挑战了鲁缪公的常识，让他心里很不是滋味。当然，还有更让君主们心里不是滋味的事情，比如“上梁不正下梁歪”被人反过来推论：咦，怎么下梁到处都是歪的呀？嗯，嗯，嗯，一定是因为上梁不正！——这就彻底打碎了老百姓们的一个常见的思维误区：以为在乌烟瘴气的地方上受到父母官不公正的待遇之后，只要跑到金銮殿上找到圣主明君就可以讨回公道——这是专制环境下一种极其常见的群体心理，反映给我们两个道理：第一，这之中暗示出了统治者一种高明的政治技术：专制君主必须同时具备“严父”和“慈母”这两个形象，通俗来说就是：他既是玉皇大帝，又是王母娘娘；既是如来佛祖，又是观音菩萨；既是上帝，又是圣母。几乎所有成功的统治无不具备这个特点——弗洛姆分析基督教的成功与历史意义，说正是这种严父和慈母的结合给人以巨大的吸引力，“受到父权权威压制的群众，可以求助于慈母，以得到安慰和帮助。”[118]第二，则正如莫斯科维奇所指出的群体心理学上的一个道理：群众们对领袖满怀热心，而“有了这种热心，他们就会反对任何指向领袖的攻击和或批评。甚至当领袖们自相矛盾或犯错误时，群体也拒绝相信。他们认为其他人，比如领袖的随从，必定是有责任的，这样就保持了领袖形象的完美无损。我们知道，许多苏联人和德国人都确信：斯大林对反对者的肃清迫害以及希特勒对犹太人的屠杀均一无所知。”[119]——看来，事情总是被“奸臣”搞坏的，任何冤屈只要能够上达天听，自然可以讨得公道。

是呀，“许多苏联人和德国人”都是这么想的，许多评书故事也都是这么说的，但是，事实上，如果按照“以德治国”的逻辑，地方上的乌烟瘴气跟金銮殿里的上梁不正绝对脱不了干系。老百姓如果这么去想，无异于受了蟊贼的抢，却去找贼大王说理。虽然贼大王有时候也是“通情达理”的，但如果能从海量数据中做一个规范的统计分析的话……

但这样的想法实在太普遍了，也太典型了，以至于魏特夫曾经把它当作了一个深刻反映着东西方差异的问题：“西方专制制度下的独立作家们不只反对专制制度的暴虐，而且还触及到它的基础；与他们不同，批评治水社会的人则几乎在每一种场合下，都仅仅只抱怨官员个人的劣迹或者政府具体行动的弊端。”[120]（“治水社会”是魏特夫的标签式的概念，简单来说，就是东方特色的在治水工程的背景下形成的专制主义社会。不过，“治水社会”这一说法是否成立，就不在本文的讨论范畴之内了。）

林语堂在《吾国吾民》一书中把魏特夫所描写的这种“中国精神”归结为“古老中国最美丽的品德——感恩”，嗯，别看感恩和抱怨是一组对立的词，其实却无非是一事的两面而已：“这种感恩戴德之情在中国普通人的心目中，尤其在农民中非常流行。一位受你恩惠的农民会一辈子记得你，记得你的恩惠。他还很可能在家里为你竖一块木牌子敬仰你，或者为你‘赴汤蹈火’。确实，人民得不到宪法的保护，就只能乞怜于地方长官。然而，如果这位长官是仁慈的，那么他的仁慈就要受到后人的热情赞赏，因为它是无偿给予的。有千万个这样的事例，人民围着一位刚刚离任的、坐在轿子中的长官，跪在地上，眼里浸满了感激的泪水。这就是中国人感恩戴德的最好的证明，是中国官吏所施恩惠的最好例子。”——我特别把林语堂这一段的最后一句话单独提出来着重来看：“人民只知道这是恩惠，不知道这是中国官吏们应该做的事。”[121]

的确，如果官吏们的任免与奖惩完全取决于他们的上级而非治下的百姓，履行一些“本职工作”也确实就会变成“恩惠”。日子久了，官吏和百姓都会认同这个道理，甚至于官府的“无所作为”都会成为一种“恩惠”——这就像老百姓供养黑社会一样：黑社会奋发有为的时候，老百姓就遭殃受罪；黑社会搞无为之治、休养生息的时候，老百姓就开始安居乐业，经济也有了好的发展。以现代经济学的眼光来看，在很多情况下，经济的发展并不是因为政府“管得好”或者“政策好”，反倒是因为政府“管得少”或者“政策少”——对比一下秦、汉两代的政策及其后果，这个道理便一目了然了。从这层意义上说，老百姓也是愿意养蛀虫的——想想前文对“机会成本”的说明，在现实生活中，人们所做出的种种选择往往并不是追求“最好”，而只是两利相权取其重，两害相权取其轻罢了。养蛀虫正是因为这个道理，反正相较之下，老百姓不怕蛀虫馋嘴，就怕蛀虫生事。所以，哪怕朝廷腐败透顶，只要不生事或少生事，老百姓也是能过得下去的，经济也是能步步发展的。天可怜见，事情要真是到了这么一步，就连腐败都算得上是朝廷的“恩惠”了，而老百姓若是希望地方官能够办些实事，就好比烧香磕头祈祷菩萨能够显灵。

辛亥年间的一篇报刊时论说过社会流行语中反映出来的奴性，说官场流行“大人栽培”，民间流行“小的岂敢”。[122]其实这里所表现出来的所谓奴性只是事情的表面罢了，它暗示着一种深层的制度缺陷：升官发财若全须“大人栽培”，能够在官场上混得下去的也就只有那些奴颜婢膝的“小的们”了，至于老百姓，除了跑到庙里去烧香磕头，还能把生活的希望寄托在哪里呢？

在这样一个背景下，理学家们的“正心诚意”就凸现出了一种宝石般的品质，但是，一件令人尴尬的事情是：那位“自得于‘正心诚意’之妙”的程颐在绍兴八年的追赠却是秦桧在背后出力的——绍兴初年正是宋朝理学大兴的年景，按照《两朝纲目备要》的记载，“一时善类多聚于朝”，构成了一个难得的好人政府，不由得让人联想起上古传说时代的“八元八恺”。那么，这个好人政府班子是由谁牵头的呢？总得是包青天那样的人物才对吧？——恰恰相反，这人竟是秦桧。

那么，我们不禁要问：如果两千年的历史，也包括国外的情形在内，都证明了儒家的标准答案“皇帝先要做到‘正心诚意’，只要上梁正了，下梁就不会歪”是个错误答案的话，这时候再来重温一下路温舒的那句“乌鸢之卵不毁，而后凤凰集；诽谤之罪不诛，而后良言进”，是不是能有些新的启发呢？

路大人的意思如果用现代语言来表述的话，大概是这样的：人不仅不应该因为内心转动着什么想法而受到实际的处罚，也不应该因为把这些想法表达出来而受到实际的处罚。

别以为这个说法很西化、很现代化，其实不是的，只是貌似而已，因为路温舒考虑这个问题的出发点并不是“腹诽”和“诽谤”的正义性，他并没有论述“腹诽”和“诽谤”是一个人“作为一个人”的正当权利，他只是认为这样做可以导致“凤凰集”和“良言进”的美好结果，对政治统治是十分有利的。

我们再来看一下比路温舒晚生两千年的葛德文的观点。也许是社会进步了不少，所以葛先生觉得：人因为表达想法而受到实际的处罚，这在现实操作上是根本不可能的——“你将用什么理由来劝说国内的一切人都以告密为职业呢？我把肺腑之言都告诉了我的亲密朋友，你能用什么理由来劝说他在离开我之后立刻跑到法官那里，使我为此而被投入到宗教法庭的监狱呢？”[123]

嗯，葛德文如果不是太单纯，就是对历史缺乏了解，或者，是没有对未来的预见能力，他为什么认为这“不可能”呢，他继续论证说：“在企图这样做的国家里，会发生一种经常的斗争，政府尽力刺探我们最秘密的交往，而人民则被激起来对抗、闪躲，并咒骂他们的监视者。”——葛德文大概以为，这种情况是根本不可能发生的，所以“人因为表达想法而受到实际的处罚，这在现实操作上是根本不可能的”。

但即便如葛德文这般的温和见解，实际上也指出了为什么在某些社会里道德说教往往会徒劳无功的原因：“我们不妨对比一下，一个国家的人民对于他们认为正确的事情敢想、敢说、敢做，并且不受任何阻止他们走向正确道路的虚伪动机的束缚，另一个国家的人民对于人类所探讨的重要的问题则不敢说、不敢想。有什么情况能比这种怯懦更加卑鄙呢？思想遭到这样破坏的人能够有什么崇高的理想么？这种最卑鄙的奴隶状态能够成为人类真正完美的境界吗？”[124]——是呀，在葛德文所谓的这个“另一个国家”里，是否仅仅靠着学习儒家思想、普及“四书五经”就可以提升普遍道德水准吗？如果“四书五经”真有这般妙用，历史上哪个国家的道德水准会是世界第一的呢？这是个太简单的问题了吧？

回到两千年前，路温舒对这个“不敢说、不敢想”如此煞费苦心，那么，他的建议会被皇帝采纳吗？——是呀，这就像推销员说得再怎么动听，顾客就是铁了心不买，那也没辙呀。

这话不错，路温舒提出来的确实是一个根本性的问题，而他那个乌鸦蛋和凤凰蛋的比喻确实很有说服力，但作为统治者，扪心自问，谁爱听“诽谤”呀？谁不愿意权力无限，可以为所欲为呀？谁不希望可以借着“腹诽”的罪名想杀谁就可以随便杀谁呀？——你路大人说：“我听说，如果不去毁掉乌鸦蛋和老鹰蛋，那么凤凰就会飞来了；如果犯了诽谤罪的人不会被杀，那就会有人向国君出好点子了。”嘿嘿，好，好一个“我听说”呀，你路大人是这么听说的，我还听说过“杀光乌鸦和老鹰才能招来金凤凰”呢，凭什么你听说的就对，我听说的就错呀？

看，路温舒这个乌鸦蛋和凤凰蛋的比喻虽然是全文当中最最精华的一句，但这句话毕竟是他“听说”的，也就是说，是禁不起较真的，如果我们把路大人这篇奏疏比作一支向敌人发起总攻的军队，那么，这个乌鸦蛋和凤凰蛋的比喻再怎么精彩，也只能当一队特种兵，而绝对不能担起主攻任务。

谁来担当主攻任务呢？——必须是官方主流意识形态，是儒家思想，是“春秋大义”。所以，路温舒是搬出了《公羊传》思想、《左传》思想，《尚书》思想、“五德始终”思想来作主攻，又以一些“我听说”和“俗话说”来作辅助，用心不可不谓缜密。这其中，一句“《尚书》思想”和一句“俗话说”分别代表了儒家政治理想的两个经典追求。

《尚书》中的那句话是：“与其杀不辜，宁失不经。”大意是：审判犯罪嫌疑人要宁纵毋枉，要本着“无罪推定”的原则，宁可错放，不可错杀。

“俗话说”说的则是：“画地为狱，议不入；刻木为吏，期不对。”——大家都知道“画地为牢”这个成语，但这个成语的本意很多人却都搞不清了。这里说的是：即便是在地上画个圆圈当监狱，人们也不愿意踏进去；即便是拿木头雕刻一个法官，人们也不愿意站在他前边。路温舒说这是“俗话说”，但这个“俗话”据说来源很古老，也很神圣：被儒家非常推崇的尧圣人在位的时候，天下大治，民风淳朴，对犯罪的人不打不骂、不上刑、不关监狱，只是给他们穿上不同式样的衣服来表示他们所犯的罪行，或者是把受刑人的样子画出来挂在显眼的地方——这种刑罚叫做“象刑”。

象刑是个无据可考的东西，历来也流传着种种不同的说法，但无论如何，象刑都是一种“象征性”的处罚，并不伤害犯人的身体，想来大概就像霍桑小说里的“红字”，或者如人类学家爱德华·泰勒所描述的那样：“在从前还没有法学家和法典的那个时代，那些庄严的法令和权利借助如画一般的仪式，使它对所有的人都变得鲜明，这些仪式能够在没有知识的人的心中留下深刻的印象”。[125]——这也许就是“画地为狱”和“刻木为吏”的原始形象吧？

“画地为狱，议不入；刻木为吏，期不对。”路温舒认为这句俗话表达的是人民群众对司法黑暗的痛恨，虽然上古刑罚的真相恐怕并非如此，不过无论如何，儒家在大原则上是非常反对严刑酷法的。

路温舒还不点名地引用了《左传》：“山薮藏疾，川泽纳污，瑾瑜匿恶，国君含诟。”大意是：高山大泽里藏着毒蛇猛兽，大江大河里也常有些脏东西，就连美玉都有瑕疵，所以，国君挨点儿骂不算什么。——这话眼熟吗？《孟子他说》第三册里，一开始的那个段志冲向唐太宗说真话的事件，英明领袖唐太宗在诏书里就是以类似的发言来对待逆耳之音的。历史上种种这类的例子告诉我们：统治者对自己的政治能力越有信心，对逆耳的声音也就越是宽容，反之则否。如果从这个历史的经验来判断的话，决定着路温舒这份奏疏会造成什么样后果的主要因素并不在于路温舒是否言辞恳切、论述周密，而在于当时整体的政治环境，在于统治者的执政信心。——别看路温舒的文章精明到如此地步，如果他忽略了这最后一点，前边那些努力可能就都白费了。

好在我们有理由相信，以路大人的精明是不会犯下这种低级错误的。所以，事情的结果是喜人的：这份奏疏深受嘉许，路大人因此升官。——这大概要算得上是帕累托改进了：统治者高兴，路大人升官，人民群众的生活得到改善，却没有人因此受到损害。

有人可能会质问说：“不会吧，难道司法集团的利益没有被损害吗？”

答案是：他们的利益只是被泛泛地触及，并没有受到实质的损害。

有人一定会继续质疑："路温舒的奏疏不是受到领导的表彰了吗？"

答案是：第一，受到表彰是一回事，付诸实施是另一回事，这两者之间并没有必然的联系；第二，一般来说，只有具体的改革方案才会真正触及某些利益集团的既得利益，从而引起他们的强烈反扑，但泛泛的改革方案却往往起不到这种作用——比如说，路温舒如果论证说要在司法机构搞个大裁员，或者要严格取消司法机构里所有干部的公家配车，你看看会引发什么后果。

——这也正是我们要心怀叵测地向路大人学习的地方啊。^_^

有个问题必须要提：路大人的行文当真如此煞费苦心吗？是不是我在以小人之心度君子之腹呢？——并非没有这个可能，不过，即便我真的多想了也是情有可原的——对于文字上的一些意义含混却威力巨大的词语，就连费正清这样的高人都坦诚大惑不解——他曾经这样感叹说："中国的政治论争通常是间接的和隐晦的"，[126]也许正是因此，两千年来人们已经养成了猜谜语的习惯，即便是最直接了当的话也很容易被当成谜语来猜。

另外，提意见确实需要小心翼翼，这除了众所周知的原因之外，还存在着同样由费正清所描述的这样一个问题："在中国，人们总是把不合时宜的政策与道德败坏等同起来。对中国政治的这一特征，从未有满意的解释。它似乎源于理论联系实际的原则：行为表现性格，言必表现于行。这种传统思想一经成立，人们就不能像西方人那样，把政策和道德区分开来，相反，政策是官员行为的组成部分。一旦其政策为人厌恶，其道德品质也就受人怀疑了。”[127]——费正清这里虽然是说“对中国政治的这一特征，从未有满意的解释”，但“满意的解释”未必就当真没有，要知道，道德在中国历史上常常都是被政治化的。

好了，话说回来，难道路温舒仅仅是在说些空话吗？难道就从来没有过哪位皇帝开明到可以接受路温舒的意见吗？——倒也不是，早在路温舒之前，汉文帝就曾经下诏废除过汉朝自秦朝沿袭下来的妖言令：

五月，诏曰：“古之治天下，朝有进善之旌，诽谤之木，所以通治道而来谏者也，今法有诽谤、妖言之罪，是使众臣不敢尽情，而上无由闻过失也。将何以来远方之贤良？其除之。民或祝诅上，以相约而后相谩，吏以为大逆，其有他言，吏又以为诽谤。此细民之愚无知抵死，朕甚不取。自今以来，有犯此者勿听治。”（《汉书·文帝纪》）

这份诏书的内容其实和路温舒的进谏是一个路数，提到古人的“进善之旌，诽谤之木”，对比如今的以言论治人之罪，然后说到如果大家谁都不敢说话了，皇帝又该从何知道自己的过错呢？从此以后，就算有小民诅咒皇上，也不算他们有罪。

看来两千年前的汉文帝就深知言论自由的好处，可他的诏书虽然可以这么说，谁要当真谁就悬了。所以说，事情常常是这样的：“求实”是学者的责任，是政客的烦恼，是大众的逆鳞。

再者，中国文化很讲“悟性”，很多东西不能靠正常的逻辑去理解，而是要“悟”，对领导的话尤其要“悟”。禅宗之所以能在士大夫阶层当中广为流行，恐怕其中正有这个原因。——僧问：“如何是古佛心？”师曰：“三个婆子排班拜。”（见《五灯会元》，书中的这类对话俯拾皆是。）禅宗和尚的“打机锋”和官员们的“揣摩上意”大有异曲同工之妙。——我们所熟知的禅宗其实很难说和印度佛教有什么真正的渊源，它或许正是“中国土壤”里栽培出来的一朵奇葩。

当然，作为官员，还得具备其他本领。比如，孔子当年有言：“天下有道，则庶人不议”（《论语·季氏》），从权谋角度来看，这话应该反着理解：如果庶人们对统治者议论纷纷，这不就说明“天下无道”么，可皇上圣明，天下明明“有道”，所以自然应该没有那些乱七八糟的议论[128]。好了，现在再来问你一个问题：如果你是路温舒的政敌，你能从他的这篇《尚德缓刑书》里找到他的什么马脚吗？

嗯，不错，前面已经试过一回了，但没抓到要害。那么，再想一想，只要肯动脑筋，就一定会有办法的，就连刀枪不入的阿喀琉斯都有脚后跟的破绽，路温舒也一定有的！

有人可能会问：“路温舒的主攻兵团是儒家思想，是‘春秋大义’，是官方主流意识形态立场，怎么抓他的破绽呀？难道要和官方思想作对不成？”

——当然不是，找死的事咱们是不能做的，咱们的主攻兵团也是儒家思想，也是“春秋大义”，也是官方主流意识形态。这就得从路温舒的老前辈董仲舒说起了，董老可是汉代儒学一统天下的首功之人啊。

（十）

绞尽脑汁，抓住路温舒的破绽

吾爱董仲舒，穷经守幽独。
所居虽有园，三年不游目。
邪说远去耳，圣言饱充腹。
发策登汉庭，百家始消伏。

这是司马光盛赞董仲舒的一首诗，我们得注意一下第五句“邪说远去耳”。

儒家一直都在反对歪理邪说，孟子在论述孔圣人写作《春秋》的意图的时候，说：“世衰道微，邪说暴行有作，臣弑其君者有之，子弑其父者有之。孔子惧，作春秋。”也就是说，孔子是看见社会上歪理邪说太多了，倒行逆施太多了，开始担心害怕了，这才写作《春秋》的。[129]孟子在这个问题上尤其执着，自许要“正人心，息邪说”，为此大战诸子百家，付出了毕生的努力。

但孟子生活的年代正值百花齐放、百家争鸣，所以，他老人家虽然恨不得把杨派、墨派什么的全给灭了，但也只是在一个公平的擂台上用自己的“圣人之学”来打击人家的“歪理邪说”。但既然有个开放的擂台，所以墨家他们也同样是用自家的“圣人之学”来打击孟子的“歪理邪说”，无论孟子再怎么运气，再怎么恼火，也得在言论自由的规矩下“学术问题学术解决”。

时代在发展，到了董仲舒的时候，终于完成了孟子的遗志，成功地罢黜了百家，独尊了儒术，把“歪理邪说”一扫光。但董仲舒赢得并不光彩，因为他是“学术问题政治解决”。

——当然了，这话只是两千年后的我这么来说，当时的董仲舒肯定不会觉得自己赢得有什么不光彩的，甚至，即便是孔孟复生，也得向后学董仲舒一挑大指。因为古人的普遍认识是：第一，真理只有一个；第二，真理在我手中；第三，和我的真理相抵触的说法都是歪理邪说；第四，既然是歪理邪说，就得严厉打击，以免危害社会。

呵呵，现在能想到了吧，以上这些就是打击路温舒的法宝。路温舒不是建议诽谤无罪吗，我们大可以质问他：“难道歪理邪说不是诽谤吗？难道我们可以容忍歪理邪说在社会上横行无阻吗？”然后，我们可以引用孟子的话，再引用董仲舒的话来扯自己的大旗，惟一遗憾的是，《孟子》一书在当时还只算是“诸子书”之一，并没有升格为“经”，比《公羊传》什么的低了一头。

看来路温舒很走运哦，当时并没有人这么来反对他，这也许是和他的帕累托改进有关吧。但我们不妨想想，如果真的有人这样来和路大人作对，路大人会怎么自卫反击呢？

嗯，这还真不好说，这个问题直到最近的二百年来才被研究得比较透彻，所以，两千年前的路温舒就未必能够说得妥善了。

有人可能还没有释疑：“《孟子》在当时不受重视，那‘大旗’里不就只剩下董仲舒了吗，董仲舒的话又不是《春秋》的话，作用能有那么大么？”

——真有那么大。咱们一般都说儒家思想是“孔孟之道”，其实，汉朝以来的儒家思想很大程度上已经不是孔孟之儒，而是董仲舒之儒。这其实很好理解，孔子和孟子一个生活在春秋时代，一个生活在战国时代，那都是封建社会瓦解的时候，所以孔孟的思想是根源于封建制度、根源于宗法社会的，这两位老前辈既不忠君，又不爱国，拿老天爷也不太当回事，更要命的是，尤其是孟子，居然还宣传“革命无罪，造反有理”的思想，嘿，别看后人那么推崇他们，他们如果当真生活在汉唐宋元明清，八成早被皇上给杀了。而董仲舒则不同，他是在专制社会里成长起来的第一位儒家大宗师，把儒家思想修正得非常迎合专制体制的特点，不然怎么能被皇上“独尊”起来呢？

很多大家熟悉的所谓儒家思想其实都是董仲舒的儒家修正主义思想，比如那个臭名昭著的“君为臣纲，父为子纲，夫为妻纲”，文天祥《正气歌》里的“三纲实系命”，就是这个董派思想；还有被毛主席痛批的君权、神权、族权、夫权这套在人民脖子上的四条锁链，也是董派思想。董仲舒吃亏也就吃亏在太“现代”了，他如果是位“古人”，全国各地可能就不建孔庙而建董庙了。这倒真是个令人感叹的话题：曲阜孔庙历经两千多年长存不衰，可董仲舒的老家现在却连一个姓董的人都找不着了。

尽管世态如此炎凉，但两千年专制社会的儒家修正主义思想的源头就在董仲舒对汉武帝的那个“天人三策”，嗯，现在咱们是时候来聊聊这个东西了。

注释

① 有趣的是，朱熹以一代儒宗之尊，却没有写下什么关于《春秋》的著作。清代汪绂《春秋集传》自序里说：“《春秋》为朱子所难言，予小子何堪僭妄。”这样讲来，《春秋》就连朱熹都觉得很难，汪绂自知比不了朱熹，所以虽然写了《春秋集传》，却赶紧得谦虚一下“予小子何堪僭妄”，我呢，水平又远低于汪绂，可谦虚的话却都被汪绂说到家了，难啊！^_^

② 钱穆：《孔子与春秋》，收录于《两汉经学今古文平议》（商务印书馆2001年第1版，第264-265页）。

③ 这里取一般之论。对这个问题的颠覆常识的论述可参考朱维铮：《经学史：儒术独尊的转折过程》（载于《上海图书馆建馆三十周年纪年论文集》，1982年）

④ 见于《艺文类聚》引纬书《孝经钩命决》：“孔子曰：‘吾志在《春秋》，行在《孝经》，以《春秋》属商，以《孝经》属参。’”这话的真实性大可怀疑。后两句当中，“商”指子夏，“参”指曾参，说这两人分别是《春秋》和《孝经》的嫡系传人。——我们虽然不必当真，古人却有不少当真的，比如汉代公羊学大师何休就说：“昔者孔子有云：‘吾志在《春秋》，行在《孝经》。此二学者，圣人之极致，治世之要务也。’”（何休注《公羊传》序）

⑤ ［清］朱彝尊：《经义考》卷一百七十搜集这两传的相关记载。关于《邹氏传》：“《汉书》：‘王吉兼通五经，能为《邹氏春秋》。’班固曰：‘邹氏无师。’阮孝绪曰：‘建武中，邹、夹氏皆绝。’《隋书·经籍志》：‘汉初，公羊、穀梁、邹氏、夹氏四家并行，王莽之乱，邹氏无师夹氏亡。’杨士勋曰：‘五家之传，邹氏、夹氏口说无文，师既不传，道亦寻废。’”——从这些话，尤其是最后杨士勋的话来看，邹氏和夹氏原本都和公羊、穀梁一样，只是师生之间的口头传授，后来公、穀两传“著于竹帛”，形成文字了，这就便于流传，而邹、夹两家始终没能形成文字，结果一遇到社会的风吹草动，失传也是很正常的。

关于《夹氏传》：“班固曰：‘夹氏未有书。’按：《夹氏传》《汉志》注云有录无书，而《宋史·艺文志》载有《春秋夹氏》三十卷，不知为何人拟作，其书今亦无存。”

⑥ ［清］陈其元《庸闲斋笔记》“春秋五传”条：韩昌黎诗云：“《春秋》五传束高阁，独抱遗经究终始。”今本刻作“三传”，非也。《前汉艺文志序》云：“《春秋》分为五。注云：左氏、公羊氏、穀梁氏、邹氏、夹氏。”不知汉后此二氏何时亡佚，倘至今尚存，则古事可与三传互证，岂不快哉！

⑦ 有人还专门统计过。清嘉庆六年，张焘为牛运震写的《春秋传》（应该叫《春秋牛氏传》）作序，提到“夫前世传《春秋》者多矣，左、公、穀而外，宋有胡氏安国传，刘氏敞传，程氏颐传，刘氏绚传，陆氏佃后传，叶氏梦得传，郑氏樵传，陈氏傅良后传，凡十有一家。先生后出，岂欲以掩十一家之长哉？”——张焘一一数过，在牛运震之前的《春秋传》除去“三传”之外共有十一家，加上牛传就十二家了。后来再加上《春秋熊氏传》，就十三家了。^_^

⑧ 比如明代姜宝为徐浦的《春秋四传私考》作序，说：“胡氏传最晚出，而最为学者所宗。”徐浦这部书把“《春秋》四传”并列就更说明问题了。再比如明代贺粲然为黄正宪《春秋翼附》作序，提到：“国朝说《春秋》者无虑千百家，而“四传”为最著。”及“国朝绌‘三传’独尊康侯。”——当初“最著”的东西如今却没多少人知道了，一本书的成名需要多少的因缘巧合啊。

清代陆奎勲《春秋义存录》自序说自己“少阅胡氏春秋，喜其文笔之清刚而寓……”（熊逸按：别怪我只引半句话，实在是我这本《春秋义存录》在“喜其文笔之清刚而寓”这里盖着两个大印，后边的字被印章压住了。^_^）

⑨ ［明］黄正宪《春秋翼附》贺粲然序：“胡氏传立于学宫，士人类墨守其说，顾安国去古益远，臆断于千百年之后，若射覆然，能一一悬中乎哉？”

［清］顾炎武《日知录》：“取《胡氏传》一句两句为旨，而以《经》事之相类者合以为题，《传》为主、《经》为客，有以彼经证此经之题，有用彼经而隐此经之题：于是此一《经》者为射覆之书，而《春秋》亡矣。”

⑩ ［清］朱彝尊《经义考》卷一百八十五：“胡传专以复仇为义，割经义以从己说，此宋之《春秋》，非鲁之《春秋》也。”

⑪ ［明］徐浦《春秋四传私考》姜宝序：“盖尝譬之《春秋》犹天然，其照临、沾濡、焦杀、摧击之用尽备左氏，公、穀则为之日月、为之雨露、为之霜雪、雷霆，胡氏则又总其用以成岁功者也。”

⑫ ［清］毛奇龄《春秋条贯》卷一：“康熙二十四年奉命考进士，阅春秋房卷主考主考者授题法一本，曰如是则中，不如是则不中。按旧法，《春秋》四题：一单题，二双题，一脱经题。单题者，单传也；双题者，合两经为一题，而两传之语适相对也；脱经题者，题在此经，而是题之义则在他经之传中，即他经与此经俱无关也。国初儒臣谓脱经题不可训，其遵胡氏传则得矣，将置孔氏经文于何所？请去脱经题，但取两单两双而为四，而于是三百年来专取胡传阅卷之陋习为之稍轻。”——这里提到了科举考试中的《春秋》题目的格式，有单题、双题、脱经题之分，而毛奇龄与某考官的辩论一节更为可看。

毛奇龄还曾写过一部《春秋毛氏传》，清人著作中提到《毛氏传》的就是指这部书。不过这书非但没能和“三传”并列，连《胡氏传》的地位也没有过。

⑬ 其间经过大略，可见《四库全书总目提要》卷二十七·经部二十七·胡安国《春秋传》条目：“……顾其书作于南渡之后，故感激时事，往往借《春秋》以寓意，不必一一悉合于经旨。《朱子语录》曰：‘胡氏《春秋传》有牵强处，然议论有开合精神，亦千古之定评也。’明初定科举之制，大略承元旧式，宗法程、朱，而程子《春秋传》仅成二卷，阙略太甚，朱子亦无成书，以安国之学出程氏，张洽之学出朱氏，故《春秋》定用二家。盖重其渊源，不必定以其书也。后洽《传》渐不行用，遂独用安国书，渐乃弃经不读，惟以安国之《传》为主。当时所谓经义者，实安国之《传》义而已。故有明一代，《春秋》之学为最弊。冯梦龙《春秋大全·凡例》有曰：‘诸儒议论，尽有胜胡氏者，然业已尊胡，自难并收以乱耳目。’则风尚可知矣。爰逮本朝，敦崇经术，钦定《春秋传说汇纂》于安国旧说始多所驳正，弃瑕取瑜……”

⑭ 《汉书·儒林传》：“武帝时，江公与董仲舒并。仲舒通《五经》，能持论，善属文。江公呐于口，上使与仲舒议，不如仲舒。而丞相公孙弘本为《公羊》学，比辑其议，卒用董生。于是上因尊《公羊》家，诏太子受《公羊春秋》，由是《公羊》大兴。”

公羊学之胜，另参清嘉庆三年阮元为孔广森《公羊春秋经传通义》所撰序言：“昔孔子成《春秋》，授于子夏，所谓‘以《春秋》属商’是也。子夏口说以授公羊高，高五传至汉景帝时乃与齐人胡毋生始著于竹帛。其后有颜彭祖、颜安乐两家之学，宣帝为之立博士，故公羊之学两汉最胜。虽刘歆、郑众、贾逵谓公羊可夺、左氏可兴，而终不能废也。……六朝时何休之学盛行于河北，厥后左氏大行，公羊几成绝学矣。”

⑮ 《汉书·儒林传》

⑯ 《汉书·武五子传》：初，太子有三男一女，女者平舆侯嗣子尚焉。及太子败，皆同时遇害。卫后、史良悌𦵏长安城南。史皇孙、皇孙妃王夫人及皇女孙𦵏广明。皇孙二人随太子者，与太子并𦵏湖。

⑰ 牟润孙：《注史斋丛稿》（中华书局1987年第1版，第140页）

⑱ 傅斯年：《中国古代文学史讲义·儒林》（收录于《傅斯年全集》第2卷，湖南教育出版社2003年第1版，引文见第114页。）

⑲ 傅斯年：《中国学术思想界之基本谬误》（收录于《傅斯年全集》第1卷，湖南教

育出版社2003年第1版，引文见第24页。）“施于有政”出自《论语·为政》：或谓孔子曰：“子奚不为政？”子曰：“书云：‘孝乎惟孝、友于兄弟’，施于有政，是亦为政，奚其为为政？”

⑳ 《论语·阳货》：子曰：“予欲无言。”子贡曰：“子如不言，则小子何述焉？”子曰：“天何言哉？四时行焉，百物生焉，天何言哉？”另有版本作“夫何言哉”。

㉑ 苏轼的这些意见见于他的《荀卿论》，他这篇文章的主要目的是批评荀子的：尝读《孔子世家》，观其言语文章，循循莫不有规矩，不敢放言高论，言必称先王，然后知圣人忧天下之深也。茫乎不知其畔岸，而非远也；浩乎不知其津涯，而非深也。其所言者，匹夫匹妇之所共知；而所行者，圣人有所不能尽也。呜呼！是亦足矣。使后世有能尽吾说者，虽为圣人无难，而不能者，不失为寡过而已矣。

子路之勇，子贡之辩，冉有之智，此三者，皆天下之所谓难能而可贵者也。然三子者，每不为夫子之所悦。颜渊默然不见其所能，若无以异于众人者，而夫子亟称之。且夫学圣人者，岂必其言之云尔哉？亦观其意之所向而已。夫子以为后世必有不足行其说者矣，必有窃其说而为不义者矣。是故其言平易正直，而不敢为非常可喜之论，要在于不可易也。……

㉒ 《宋史·司马光传》：……遂上疏论修心之要三：曰仁，曰明，曰武；治国之要三：曰官人，曰信赏，曰必罚。其说甚备。且曰：“臣获事三朝，皆以此六言献，平生力学所得，尽在是矣。”

《续资治通鉴》卷第五十九：壬寅，同知谏院司马光以三札子上殿。其一论君德曰：“臣窃惟人君大德有三：曰仁，曰明，曰武……

司马光《传家集》“陈三德上殿札子”：……窃惟人君之大德有三：曰仁，曰明，曰武。仁者，非妪煦姑息之谓也，兴教化，修政治，养百姓，利万物，此人君之仁也；明者，非烦苛伺察之谓也，知道义，识安危，别贤愚，辨是非，此人君之明也；武者，非强亢暴戾之谓也，惟道所在，断之不疑，奸不能惑，佞不能移，此人君之武也。故仁而不明犹有良田而不能耕也，明而不武犹视苗之秽而不能耘也，武而不仁犹知获而不知种也。三者兼备，则国治强，阙一焉则衰，阙二焉则危，三者无一焉则亡。自生民以来未之或改也。

——这样的大道理史不绝书，都是“一言可以兴邦”的，放之四海而皆准。我们来看一个有趣的对照：《禅林宝训》里，远公说作住持的道理：远公曰：“住持有三要，曰仁，曰明，曰勇。仁者，行道德兴教化，安上下悦往来。明者，遵礼义识安危，察贤愚辩是非。勇者，事果决断不疑，奸必除佞必去。仁而不明如有田而不耕。明而不勇如有苗而不耘。勇而不仁犹如刈而不知种。三者备，则丛林兴。缺一则衰，缺二则危，三者无一，则住持之道废矣。”——几乎就是照搬司马光那套话，看来这“仁，明，勇”的道理既适合皇帝，也适合寺院住持？

㉓ 这书早已失传了，辑本见［清］王谟《汉魏遗书》当中的《春秋决事》。《春秋决事》也就是《春秋决狱》，就书名问题王谟在序言里加按语说："此书《汉志》作《公羊治狱》，《七录》作《春秋断狱》，新旧《唐书》作《春秋决狱》，《崇文总目》作《春秋决事比》，今从《隋志》。"——《隋书·经籍志》录有"董仲舒撰《春秋决事》十卷"。

㉔ 这篇序言还讲了"三传"在情理与法意上的关联："《春秋》，吾夫子刑书也。然刑由情生，情以法检，故左氏准经以附情，公、穀破情以比法。顾准之过则病溢，破之过则病谬……"

当然，"刑书"一词未必都是狭义的，如邵康节所谓："《春秋》，孔子之刑书也，功过不相掩。五伯者，功之首、罪之魁也。先定五伯之功罪而学《春秋》则大意立矣。《春秋》之间有功者未有大于四国者也，有罪者亦未有大于四国者也。不先治四国之功过，则事无统理不得圣人之心矣。"（转引自［清］汪绂《春秋集传·春秋纲领》，汪绂于邵子文下加按语："此数语至精要。"）

㉕ ［清］王谟辑《汉魏遗书》辑董仲舒《春秋决事》

㉖ 《论语·子路》：叶公语孔子曰："吾党有直躬者，其父攘羊，而子证之。"孔子曰："吾党之直者异于是。父为子隐，子为父隐，直在其中矣。"

㉗ 《孟子·尽心上》：桃应问曰："舜为天子，皋陶为士，瞽瞍杀人，则如之何？"孟子曰："执之而已矣。""然则舜不禁与？"曰："夫舜恶得而禁之？夫有所受之也。""然则舜如之何？"曰："舜视弃天下，犹弃敝蹝也。窃负而逃，遵海滨而处，终身欣然，乐而忘天下。"

㉘ ［汉］董仲舒《春秋繁露·精华》：难者曰："春秋之法，大夫无遂事。又曰：出境有可以安社稷、利国家者，则专之可也。又曰：大夫以君命出，进退在大夫也。又曰：闻丧徐行而不反也。夫既曰无遂事矣，又曰专之可也，既曰进退在大夫矣，又曰徐行而不反也，若相悖然，是何谓也？"……

㉙ 比如《镜花缘》这类小说，到处都是经史掌故。

㉚ 《左传·成公二年》：逢丑父与公易位。将及华泉，骖絓于木而止。丑父寝于轏中，蛇出于其下，以肱击之，伤而匿之，故不能推车而及。韩厥执絷马前，再拜稽首，奉觞加璧以进，曰："寡君使群臣为鲁、卫请，曰：'无令舆师陷入君地。'下臣不幸，属当戎行，无所逃隐。且惧奔辟而忝两君，臣辱戎士，敢告不敏，摄官承乏。"丑父使公下，如华泉取饮。郑周父御佐车，宛茷为右，载齐侯以免。韩厥献丑

父，郤献子将戮之。呼曰："自今无有代其君任患者，有一于此，将为戮乎！"郤子曰："人不难以死免其君。我戮之不祥，赦之以劝事君者。"乃免之。

㉛《公羊传·成公二年》：逄丑父者，顷公之车右也，面目与顷公相似，衣服与顷公相似，代顷公当左。使顷公取饮，顷公操饮而至，曰："革取清者。"顷公用是佚而不反。逄丑父曰："吾赖社稷之神灵，吾君已免矣。"郤克曰："欺三军者其法奈何？"曰："法斮。"于是斮逄丑父。

㉜《太平御览》第四百一十七卷·人事部五十八《忠勇》

㉝《册府元龟》第七百二十卷《谋画》：（马）衍因说丹曰："衍闻顺而成者道之所大也，逆而功者权之所贵也，是故期于有功不问所由，论于大体不守小节。昔逄丑父伏轼而使其君取饮称于诸侯；郑祭仲立突而出忽终得复位，见美《春秋》。盖以死易生、以存易亡，君子之通也，诡于众意寧国存身贤智之虑也……"

㉞《氏族大全》"代君任患"：逄丑父，齐大夫。齐侯战败，丑父与易位。晋韩厥获之，郤子将戮之。呼曰："自今无有代其君任患者。"乃免。

㉟［汉］何休/解诂，［唐］徐彦/疏《春秋公羊传注疏》何休序："至有倍经、任意、反传违戾者"。解云：言由疑惑之故，虽解经之理而反背于经。即成二年，逄丑父代齐侯当左，以免其主。《春秋》不非而说者非之，是背经也。

㊱［汉］董仲舒《春秋繁露·竹林》：……夫冒大辱以生，其情无乐，故贤人不为也，而众人疑焉，《春秋》以为人之不知义而疑也，故示之以义，曰：'国灭，君死之，正也。'正也者，正于天之为人性命也，天之为人性命，使行仁义而羞可耻，非若鸟兽然，苟为生，苟为利而已。是故《春秋》推天施而顺人理，以至尊为不可以加于至辱大羞，故获者绝之；以至辱为亦不可以加于至尊大位，故虽失位，弗君也；已反国，复在位矣，而《春秋》犹有不君之辞，况其溷然方获而虏邪！其于义也，非君定矣，若非君，则丑父何权矣！故欺三军，为大罪于晋，其免顷公，为辱宗庙于齐，是以虽难，而《春秋》不爱。……

㊲［宋］孙复《春秋尊王发微》卷五：陈辕涛涂，陈大夫。称人以执，不得其罪也。威公既与陈侯南服强楚，归而反执陈辕涛涂，其恶可知也。

㊳［宋］李明复《春秋集义》卷二十四引《朱熹语录》：或问王霸之别。曰：以力假仁者，不知仁之在己而假之也，以德行仁者，则其仁在我而惟所行矣。以执辕涛涂侵曹伐卫之事而视夫东征西怨、虞芮质成者，则人心之服与不服可见。

［宋］叶梦得《叶氏春秋传》卷八：辕涛涂，陈大夫之三命者也。涛涂畏齐师之道其境以病陈，使出于东方。齐侯以申侯之谮，执涛涂。不责其师之病人而责人之不忠，已非伯讨，也故以人执。

㊴ ［宋］吕祖谦《左氏传续说》卷四：陈辕涛涂谓郑申侯曰："师出于陈郑之间，国必甚病。"盖霸者之师凡经过处，诸侯必须供其资粮屝屦。

［宋］黄仲炎《春秋通说》卷五：陈辕涛涂有误军之罪，而齐执之，讨不忠也，何以书？

曰：涛涂为齐谋则诈，为其国谋则忠也。《左氏》载陈辕涛涂谓郑申侯曰："师出于陈郑之间，国必甚病，若出于东方，循海而归可也。"盖知齐师所过，必大为其国之扰，故涛涂不欲其出乎已之国也。齐不自反顾，乃执其臣而兵其国，仁者果如是乎？大抵兵事一动不惟有战斗死伤之忧，而师之所处，荆棘生焉，所过国邑，人民力困于诛求，胆寒于侵掠，诚有如涛涂之所谓甚病者。夫以齐桓用兵号为节制，而犹若此，况以悍将驱暴兵无法以驭之所过残灭者多矣。可不谨哉。

持同样意见的不乏其人，再如［清］方苞《仪礼析疑》卷八：春秋时，齐桓创霸，资粮屝屦皆所至之国供之，故陈辕涛涂以为国必甚病而诡辞以误之也。

㊵ ［宋］崔子方《春秋经解》卷五：卖师不忠者，涛涂之罪也。

㊶ ［明］高攀龙《春秋孔义》卷五：陈、蔡近楚，常有二心，涛涂欲误齐师东归，诚不忠矣。而执之，伐之，侵之不已，甚乎，皆《春秋》所罪也。

㊷ 《左传·僖公四年》：陈辕涛涂谓郑申侯曰："师出于陈、郑之间，国必甚病。若出于东方，观兵于东夷，循海而归，其可也。"申侯曰："善。"涛涂以告，齐侯许之。申侯见，曰："师老矣，若出于东方而遇敌，惧不可用也。若出于陈、郑之间，共其资粮悱屦，其可也。"齐侯说，与之虎牢。执辕涛涂。秋，伐陈，讨不忠也。

㊸ 《穀梁传·僖公四年》：齐人执陈袁涛涂。齐人者，齐侯也。其人之，何也？于是哆然外齐侯也，不正其逾国而执也。

㊹ 唐鑑：《国朝学案小识》卷2《张孝先先生》。（转引自白寿彝主编：《中国通史》第10卷下册，上海人民出版社，2004年第1版）

㊺ 早有人怀疑这书有问题，《四库全书总目提要》的结论是：《忠经》是宋代的伪书，但很可能这书原本是宋朝某人写的真书，后来不知被谁把作者篡改成马融，又加了个注者郑玄："旧本题汉马融撰，郑玄注，其文拟《孝经》为十八章，经与注如出

一手。考融所述作，具载《后汉书》本传，玄所训释，载于郑《志》，目录尤详。《孝经注》依托于玄，刘知几尚设十二验以辨之，其文具载《唐会要》，乌有所谓《忠经注》哉？《隋志》、《唐志》皆不著录，《崇文总目》始列其名，其为宋代伪书，殆无疑义。《玉海》引宋《两朝志》载有海鹏《忠经》，然则此书本有撰人，原非赝造，后人诈题马、郑，掩其本名，转使真本变伪耳。”

㊻ 《忠经·报国章第十七》：“为人臣者官于君，臣之官禄，君宝锡之。先后光庆，皆君之德，光格祖考，庆重子孙。不思报国，岂忠也哉！忠则必报，不报非忠。君子有无禄而益君，无有禄而已者也。君临天下，谁不为臣？食土之毛，皆衔君德。昏衢迷于日月，君子知怀帝恩，故偃息山林，有能藩国，况荷君禄位，而无闻焉？报国之道有四：一曰贡贤，进得其才，君可端拱。二曰献猷，纳当其善，君可依行。三曰立功，功吾其庸，君可无患。四曰兴利。殖致其厚，君可与足。贤者国之干，干可以立。猷者国之规，规可以执。功者国之将，将可以御。利者国之用。用可以给。是皆报国之道，惟其能而行之。各以其能而报于国，道斯广矣。《诗》云：‘无言不酬，无德不报’，况忠臣之于国乎？凡人之闻一言一德，犹必报，君臣之义重恩重焉，如何忘也。”

㊼ ［美］本尼迪克特：《菊与刀》（吕万和、熊达云、王智新/译，商务印书馆1990年第1版，第70页）：“恩，在用之于第一位和最大的恩情、亦即‘皇恩’时，是在无限忠诚的意义上使用的。这是天皇的恩情，每个人必须以无比感激的心情来恭受。他们认为，自己有幸生在这个国家，安居乐业，万事称心，就不能不想到天皇所赐的恩典。在整个日本历史上，一个人一生中的最大恩主就是他那个生活圈内的最高上级。这个人物随着时代而变化，曾经是各地的地头、封建领主或将军，现在则是天皇。最重要的，似乎还不在于谁是最高上级，而在于几百年来‘不忘恩情’这种习性在日本人习性中占有最高地位。近代日本用尽一切手段使这种手段集中于天皇一身。日本人对自己生活方式的一切偏爱都增加了对‘皇恩’的感情。战争时期，以天皇名义发给前线部队的每一支香烟都强调每个士兵所领受到的‘恩’。出征前士兵所领的每一口酒就更加是一种‘皇恩’。他们说，神风队员自杀式的攻击就是报答皇恩。为守卫太平洋上某些岛屿而全部‘玉碎’也被说成是在报答浩荡无际的皇恩。”

另参［英］伯特兰·罗素：《论国家》（收录于《罗素自选文集》，戴玉庆/译，商务印书馆2006年第1版）第60页：“历史上忠顺于国家的原因是从个人对于君主的忠诚感中产生的。欧洲的国家是在封建制度下成长起来的，某些领地最早归封建诸侯所有。但这种培育忠诚感的源泉已经枯竭了，大概除了日本之外，这种源泉现在已经微乎其微了，在俄国也所剩不多。”——但罗素的后半句话显然错了。

㊽ 梁启超：《新史学·中国之旧史》（《饮冰室合集》，中华书局1988年第1版，“饮冰室文集之九”，第2–3页）：试一审四库之书，其汗牛充栋、浩如烟海者，非

史学书居十六七乎？上自太史公、班孟坚，下至毕秋帆、赵瓯北，以史家名者不下数百，兹学之发达，二千年于兹矣。然而陈陈相因、一丘之貉，未闻有能为史界闯一新天地。而令兹学之功德普及于国民者，何也？吾推其病源，有四端焉。

一曰知有朝廷而不知有国家——吾党尝言：二十四史非史也，二十四姓之家谱而已。其言似稍过当，然按之作史者之精神，其实际固不诬也。吾国史家，以为天下者君主一人之天下，故其为史也，不过叙某朝以何得之、以何治之、以何失之而已。舍此则非所闻也。惜人谓《左传》为相斫书，岂惟《左传》，二十四史真可谓地球上空前绝后之一大相斫书也。虽以司马温公之贤，其作《通鉴》，亦不过以备君王之浏览。盖从来作史者，皆为朝廷上之君若臣而作，曾无有一书为国民而作者也。其大弊在不知朝廷与国家之分别，以为舍朝廷外无国家，于是乎有所谓正统、闰统之争论，有所谓鼎革前后之笔法，如欧阳之《新五代史》，朱子之《通鉴纲目》等，今日盗贼，明日圣神，甲也天命，乙也僭逆，正如群蛆啄矢，争其甘苦，狙公赋茅，辨其四三。自欺欺人，莫此为甚。吾中国国家思想，至今不能兴起者，数千年之史家，岂能辞其咎耶？

——梁启超这番话虽然很愤青，却也很精辟，“正统、闰统之争论”和“鼎革前后之笔法”云云，在后文进入《春秋》文本之后都会一一呈现。

㊾ 梁启超《爱国论》（《饮冰室合集》，“饮冰室文集之三”，第65页：泰西人之论中国者，辄曰：彼其人无爱国之性质，故其势涣散，其心怯懦，无论何国何种之人，皆可以掠其地而奴其民。临之以势力，则贴耳相从；啗之以小利，则争趋若鹜……）

另外，有人曾就此有过质疑，说：“既然这样，为什么老百姓会骂‘汉奸’而不是‘皇奸’呢？”——因为“汉奸”其实是个近代概念，古人是无此一说的。“汉奸”一词的出现最早大约是在清朝，但清朝人所谓的“汉奸”并不是我们现在理解的这个意思，而是指“汉人中的奸人”。比如《清史稿·土司》：九年，乘胜沿九股河下抵清水江。时九股苗为汉奸曾文登所煽，言改流升科，额将岁倍，且江深崖险，兵不能入。又如《清史稿·藩部》：十月，那彦成奏酌设卡隘，严捕汉奸。并谓：“野番冥顽成性，蒙古虐其属下，反投野番谋生，导引抢掠其主。内地歇家奸贩，潜住贸易，无事则教引野番渐扰边境，有兵则潜过报信。近年番势日张，弊实在此。”

《清史稿·循吏》，这里的“汉奸”有点儿现代汉奸的意思了：英吉利兵舰犯鸡笼口，（曹）瑾禁渔船勿出，绝其乡导，悬赏购敌酋，民争赴之。敌船触石，擒百二十四人。屡至，屡却之。明年，又犯淡水南口，设伏诱击，俘汉奸五、敌兵四十九人。事闻，被优赉。未几，和议成，英人有责言。总督怡良知瑾刚直，谓曰：“事将若何？”瑾曰：“但论国家事若何，某官无足重，罪所应任者，甘心当之。但百姓出死力杀贼，不宜有负。”怡良叹曰：“真丈夫也！”卒以是夺级。后以捕盗功晋秩，以海疆知府用。瑾遂乞病归，数年始卒。

㊿ 可参看［美］贝格尔：《神圣的帷幕——宗教社会学理论之要素》（高师宁/译，上海人民出版社，1991年第1版，第13–14页）：社会学的重要成果之一，就是把普通人以为是构成社会的那种种假设实体，反复地归结为人类活动，这些实体是人类活动的产物，离开人类活动，它们实际上就无立足之地。构成社会及其一切形式的“材料”，是在人类活动中外在化了的人类意义。社会学分析又一次把那些巨大的社会实在（如“家庭”、“经济”、“国家”等等）归结为人类活动，人类活动是“家庭”、“经济”、“国家”等等的惟一的起基础作用的实质。所以，如果社会学家（除非为了说明问题）把这些社会现象看成仿佛是独立于最初创造它们，而后又继续不断地创造它们的人类活动的实体来处理，那是毫无益处的。

㊿① ［清］“十三经注疏”《春秋公羊传注疏》卷九考证：臣召南按：庆父罪恶至重，于其出奔犹书公子，则知《春秋》褒贬在所书之事有是有非，不在爵号名字及日月之详略也。

㊿② 《穀梁传·隐公元年》：夏，五月，郑伯克段于鄢。克者何？能也。何能也？能杀也。何以不言杀？见段之有徒众也。段，郑伯弟也。何以知其为弟也？杀世子母弟目君，以其目君，知其为弟也。段，弟也而弗谓弟，公子也而弗谓公子，贬之也。段失子弟之道矣，贱段而甚郑伯也。何甚乎郑伯？甚郑伯之处心积虑成于杀也。于鄢，远也。犹曰取之其母之怀中而杀之云尔，甚之也。然则为郑伯者宜奈何？缓追逸贼，亲亲之道也。

㊿③ ［宋］沈棐《春秋比事》卷九：或者罪其克段于鄢，谓当缓追逸贼，始得亲亲之道，是大不然。徇大义者，不顾其亲，故周公诛管蔡以卫王室，叔向尸叔鱼以正邦刑，圣人均有取焉。

㊿④ ［宋］高闶《春秋集注》卷十三：或谓《春秋》不责季子不能全闵公，而嘉其能立僖公。呜呼，是不忠于前君而自结于后君也，岂贤者之所为乎？又谓缓追逸贼，亲亲之道，是尤不然。人臣之义，莫大乎为君讨贼，故曰：“大义灭亲”，今季子于庆父，亲也，而于闵公，则亲而又尊者也。庆父弑闵，彼尊尊亲亲之义已绝矣，苟能诛之，则尊尊亲亲之义两得之，舍庆父而忍乎闵公是尊尊亲亲之义两失之也。弃两得而从两失，贤者之所为果如是乎？

㊿⑤ 参看［美］张光直：《美术、神话与祭祀》（郭净/译，辽宁教育出版社2002年第1版，第122页）：一些人相信中国历史上曾有过按母系计算世系，妇女政治地位要高于男子的原始社会。其根据有两种极不相同的来源：一是19世纪的进化论，它认为所有社会都经过母系社会阶段。20世纪马克思主义成为中国的指导思想，这个观点便在史学界得到了有力的支持。二是分散于古书中的记载多谈到远古时曾有过知其母而不

知其父的社会。倘若中国历史上确有过这样一个阶段，那它一定远在三代之前。据我们所知，三代时除了父系氏族之外，并没有其他类型的氏族……

56 《公羊传·襄公二十九年》

57 董仲舒《春秋繁露·精华》

58 《严复集》第一册（中华书局1986年第1版，第2页）

59 《盐铁论·刑德篇》：……文学曰：道径众，人不知所由；法令众，民不知所辟。故王者之制法，昭乎如日月，故民不迷；旷乎若大路，故民不惑。幽隐远方，析乎知之，室女童妇，咸知所避。是以法令不犯，而狱犴不用也。昔秦法繁于秋荼，而网密于凝脂，然而上下相遁，奸伪萌生，有司治之，若救烂扑焦而不能禁；非网疏而罪漏，礼义废而刑罚任也。方今律令百有余篇，文章繁，罪名重，郡国用之疑惑，或浅或深，自吏明习者不知所处，而况愚民乎！律令尘蠹于栈阁，吏不能遍睹，而况于愚民乎！此断狱所以滋众，而民犯禁滋多也。

60 《论语·乡党》：厩焚。子退朝，曰："伤人乎？"不问马。

61 《礼记·三年问》：三年之丧，二十五月而毕。

62 详见：［日］滋贺秀三《中国上古刑罚考——以盟誓为线索》（收录于《日本学者研究中国史论著选译》第八卷，刘俊文/主编，姚荣涛、徐世虹/译，中华书局1992年第1版，第13页）

63 《论语·宪问》：公伯寮愬子路于季孙。子服景伯以告，曰："夫子固有惑志于公伯寮，吾力犹能肆诸市朝。"

64 钱穆：《论语新解》（巴蜀书社，1985年第1版，第360页）

65 比如《尚书·牧誓》说周武王在开战前宣布商纣王的罪名，其中说道："昏弃厥肆祀弗答"。《史记·周本纪》把这句话翻译为："自弃其先祖肆祀不答"，《史记集解》引郑玄的注释，说"肆"是"祭名"。

66 《论语·子路》

67 《汉书·薛宣硃博传》

⑱ 《世说新语·德行》：范宣年八岁，后园挑菜，误伤指，大啼。人问："痛邪？"答曰："非为痛，身体发肤，不敢毁伤，是以啼耳。"

⑲ 《孝经·开宗明义章》：身体发肤，受之父母，不敢毁伤，孝至始也。立身行道，扬名于后世，以显父母，孝之终也。

⑳ ［清］王谟辑《汉魏遗书》辑董仲舒《春秋决事》

㉑ ［汉］桓谭《新论》（《全后汉文》辑本）："《左氏传》于《经》，犹衣之表里相待而成。《经》而无《传》，使圣人闭门思之十年，不能知也。"——这可能是所有研究《春秋》的著作中被引用最多的一句话了。

㉒ 《公羊传·昭公十九年》

㉓ 乐正子春之孝确实到了一个极至了，《礼记·祭义》：乐正子春下堂而伤其足，数月不出，犹有忧色。门弟子曰："夫子之足瘳矣。数月不出，犹有忧色，何也？"乐正子春曰："善如尔之问也，善如尔之问也。吾闻诸曾子，曾子闻诸夫子曰：天之所生，地之所养，无人为大，父母全而生之，子全而归之，可谓孝矣，不亏其体，不辱其身，可谓全矣，故君子顷步而弗敢忘孝也。今予忘孝之道，予是以有忧色也。一举足而不敢忘父母，一出言而不敢忘父母，一举足而不敢忘父母，是故道而不径，舟而不游，不敢以先父母之遗体行殆。一出言而不敢忘父母，是故恶言不出于口，忿言不反于身，不辱其身，不羞其亲，可谓孝矣。"

㉔ 可参考龚自珍对这个案例的答疑："乙问：《春秋》假立吏，许世子狱如何？答乙：书许世子弑其君买，是拟死；书葬许悼公，是恩原之。《春秋》之吏，闻有父饮子药而死者，急欲成子之意拟之死。俄而《春秋》闻之，闻其愚孝，无有弑志，乃原之。"（见［清］龚自珍《春秋决事比》"不定律篇答问"）

㉕ ［英］格雷厄姆·沃拉斯：《政治中的人性》（朱曾汶/译，商务印书馆1995年第1版，第70页）

㉖ ［法］勒庞：《乌合之众——大众心理研究》（冯克利/译，中央编译出版社2000年第1版，第2卷）

㉗ ［清］王士禛《池北偶谈》"边尚书"条：弘治末，孝宗上宾。予郡边尚书华泉（贡）为兵科给事中，疏劾太监张瑜、太医刘泰、高廷误用御药，逮瑜等下狱。大理卿杨守随谓同谳诸臣曰："君父之事，误与故同；例以《春秋》许世子之律，不宜轻

宥。”此事与泰昌时孙文介（慎行）论红丸事相类。尚书工诗博雅，为弘正间四杰之一，世但知其文章，而不知其丰裁如此。又先生仲子习，字仲学，颇能诗。其佳句云：“野风欲落帽，林雨忽沾衣。”又“薄暑不成雨，夕阳开晚晴。”而老鳏贫窭，至不能给朝夕以死，则先生清节可知也。

⑱［清］陆以湉《冷庐杂识》“丘大理”条：旗人有与父异居而后母与邻人私者，父愤不能制，语子曰：“儿为我杀之！”子夜杀后母及邻人于室，自归有司，有司论极刑，部院核拟如所论。丘持不可，曰：“《春秋》书‘夫人孙于齐，不称姜氏，绝不为亲，礼也’。夫绝不为亲，即凡人耳。彼承父治命，手刃父仇，而以大逆论，无乃非《春秋》之义乎？”乃以两议上，诏特从末减。其平反大狱类如此。

⑲比如清代魏源辩钱大昕：“钱氏又曰：‘楚商臣、蔡般之弑，子不子，父不父也。许止以不尝药书弑，非由君有失德，故楚、蔡不书葬而许悼公书葬，以则楚、蔡二君之不能正家也。……’（《潜研堂答问》）正之曰：《春秋》之义，君弑，贼不讨，不书葬，未闻有责君不正家者。许止本未尝弑，故书葬以赦之。吴、楚狄夷之君，从无书葬之例。……”（魏源《公羊春秋论》）

⑳《汉书·刑法志》：汉兴之初，虽有约法三章，网漏吞舟之鱼。然其大辟，尚有夷三族之令。令曰：“当三族者，皆先黥，劓，斩左右止，笞杀之，枭其首，菹其骨肉于市。其诽谤詈诅者，又先断舌。”故谓之具五刑。彭越、韩信之属皆受此诛。至高后元年，乃除三族罪、妖言令。

㉑转引自［美］悉尼·胡克：《理性、社会神话和民主》（金克、徐崇温/译，上海人民出版社1965年第1版，第159页）

㉒《公羊传·庄公三十二年》：秋七月癸巳，公子牙卒。何以不称弟？杀也。杀则曷为不言刺？为季子讳杀也，曷为为季子讳杀？季子之遏恶也，不以为国狱，缘季子之心而为之讳。季子之遏恶奈何？庄公病将死，以病召季子，季子至而授之以国政，曰：“寡人即不起此病，吾将焉致乎鲁国？”季子曰：“般也存，君何忧焉？”公曰：“庸得若是乎？牙谓我曰：‘鲁一生一及，君已知之矣。庆父也存。’”季子曰：“夫何敢？是将为乱乎？夫何敢？”俄而牙弑械成。季子和药而饮之曰：“公子从吾言而饮此，则必可以无为天下戮笑，必有后乎鲁国。不从吾言而不饮此，则必为天下戮笑，必无后乎鲁国。”于是从其言而饮之，饮之无傫氏，至乎王堤而死。公子牙今将尔。辞曷为与亲弑者同？君亲无将，将而诛焉，然则善之与？曰：“然。”杀世子母弟直称君者，甚之也。季子杀母兄何善尔？诛不得辟兄，君臣之义也。然则曷为不直诛而鸩之？行诛乎兄，隐而逃之，使托若以疾死，然亲亲之道也。

⑧③《孟子·万章下》：齐宣王问卿。孟子曰："王何卿之问也？"王曰："卿不同乎？"曰："不同。有贵戚之卿，有异姓之卿。"王曰："请问贵戚之卿。"曰："君有大过则谏，反覆之而不听，则易位。"王勃然变乎色。曰："王勿异也。王问臣，臣不敢不以正对。"王色定，然后请问异姓之卿。曰："君有过则谏，反覆之而不听，则去。"

同样的说法在《礼记》里也有，还可以参考龚自珍的名文"宾宾"，其中说道："异姓之卿，固宾籍也，故谏而不行则去。"龚自珍身处晚清时代，说这话大有借题发挥的味道。顺便一提，龚自珍还是位公羊学的专家。

⑧④ 历史实情要复杂一些（比如异姓家臣的存在等等），这里只是简而言之。

⑧⑤"民"字到底如何解释一直是个聚讼纷纭的问题，比较确定的是，封建社会中，不同时代里的"民"意义是不一样的，这里简化来说，不作细辨。

⑧⑥ 周作人：《中国人之爱国》，收录于《周作人文类编》第1卷（钟叔河/编，湖南文艺出版社1998年第1版，第5页，本文原载1907年11月刊《天义报》11、12期），这一段尤其值得一看："夫吾果亦有爱国之说，特甚有异。俄有勒孟埵夫，生为诗人，挚于爱国，顾其有情，在于草原浩荡，时见野花，农家朴素，颇近太古，非如一般志士之为，盲从野爱，以血剑之数，为祖国光荣，如所谓'兽性之爱国者'也。夫人情恋其故乡，大抵皆尔，生于斯，歌哭于斯，儿时钓游之地，有毕世不能忘者，天怀发中然耳。至以凶暴为雄，以自夸美，则仁者耻。虽然，俄之君主，尚为其类，生同部落，系属较深，知理之士，犹不肯力右其长，俾益荣大，而奴于主人，乃言忠爱乎？"

⑧⑦［法］伏尔泰：《哲学辞典》（王燕生/译，商务印书馆1991年第1版，第665-666页）

⑧⑧《梁书·高祖三王列传》

⑧⑨［苏］托洛茨基：《被出卖的革命》，转引自［美］悉尼·胡克：《理性、社会神话和民主》（金克、徐崇温/译，上海人民出版社1965年第1版，第160页），胡克补充说："为使这幅图画完全起见，当它适用于俄国的时候，我们必须加上这点：船员和船长只听从头等乘客的命令，而头等乘客又定期以残害的方法来消灭不满分子——这些对权力和生活条件的悬殊想得过多的人。"

⑨⑩［英］雪莱：《雪莱政治论文选》（杨熙龄/译，商务印书馆，1982年第1版）译者序注释引：马克思说：雪莱是"一个真正的革命家，而且永远是社会主义的急先

锋”，见《马克思恩格斯论艺术》第2卷，人民出版社1963年第1版，第261页。恩格斯说雪莱是“天才的预言家”，见《马恩全集》中文版第2卷，528页。

⑨1 参见马克思和恩格斯合著的《神圣家族》（《马克思恩格斯全集》第2卷，人民出版社1963年第1版）

⑨2 ［印度］泰戈尔：《民族主义》（谭仁侠/译，商务印书馆1986年第1版，第4页）

⑨3 ［印度］泰戈尔：《民族主义》（谭仁侠/译，商务印书馆1986年第1版，第14页）

⑨4 ［俄］别尔嘉耶夫：《俄罗斯思想》（雷永生、邱守娟/译，三联书店1995年第1版，第68页）

⑨5 《孟子》这里所谓的“社稷”，意思可能更要原始一些。见《孟子·尽心下》：孟子曰：“民为贵，社稷次之，君为轻。是故得乎丘民而为天子，得乎天子为诸侯，得乎诸侯为大夫。诸侯危社稷，则变置。牺牲既成，粢盛既洁，祭祀以时，然而旱干水溢，则变置社稷。”

⑨6 这句话应该并非荀子的原创。见《荀子·臣道》：伊尹箕子可谓谏矣，比干子胥可谓争矣，平原君之于赵可谓辅矣，信陵君之于魏可谓拂矣。传曰：“从道不从君。”此之谓也。

⑨7 “三纲”之说见董仲舒《春秋繁露·基义》：“是故仁义制度之数，尽取之天，天为君而覆露之，地为臣而持载之，阳为夫而生之，阴为妇而助之，春为父而生之，夏为子而养之，秋为死而棺之，冬为痛而丧之，王道之三纲，可求于天。”——在逻辑上还是董仲舒一贯风格的老天最大，人类社会的仁义制度都是从老天那里来的，所以“三纲”是老天给人类定的秩序，是至高无上的社会法则。

但是，董仲舒虽然表达了“君为臣纲，父为子纲，夫为妻纲”这层意思，可这句名言却不是他说的——《白虎通·三纲六纪·三纲之义》：“三纲者，何谓也？谓君臣、父子、夫妇也……故《含文嘉》曰：‘君为臣纲，父为子纲，夫为妻纲。’”——这个《含文嘉》一看名字就知道是纬书，它是“礼纬”，也可以叫做《礼纬含文嘉》，由它来阐释“三纲”倒也恰如其分。

当然，“三纲”的概念也不是凭空来的，从先秦到汉朝常有类似的观点出现，只是从没有像董仲舒那样拔高到那种程度罢了。比如《春秋经·隐公二年》提到：“九月，纪履緰来逆女。”《穀梁传》解释这句话，说：“冬，十月，伯姬归于纪。礼，妇人谓嫁曰归，反曰来归，从人者也。妇人在家制于父，既嫁制于夫，夫死从长子。

妇人不专行，必有从也。伯姬归于纪，此其如专行之辞何也？曰非专行也。吾伯姬归于纪，故志之也。其不言使，何也？逆之道微，无足道焉尔。纪子伯、莒子盟于密。或曰纪子伯莒子而与之盟。或曰年同爵同，故纪子以伯先也。”——重点看这句“妇人在家制于父，既嫁制于夫，夫死从长子。妇人不专行，必有从也。”这里的“从”通常解作“顺从”，也有人说当是“跟从”——这是“从”字的原始意思，也符合上下文，还有“归从”（归属于哪一方的宗亲），不过这里就不展开讨论了。

另一方面，很多人容易把历史上女子地位的卑微归咎于“三纲”，这倒有些冤枉了。汉代女权极重，即便不说政治而讲风俗，女子即便生了孩子也是可以改嫁的，这在皇家贵戚当中都属正常之事。及至唐朝，开放之风尚众所周知。所以，女人的枷锁严格说是起自宋代的，近现代人所熟悉的相关内容主要与宋代理学有关，却不要冤枉了别人才好。

⑱ 陈独秀：《宪法与孔教》（《新青年》第2卷第3号，1916年11月1日）

⑲ 《韩非子·忠孝》：臣之所闻曰：臣事君，子事父，妻事夫，三者顺则天下治，三者逆则天下乱，此天下之常道也，明王贤臣而弗易也。则人主虽不肖，臣不敢侵也。今夫上贤任智无常，逆道也；而天下常以为治，是故田氏夺吕氏于齐，戴氏夺子氏于宋，此皆贤且智也，岂愚且不肖乎？是废常、上贤则乱，舍法、任智则危。故曰：上法而不上贤。

⑳ 我这本《江湖海底》是广文书局影印的，原书扉页有“群英社编辑，成都堂行”，行文虽然没标点，但每句之间留出明显的空格，非常好读，不知道是不是为了照顾文化程度普遍不高的袍哥兄弟们才这么编辑的？

⑩ ［明］季本：《春秋私考》第一卷：“三纲既沦，九法亦斁，礼乐征伐自诸侯出，强暴侵陵无所忌惮，乱臣贼子皆有邪说文奸，而人亦不以为非，人心之公泯灭殆尽，此《春秋》之所以作也。”

⑩ 钱谦益：《牧斋初学集》第八十三卷：“近代之经学，凿空杜撰，纰缪不经，未有甚于季本者也。本著《春秋私考》，于惠公仲子则曰隐公之母；盗杀郑三卿则曰戍虎牢之诸侯使刺客杀之。此何异于中风病鬼，而世儒犹传道之，不亦悲乎！传《春秋》者三家，杜预出而左氏几孤行于世。自韩愈之称卢仝，以为‘《春秋》三传束高阁，独抱遗经究终始’。世远言湮，讹以传讹，而季氏之徒出焉。《孟子》曰：‘始作俑者，其无后乎？’太和添丁之祸，其殆高阁三传之报与？季于《诗经》、三《礼》皆有书，其鄙倍略同。有志于经学者，见即当焚弃之，勿令缪种流传，贻误后生也。”

⑩③《宋稗类钞》卷六

⑩④［清］崔述《考信录提要》“虚言衍成实事”条：“战国之时，说客辩士尤好借物以喻其意，如‘楚人有两妻’，‘豚蹄祝满家’，‘妾覆药酒’，‘东家食，西家宿’之类，不一而足。虽孟子书中亦往往有之，非以为实有此事也。乃汉、晋著述往往误以为实事而采之入书，学者不复考其所本，遂信以为真而不悟者多矣。……”

⑩⑤“大一统”的本义并非如此。一般我们会把这个概念理解为“大统一”，这里先从俗了，等后文讲到《公羊传·隐公元年》的时候再作详细解释。

⑩⑥确实不难。不信的话，大家可以回忆一下我在《周易江湖》里用《易传·系辞》的那套神秘说辞来分析我的笔记本电脑：

我用的这台是一台笔记本电脑，黑色的，平时不用的时候一直合着，象征着混沌的宇宙。当我要用它的时候，把它打开，显示器和键盘一分为二，象征着开天辟地，太极生了两仪。而且，显示器是亮的，键盘是暗的，这是明与暗的对立，阴与阳的对立，而他们又同是一台笔记本电脑的一部分，它们的关系既对立、又统一。亮的显示器象征着天，暗的键盘象征着地，旁边从USB接口甩出一支鼠标来，象征着人，从此，天、地、人都有了，三才齐备。

更神奇的是，我明明在敲打键盘，文字却出现在显示器上，这不就是天地交泰、阴阳感应么？正是键盘和显示器的这种天地交泰，才源源不断地产生出了新的东西，嗯，其中就有我现在写的这本书。

三才齐备了，还有四象呢。显示器是长方形的，上下左右四条边，象征着四象或者四季；而键盘这个区域竟然也是和显示器一模一样的长方形，配合得严丝合缝的，也是上下左右四条边，也象征着四象，象征着四季。显示器和键盘“交泰”在一起，一共有八条边，象征着八卦。

太神奇了！我的键盘上方居然还有一组按键，从F1到F12，恰好象征着一年的12个月……底下还有一个Fn按键，是和从F1到F12的12个按键配合使用的，所以，这个Fn按键不正好象征的闰月么！

⑩⑦转引自《四库全书总目提要》卷二十九·经部二十九《御纂春秋直解》提要。其中类似的观点还引了一些名人名言，比如：“王充之论《春秋》曰：‘《公羊》、《穀梁》之传，日月不具，辄为意使。平常之事有怪异之说，径直之文有曲折之义，非孔子之心。’苏轼之论《春秋》曰：‘《春秋》儒者本务，然此书有妙用，儒者罕能领会，多求之绳约中，乃近法家者流，苛细缴绕，竟亦何用！’朱子之论《春秋》亦曰：‘圣人作《春秋》，不过直书其事，而善恶自见。’又曰：‘《春秋》传例多不可信，圣人纪事安有许多义例？’”——有趣的是，这部《御纂春秋直解》的编纂目的是“揭胡安国《传》之臆断以明诰天下”。

⑩⑧ 转引自［清］汪绂《春秋集传·春秋纲领》。

⑩⑨《史记·秦始皇本纪》

⑪⓪《史记·秦始皇本纪》

⑪①《史记·秦始皇本纪》

⑪②《宋史·司马光传》：帝崩，赴阙临，卫士望见，皆以手加额曰："此司马相公也。"所至，民遮道聚观，马至不得行，曰："公无归洛，留相天子，活百姓。"哲宗幼冲，太皇太后临政，遣使问所当先，光谓："开言路。"诏榜朝堂。而大臣有不悦者，设六语云："若阴有所怀；犯非其分；或扇摇机事之重；或迎合已行之令；上以徼幸希进；下以眩惑流俗。若此者，罚无赦。"后复命示光，光曰："此非求谏，乃拒谏也。人臣惟不言，言则入六事矣。"乃具论其情，改诏行之，于是上封者以千数。

⑪③ 周作人《奴隶的言语》，收录于《周作人文类编》第1卷（钟叔河/编，湖南文艺出版社1998年第1版，第533页，本文作于1926年，于1928年刊"北新"出版本，收入《谈虎集》）："斯特普虐克（Stepniak，字义云大野之子，他是个不安分的人，是讲革命的乱党，但是天有眼睛，后来在大英被火车撞死了！）在《俄国的诙谐》序中说，息契特林（shchedrin Saltykov）做了好些讽刺的譬喻，因为专制时代言论不自由，人民发明了一种隐喻法，于字里行间表现意思，称曰'奴隶的言语'……"

⑪④［英］哈耶克：《通往奴役之路》（王明毅/译，社会科学出版社1997年第1版）第10章

⑪⑤［美］刘易斯·科塞：《理念人——一项社会学的考察》（郭方等/译，郑也夫、冯克利/校，中央编译出版社2001年第1版，第93页）

⑪⑥［英］哈耶克：《自由宪章》（杨玉生、冯兴元、陈茅等/译，中国社会科学出版社1999年2月第1版，第192页）

⑪⑦［英］威廉·葛德文：《政治正义论》第2卷（何慕李/译，关在汉/校，商务印书馆，1982年第1版，第327–328页）。葛德文在如今的国人中知名度不太高，如果介绍他的话，就说他是诗人雪莱的老师兼岳父好了。

⑪⑧［美］弗洛姆：《健全的社会》（孙恺详/译，王馨钵/校，贵州人民出版社1994年

第1版，第50页）：“……基督教义的最重要变化是从强调父权的因素转变到强调父权和母权因素的融合。《旧约》中犹太上帝是一个十足的代表父权的神；天主教在发展过程中，重新引进了博爱且原谅一切的母亲的思想。天主教本身——代表着一切的母亲——以及圣母，象征着宽恕与爱的母性精神；而上帝（父亲）则代表着等级主义的权威，人必须顺从这个权威，不得有半点抱怨与反抗。毫无疑问，这种父亲因素与母亲因素的融合是天主教有着巨大吸引力、深深影响人们的头脑的主要原因之一。受到父权权威压制的群众，可以求助于慈母，以得到安慰与帮助。”

⑲ ［法］莫斯科维奇：《群氓的时代》（许列民、薛丹云、李继红/译，江苏人民出版社，2003年第1版，第234页）

⑳ ［美］魏特夫：《东方专制主义————对于极权力量的比较研究》（徐式谷/译，中国社会科学出版社1989年第1版，第132页）

㉑ 林语堂：《中国人》（即《吾国吾民》，郝志东、沈益洪/译，学林出版社1994年第1版，第200页）

㉒ 《箴奴隶》（《民声——辛亥时论选》，张岱年/丛书主编，胡希伟/编选，辽宁人民出版社1994年第1版，第86页。原载《国民日报汇编》第1集，东大陆图书译印局1904年10月出版）

㉓ ［英］威廉·葛德文：《政治正义论》第2卷（何慕李/译，关在汉/校，商务印书馆，1982年第1版，第472页）

㉔ ［英］威廉·葛德文：《政治正义论》第2卷（何慕李/译，关在汉/校，商务印书馆，1982年第1版，第473页）

㉕ ［英］爱德华·泰勒：《人类学》（连树声/译，上海文艺出版社1993年第1版）

㉖ ［美］费正清：《观察中国》（傅光明/译，世界知识出版社2002年第1版，第114页）

㉗ ［美］费正清：《观察中国》（傅光明/译，世界知识出版社2002年第1版，第120页）

㉘ 对孔子这句话最有趣（也最靠不住）的注释是康有为作的，他说“天下有道，则庶人不议”还有前面一句“天下有道，则政不在大夫”，其中的两个“不”字都是衍文，古本当中是没有的，所以孔子的本意是“天下有道，则庶人议”，“天下有道，

则政在大夫”。（康有为《论语注》）

⑫⑨ 孔子到底是“编”《春秋》还是“作”《春秋》，或者说，如果按现代标准来署名的话，《春秋》到底该署“孔子著”、“孔子编著”还是“孔子编”，这是一场浩大的笔墨官司，暂不细表。“作”之为“作”，可以参考一下清代汪绂《春秋集传》自序里的说法：“《春秋》，鲁史也，圣人修之，而孟子谓之曰‘作’，诚以大义微辞圣人所独断，而非徒记载之文也。然谓鲁史旧文而斟酌损之，以某字为褒，某字为贬，使后世之人多方以求合，而莫测其意之所存，圣人当不尽然也。”

第三章　天人三策

（一）

“天人三策”之一——鬼神与灵异现象——做人还是做政治？——格劳孔PK苏格拉底——吕底亚牧羊人的戒指——儒法合流——皇帝上岗资格认证——孔孟之道和周孔之道——但欠世宗一死——《李秀成供词》——忠——从绝对父权到绝对君权——皇帝也需要刻章办证——建议皇帝下台——乌托邦种种

年轻的汉武帝广开言路，让各地推荐人才进京，然后亲自就国家大政方针向一众人才询问意见。

询问意见的程序是这样的：皇帝把问题写在成串的竹简上，发给大家，这个竹简就叫作“策”，竹简上的问题就叫作“策问”，皇帝的问话叫“制曰……”，所谓“临朝称制”，就是这个“制”；大家要应对“策”上边的“策问”，这个“应对”就叫作“对策”——我们现在也还常说“想个对策”，这个词就是从这儿来的。

汉武帝的第一次策问主要问的是：听说三皇五帝的时候大搞政改、创作新乐章，天下由此大治，后来的君王都纷纷效仿，可到了夏桀王、商纣王的时候，王道完全败坏了，后来的人再想扭转却很难扭转过来了，直到后王兴起，好不容易才把颓势给止住了。这到底是怎么回事呢？是人们丢掉了当初的治国大道了，还是老天爷就这脾气？那，人力有什么可为之处吗？怎么做才能把国家治理好呢?

看大家该怎么回答了。

作“对策”的有很多人，全是天下英才，其中就有我们的主人公董仲舒。董仲舒的“对策”一开始就从《春秋》出发，说：“我看了《春秋》记载的历史，研究天和人之间的关系，哎呦呦，真是不得了哇！国家如果‘失道’了，老天就会降下一些警告，人世间的统治者一看：‘什么跟什么嘛，不过是个行政警告罢了，老子毫毛都没伤一根，不理会，不理会！’可老天爷是讲公道的，不是意思意思给老百姓看看就完了的，当他发现行政警告不起作用，就降下更大的灾祸，再搞些UFO和麦田怪圈什么的灵异现象出来，那意思是吓唬人间统治者：‘臭小子，别给脸不要脸，你丫能有今天还不都是老子罩着，看你尾巴翘这么高，可别忘了谁才是真正的老大！老天爷生气了，后果很严重！’如果老天爷接二连三地发下警告，人间统治者却还不悔改的话，老天爷就真生气了，大灾大难就全降下来了。

“这么看来，老天爷不是不讲理的主儿，对人君是能罩着就罩着的，只有当人君实在太不像话的时候，老天爷才会发火，而只要人君不闹得太离谱，老天爷还是愿意罩着点儿的。所以，国家大治的关键就是看人间的统治者努力不努力了。”①

董仲舒说自己熟读《春秋》，发现天下的大问题在于“失道”，这个词是董老的原话，我方才加了引号，直接引用了。现在就得捉摸一下了：什么是“道”？

“道”这个词，缠绕中国历史两千多年，聚讼不休。道家的解决方案是最绝的：“《老子》五千言，开篇就说‘道可道，非常道’，所以，这个问题是无法言说的。如果你始终不说，你还可能理解对了，但你只要一说出口，那就肯定错了。”（这就好像现在的网络敏感词，版主既不公布，大家也不会说，但你还必须知道。可是，如果你想当然地以为一个词是敏感词，并把它规规矩矩地打了出来告诉别人，那只能说明它不是敏感词——敏感词可道，非敏感词。）——如果不是马王堆的帛书和郭店楚简的出土（后文再论），我们可能还真得承认《老子》是倾力在研究这个神秘的“道”的，嗯，看来儒家学者在这个问题上未必就不是专家。

董仲舒不玩虚的，很直截了当地解释说：“所谓‘道’，就是通往理想政治的道路。这可是一条真正的康庄大道啊，路上每隔三五里的就有仁义礼乐，比收费站还多！”（道者，所繇适于治之路也，仁义礼乐皆其具也。）[②]

这毕竟是在回答皇帝的策问啊，如果董仲舒也玩一个“道可道，非常道”，说不定当时就被轰出去了。董仲舒用比喻来解释“道”和“失道”，非常清楚明白，大意是说：最好的治国方法就是沿着这条大道一直走下去，就像开长途车走国道一样，路只要能认准了，再加上驾驶技术过硬，距离目的地就会越来越近；可假若天堂有路你不走，地狱无门你自来投，放着好好的国道不走，非要冲到荒野里另辟蹊径，或者不专心开车，眼睛总踅摸着路边的MM，或者酒后驾车，横冲直撞，开到不晓得什么地方去了，这些就都叫作“失道”。所以说，我们看到历史上有不少昏乱的世道，那并不是因为国道不见了，而是因为昏君们不好好开车，拐到歪门邪道里去了。

董仲舒认为，一辆行驶在康庄大道上的好车应该是这样的：

司机认真负责，把住方向盘，认清路标，别把车给开歪了，而路上应有的加油站和维修点一应俱全——这些加油站和维修点就是仁、义、礼、乐。这一来，司机认真负责，加油站和维修点分布合理，车上乘客们也就安全了。

就这些必要的加油站和维修点来说，“仁、义、礼”我们现代读者还都好理解，但“乐”真有那么重要的吗？——是呀，现在我们学校里音乐课几乎就是最不重要的课程了，而无论贝多芬还是周杰伦，都属于艺术/演艺范畴，难道这能和国家大政扯上什么关系吗？

——在古代还真就能的，“乐”几乎和“礼”具有同等重要的地位，所以前边汉武帝才会把搞政改和创作新乐曲并列来谈，所以董仲舒在这里特别指出：“乐者，所以变民风，化民俗也；其变民也易，其化人也著。”这就是说，音乐具有显著的移风易俗之功，是一种很有用的政治技术。他后边还说：歌功颂德也全要靠“乐”呀。——嗯，这很重要，我们可以看看《诗经》里边“颂”的部分，多是些官方音乐，对开国老前辈和历代（当然也包括现代）的君王们极尽歌颂之能事。这对天下人心真可谓春风化雨、润物无声啊，有着绝对不可小觑的教化之功。一支歌的力量未必就输给一支军队。

董仲舒接着引用孔子的话，说：“人能弘道，非道弘人。”——这句话见于《论语》，有名得很，但它到底是什么意思，却历来都是有争议的。董仲舒把它引在这里，看来他所理解的意思是：道是客观存在的，就像一台功能强大的电脑，但电脑怎么用，这主要不是取决于电脑本身，而是取决于电脑使用者，比如，有玩游戏搞得系统崩溃的，也有用电脑编写出很多精彩程序的。所以，那些坏的世道并不是因为天命终结了，世道就该着坏了，而是由于那些坏蛋国君造的孽太多，偏离了正道太远。世道的治与乱，全在人为呀！

虽然事在人为，但人并不是孤独的，老天可一直在上边瞧着呢。董仲舒说：如果有人接受了天命即将为王，世上必然会出现一些科学无法解释的灵异现象，这就是王者承受天命的凭证。为什么会这样呢？因为天下人心都归向他，就像小蝌蚪找妈妈，老天感受到了人类世界中如此强烈的诚意，于是便降下祥瑞，比如降下一头会讲历史故事的熊什么的。《尚书》里说武王伐纣的时候有白鱼跳上了周武王的船，还有，周武王的屋顶上着了火，火烧着烧着就变成了乌鸦，这些可都是有据可查的灵异现象啊，正是周武王承受天命的凭证。（不知道飞碟和麦田怪圈的目击者是否也承受了什么天命？）

老天爷可不是只会降下祥瑞的，他还会降下灾难。董仲舒接着说：坏蛋君王废弃了教化，滥用刑罚，致使道德沦丧，人心不古。而刑罚如果使用不当，就会积聚邪气，邪气积得多了，就会上下失和，阴阳错乱，妖孽滋生啊。

董仲舒继续扯起《春秋》这杆大旗，说：《春秋》一开篇的第一句话就是“春王正月”，表面看上去好像仅仅是记载时间，就像“2010年1月”，或者“2038年3月”，其实可没这么单纯哦，这四个字里蕴含着极深刻、极深刻的意义——咱们来看看《春秋》的“微言大义”到底有多么微妙——“春王正月”，王道之端就在“正”，而“正”次于“王”，“王”次于“春”，嗯，好好看看这四个字的排列顺序，难道不是这样吗？“春”是什么，是季节呀，是老天的所作所为；“正”是什么，是“王”的所作所为呀。这就是说，君王向上要效法老天，在人间要端正自己，走上正大光明的王道。

这可是董仲舒很重要的思想了：天道最要紧的就是阴阳——阳为德，阴为刑；德主生，刑主杀；阳主要在夏天活动，使万物生长繁茂；阴主要在冬天活动，悄悄藏着，不动声色。我们只要认真观察一下老天的活动规律，就会发现他老人家是喜欢用德而不喜欢用刑的。所以，相应地，人间治国也该以德为主，以刑为辅呀。

董仲舒接着说：我还没把《春秋》一开篇的大道理说完呢。您知道《春秋》里的“一”和“元”是怎么回事么？所谓“一”，就是万物的开始；所谓“元”，就是“大”。《春秋》纪年，把第一年称为“元年”，意思是说这是个重要的开始啊。这里可暗示着《春秋》的中心思想哎，是说一切的根源都在最尊贵的人那里——所以，做君主的要先让自己正心，正了心才能端正朝廷，端正了朝廷才能进一步端正百官，端正了百官才能端正万民，端正了万民才能端正天下四方，这样一来，大家就全往正道上走了，于是乎阴阳和谐，风调雨顺，五谷丰登，草木繁茂，不管多远的人在听说了君王的圣德之后都会赶来归附，老天的祥瑞会接二连三地降临，这就是王道的景象啊。

董仲舒该转折了：现在皇上您这好那好，可为什么老天没受到感应呢，为什么没有祥瑞出现呢？这都是因为没有搞好教化工作，而老百姓没有走上正途啊。人都是追逐利益的，就像水总是会往低处流一样，而教化就是水的堤防啊。不建立堤防的话，水就会乱流一气的。只要教化工作做得好，那就会人心向善，奸邪不生；教化工作如果做得不好，就如同豆腐渣大坝决口一般，没法收拾了，靠刑罚是解决不了根本问题的。古代圣王全都明白这个道理，所以全都重视教化工作，在首都建设大学，在地方建设中小学，用仁来教育人民，用义来感化人民，用礼来节制人民，所以，那时候刑罚虽然很轻而犯罪的人却少之又少，这都是教化大行而风俗淳朴啊。

——这是儒家的一个经典思想，我们想想杜甫的“致君尧舜上，更使风俗淳”。

董仲舒继续论述，从理论转入现实：秦朝搞的那套就是抛弃了德治而代之以苛刻的法制，把天下全搞坏了，所以仅仅十四年就亡国了。咱们汉朝接下了秦朝这个烂摊子，嘿，这个摊子还真够烂的，正如孔子说的“朽木不可雕也，粪土之墙不可污也”，烂泥扶不上墙，麻尾儿串豆腐——提不起来！董仲舒下边几句话说得很漂亮，其中就有好几个我们熟悉的成语：“法出而奸生，令下而诈起，如以汤止沸，抱薪救火，愈甚亡益也。窃譬之琴瑟不调，甚者必解而更张之，乃可鼓也；为政而不行，甚者必变而更化之，乃可理也。”——看，这么一句话里出了“以汤止沸”（我们现在一般用“扬汤止沸”，虽然一字之差，但字面意思却很不一样）“抱薪救火”“琴瑟不调”“改弦更张”四个成语，意思是：天下给秦政府毁成这样了，咱们汉朝皇帝怎么想办法结果都治理不好，法令刚一颁布下去就催生了更多的奸佞邪恶，诸多政治措施不是扬汤止沸不解决根本问题，就是抱薪救火越搞越糟糕。那，怎么办呢？正如琴走音了，得把琴弦解下来重新调整一下，政治搞不下去了，也应该换个思路另外搞搞。咱们汉朝都已经迎来七十多年国庆了，老办法也该换换啦，不是都说要与时俱进嘛！

——这就是“天人三策”的第一策，原文太长，这里只是节要而说。[③]可能熟悉孔孟的人早就按捺不住要问问题了：“第一个问题：董仲舒讲的那什么天人感应，什么灵异现象，是真的么？孔孟有这么说过吗？《春秋》里边有这类的记载吗？第二个问题：还有那个‘人都是追逐利益的，就像水总是会往低处流一样’，这都是正牌的儒家思想吗？这不是等于在否认人性本善吗？第三个问题：《春秋》里边的‘春王正月’啥的，真有那么玄妙的奥义吗？”

第三个问题我们得放到后边再说，现在只来看看前两个问题。

先来捉摸一下问题一：《春秋》里边真有灵异现象吗？

一查资料，好像还真有：

周宣王要杀大臣杜伯，杜伯很冤，愤愤地对老天说：“我不服！——哎，老天爷呀，跟你商量一下，等我死的时候给我搞个六月飞雪，我要让大家都知道我是冤枉的！”

老天微微一笑：“就你这小样儿还想玩六月飞雪，不给你杜伯俩字搞成敏感词你就谢天谢地吧。”

杜伯一愣，呆了半晌，嗫嚅着说：“那，那，给个旱天雷总可以吧？”

只听天上“噗哧”一笑：“给你打旱天雷，哼哼，也行，可你得先告诉我，就你这点儿小小冤屈我都给打旱天雷，那等谁谁谁死的时候我可该怎么办呀？”

杜伯歪着头，又是好半晌，终于带着哭腔说：“算了，你还是别管我了，求人不如求己，干脆这样，如果人死如灯灭那也就罢了，可如果死后有知，不出三年，我一定要让我们国君知道我的厉害！”

杜伯死了。过了三年，周宣王会合诸侯一起打猎，豪车数百辆，从者数千人，声势浩大。就这样一个车队，按说撞死人都是白撞，谁敢招惹呀。可是，就在日中时分，风云突变，只见一辆白马素车兀然冲来，车上一人——按说都白马素车了，车上一人应该是银盔银甲素罗袍，手持一杆亮银枪才对，但这个年代还没有说评书的，所以车上这位是红衣红冠，红弓红箭，直奔周宣王就冲过来了。大家一看：咦，这不是杜伯么，他三年前不是就死了么！

注意，这可不是三更半夜、月黑风高、偏街僻巷、孤身一人，而是白日当空、众目睽睽啊。只见杜伯追得近了，张弓搭箭，瞄准了周宣王。周宣王还奇怪呢：咦，自己心口这地方怎么有一个红色的光点呀，这杜伯可真搞笑，弄张弓还搞个高科技，切！

眨眼间箭已离弦，呼啸而来。在场好几千人全都惊呆了，眼看着这一箭竟然速度变慢，形体变大，箭镞处的气流被推出了几道璀璨的波纹，这，这是怎么回事？

只有周宣王是个明白人，把嘴一撇：“切，不就是玩个暴力美学么，你当自己是谁呀！”

箭镞突然恢复正常速度，一瞬间便洞穿了周宣王的心脏。周宣王一口气都没多出，当即便往车上一扑，死了。

——这就叫“光天化日鬼杀人”，此事见于《春秋》。从此之后，大家互相转告，都说：“瞧见没有，人可不能乱杀呀，不然鬼神会报应的！”

灵异现象不止一件，类似杜伯的事件在燕国也出现过。燕简公要杀大臣庄子仪，庄子仪在临死之前说了和杜伯一样的话："如果人死如灯灭那也就罢了，可如果死后有知，不出三年，我一定要让国君知道我的厉害！"

庄子仪死了。过了三年，燕简公出行，随从众多，浩浩荡荡。还是在日中的时候，大家突然看到庄子仪冲到了马路中间，手里抓着一根红色的棍子。交警先说话了："嘿，小子，别以为乱闯红灯就没人管，还当自己是宝马了，不知道路口有摄像机吗！"

庄子仪冷笑一声："我是鬼哎，摄像机要能拍到我，你就找司马南领钱去吧！"

庄子仪一边说着，一边举起了大棍，恶狠狠地直扑燕简公。

燕简公脸色发青，嘴里念叨着："不要怕，不要怕，他不过是个鬼。

光天化日，众目睽睽，庄子仪眨眼间就冲到了燕简公的面前。

燕简公突然问了一句："哎，小庄，你是鬼吗？"

庄子仪冷笑道："废话！"

燕简公迟疑着说："按说，鬼是没有物质形体的，没有重量的，电视里的鬼片不是都演鬼从人的身体撞过去，而人却浑然不觉吗？"

庄子仪一愣："对呀，这又如何？"

燕简公擦了擦额头的冷汗："这就是说，你如果拿棍子打我，我应该根本就感觉不到才对！"

庄子仪又是一愣："咦，好像是这个理呀……不行，那，那咱们试试？"

燕简公“嗯”了一声，摘了帽子，把脑袋探了过去：“也对，就试试好了。”

庄子仪抡圆了大棍，“呜”的一声，照着燕简公的脑袋就砸了下去。

燕简公很是纳闷：“这棍子怎么还挂着风声呀，它应该不是物质实体才对呀，为什么……”

“噗——”燕简公死了。

——又是一件“光天化日鬼杀人”的灵异事件，此事也见于《春秋》。从此之后，大家互相转告，都说：“瞧见没有，人可不能乱杀呀，不然鬼神会报应的！”

再说一件宋国的事。宋文君时代，有个负责祭祀的官员叫作观辜。有一天，厉鬼附在巫子身上，责问观辜说：“臭小子，最近的祭祀工作搞得很差劲嘛，玉器拿塑料仿制品充数，玉液琼浆是工业酒精兑敌敌畏，献祭的肥牛全有疯牛病，也太不像话了吧。老实交代，这到底是你们国君干的，还是你自己干的？”

观辜很有骨气：“我们国君年纪小，还在吃奶呢，这些事全是我观辜干的，你想把我怎么着吧？”

巫子二话不说，抄起一支船桨当头便劈了过来。

观辜一看：“好家伙，居然是岩流岛的宫本武藏！”

眼看着船桨离得近了，观辜好像突然明白了什么，大喊道：“——不对，鬼神怎么可以野蛮执法？！”

巫子冷笑一声：“Kao，还把自己当根葱了！”嘴里说着，船桨势头不减。

“噗——”观辜死了。

这件事，照旧是发生在光天化日、众目睽睽之下，后来也被记入《春秋》。从此之后，大家互相转告，都说：“祭祀不能不谨慎啊，鬼神在盯着咱们呢！”

这种事齐国也有。齐庄王时代，王里国和中里缴两人打官司，打了三年也没打出结果来。齐庄王很为难，有心把两人都杀了，可又不忍错杀无辜之人；有心把两人都放了，又不想让有罪的人漏网。但这案子实在太难断了，包青天此时还未出生，江户川柯南不懂中文，名侦探叶子的故事熊逸还没写完……唉，看来已非人力所能为。那，那就听听鬼神的意见吧。

于是，齐庄王派人弄来一只羊，带着王里国和中里缴一起到神社祭祀，杀羊歃血。王里国说：“我庄严宣誓，我无罪。”中里缴也宣誓：“我庄严——”话没说完，死羊突然跳了起来，一头朝着中里缴撞了过去，撞断了他的一条腿。

中里缴“哎呦”一声：“我怎么这么倒霉！”

半空中突然有人说话：“还有你倒霉的呢！”原来是神社里的神灵现身，照着中里缴的脑袋就是一记重拳。

中里缴仆倒在地，当时就一命呜呼了。

这件事，照旧是光天化日、众目睽睽，后来也被记入《春秋》。从此之后，大家互相转告，都说：“不要发假誓呀，神灵在盯着咱们呢！”

这么多灵异现象全都是《春秋》有载哦，可是，孔子不是一个无神论者么？至少他老人家对这些神神鬼鬼的从来都是存而不论的态度呀，这，这不是很矛盾么？

——其实呢，一点儿都不矛盾，因为上面讲的这些个《春秋》并不是传说中孔子编的《春秋》，而是燕国的《春秋》、齐国的《春秋》、周天子的《春秋》等等，这几部《春秋》虽然没有流传下来，但书中的灵异现象却被墨家汇集起来，编纂进了他们墨家的经典《墨子》，上面这些故事，就是取自《墨子·明鬼》。[④]

这就告诉了我们两个信息：第一，《春秋》并不是孔子特别定下来的书名，并没有什么特殊的含义，当时各国的史书还有好几部也都叫《春秋》呢；[⑤]第二，董仲舒在对待老天的态度上和孔孟已经有了很大的差异，反倒和孟子毕生竭力苦战的墨家思想很有一些异曲同工之妙——这就让我们想到，自从“罢黜百家，独尊儒术”以后，难道先秦诸子百家的思想真的全部消亡了吗？也未必哦，墨家的“明鬼”思想不就悄悄地被藏进了董仲舒的儒家理念当中了吗，而墨家曾经可是儒家最大的对头呀。

《墨子·明鬼》在上面讲过的那几个小故事之前还有一个总则似的大帽子，说：自从三代的圣王死了之后，天下越来越乱了，简直没法看了。怎么会搞成这样呢？还不都是因为大家对鬼神产生怀疑了，不知道鬼神是能够赏善罚恶的呀。如果天下人都能相信鬼神可以赏善罚恶，世界很快就会好起来的。[⑥]

看，墨子想“明鬼”其实是为了现实服务的，所以他才从各国的《春秋》里摘选了那么多的“见鬼”的例子，告诉大家：鬼神就在我们身边。墨子为了取信于人，特意都选的那些光天化日、众目睽睽之下见鬼的例子，看起来确实很有说服力。可问题是，如果鬼神当真像墨子说的这样，天下还怎么可能大乱呢？谁还敢不老老实实地过日子呢？所以，天下大乱的现实其实已经把墨子的“明鬼”给结结实实地打翻在地了。我们再看董仲舒，他的“天人感应”理论在鬼神观上介于孔子和墨子之间，取了墨子神道设教的主意，但说得更虚了、更玄了，也就是说，把墨子那个重大的逻辑漏洞给补上了。——想反驳墨子的“明鬼”是很容易的，像我方才那样，一棒子就可以打倒，但反驳董仲舒的“天人感应”可就难了；墨子的“明鬼”说法用简单的逻辑就可以驳倒，而要反驳董仲舒的“天人感应”就需要借助现代化的“奥卡姆剃刀”了。

另外，也许墨子自己都不知道，他的“明鬼”或许有着久远得多的传统渊源——爱德华·泰勒在他著名的《人类学》一书中讲过一个神判的例子，简直就是王里国和中里缴故事的外国翻版：“在俄罗斯的西伯利亚法庭上，可以看到奥斯加克人宣誓的有趣场面：当时，把一个熊头带到法庭上来，为的是如果见证人做了虚假的证明，在这种情况下，奥斯加克人就去咬这熊头，以此为誓召唤熊咬死那见证人。”⑦——原始的神判仪式是如此普遍，当社会发生改变的时候，这些古老的习俗还会顽强地存在一段时间，但终会变得不合时宜。现在，感谢文明的进步，我们在俄罗斯的法庭上已经见不到熊头了（我诅咒这些北方的先民，居然犯了我的名讳），而在墨子那个时候，熊头这种东西也早已不是时代的主旋律了。墨子固守着这份传统，确实像是一位不折不扣的宋国人——宋国人是以迷信著称的商朝人的后裔，在百家争鸣的时代没少受人揶揄，揠苗助长和守株待兔的故事就都是好事者拿来编排他们的。

再看第二个问题："董仲舒所谓'人都是追逐利益的，就像水总是会往低处流一样'，这都是正牌的儒家思想吗？这不是等于在否认人性本善吗？"

再看看董仲舒的原话："夫万民之从利也，如水之走下，不以教化堤防之，不能止也。"不错呀，是说人都是趋利避害的，这是天性，改不了的，而这种天性如果任其发展的话，那一定是一发而不可收拾了。想解决也容易，好办法只有一个：加强思想教育工作，加强精神文明建设，提高人民群众的道德情操。

这也就是说，最高领导人要教育所有老百姓说："都给我听清楚了，我要教你们怎么做人！"——看来没人教的话，老百姓自己是不会做人的，非得由领导来认真教诲才行，最后把所有人都教育成一模一样。

嗯，还有人认为儒家思想都是教人怎么"做人"的吗？

"做人"其实不是做人呀。

这个问题我曾经再三强调，实在是因为太多的人都有这个误解——不光是中国人，外国人也有，黑格尔教哲学的时候就说过：儒家哲学只是一种道德哲学，孔子只是一位现实生活中的智者，在他那里，思辨的哲学是一点儿也没有的，只有一些善良的、老练的、道德的教训，从里面我们不能获得什么特殊的东西。⑧

而其实呢，儒家的做人不是做人，道德不是道德，哲学不是哲学，根子全在政治上呢，政治问题是所有问题的出发点，这一点我们一定要搞清楚。

好了，再看董仲舒的"教做人"，好像老百姓全是坏坯子似的，这思想说它不是儒家吧，却和荀子的"性恶论"很像，而当年在荀子的这个思想里却发展出了法家——真是说不清、道不明啊。

我们设想一下：如果没人教、没人管，人会变成什么样呢？

这世上有很多问题比我们想象的更具有普世性，眼前这个问题也是一样，大约和孔子同时代的西哲格劳孔很有一些真知灼见，而且说得有趣。

格劳孔这个人可能很多人并不熟悉——在柏拉图的《理想国》里，众人围观苏格拉底和诡辩派哲学家色拉叙马霍斯辩论正义与非正义的问题，小色从一开始的气势汹汹直到逐步被苏格拉底逼得哑口无言，而这时候，旁边看热闹的格劳孔起了路见不平、拔刀相助之心，把小色换下场，以生力军的姿态再战苏格拉底。别看格劳孔是作为苏格拉底的对手出现的，但凭心而论，他的发言极有价值。

格劳孔说：那些做正义之事的人并不是真正地出于正义而为之，而仅仅是因为他们没有作恶的本领。

——真是个惊世骇俗的观点呀。格劳孔为了说明观点，给大家讲了一个故事：在很久很久以前，吕底亚的统治下有一个卑微的牧羊人，在一次地震之后，他惊讶地发现大地裂开了一个巨大的裂缝，深不见底。在好奇心的驱使下，牧羊人小心翼翼地走进了这个地缝，哈，果然没有白来，地底下有的是千奇百怪的珍宝。最特别的是一匹空心的铜马，马身上居然还有小窗户。这可太古怪了！牧羊人向这个小窗户里偷眼看去，见里面只有一具死尸，身量比普通人高大，身上什么都没有，只是手上戴着一只黄金戒指。

“不走空”的不止是贼，牧羊人摘下这只戒指戴在了自己的手上，然后就回到了地面。

一个月过去了，什么事都没有发生。这一天，是牧羊人集体开例会的时间，每人都要把羊群的情况向国王汇报。这位牧羊人和同事们坐在一起，静候着每月一度的例行公事。

国王先在主席台上发表他的重要思想的重要讲话：“……取得了重大进展和伟大胜利……思想的指导下，进一步统一思想认识……”我们的牧羊人在底下坐着，聚精会神地在走神，胡乱摆弄着手上的戒指，把戒指上的宝石向自己这边转了一下。

奇迹发生了！突然间，这位牧羊人在人群中消失了——并不是真的消失，只是别人全都看不到他了。他自己呆住了，莫名其妙，好半晌，又把戒指上的宝石向着外侧转了一下，马上，别人又能看见他了。

这真是个伟大的发现啊！从此以后，牧羊人搞了很多次试验，把宝石转过来、转过去，结果是百试百灵！

如果你有这么一个法宝，你会做什么呢？

当然了，我们都有很好的荣耻观，真有了这件法宝也只会用它更多地去学雷锋、做好事，但这个古代的外国牧羊人却远远没有我们这么高的觉悟——他心里有了小算盘，想办法混进了公务员队伍，然后，靠这件法宝的帮助，勾引了王后，谋杀了国王，夺取了王位。

格劳孔讲完了这个故事，接着说：“我们想象一下，如果有两枚这样的戒指，让一个正义的人和一个不义的人各戴一只，结果会怎么样呢？”

格劳孔自问自答：“可以想象，只要有这样的法宝在手，没有一个人还会坚定不移地继续正义下去，没有一个人会克制住自己的欲望而不去拿别人的财物。如果可以在市场上想拿什么就拿什么，可以随意地穿门越户，随意调戏女人，随意杀人越货，总之，如果一个人就像全能的神一样，可以随心所欲地做任何事情，我敢说，那个正义的人和不义的人最后只会变得一模一样。”

——为什么会这样呢？因为，这就是人性呀，正如董仲舒说的：“人都是追逐利益的，就像水总是会往低处流一样”。

是呀，看上去真是这么回事。那么，这个问题如果是客观存在的话，有什么合适的解决之道呢？

董仲舒给出的解决之道就是“推行教化”，当然，完全依靠教化也是不行的，要阴阳结合才行，而阴阳体现在政治上，就是德和刑，也就是德治和法治，但老天既然以阳为主，以阴为辅，人世间也应该相应地以德为主，以刑为辅——这就是董仲舒“德主刑辅”的施政理念。

听上去很合理哦。

但是，仔细想想，似乎还有个问题没有解决呀：如果“人都是追逐利益的，就像水总是会往低处流一样”这句话是成立的，那么，皇帝是不是“人”呢？难道皇帝就是用特殊材料制成的人吗？

如果皇帝也是人，那他也一样是追逐利益的呀，一样是会“水往低处流”的呀。皇帝来统一思想，教化万民，可谁来教化皇帝呢？那个“牧羊人的戒指”可千真万确地就戴在皇帝的手上呀，如果抛开寓言的因素，这个“牧羊人的戒指”不就是不受制约的“绝对权力”吗？如果格劳孔的论述成立，如果阿克顿勋爵“权力导致腐败，绝对权力导致绝对腐败”的论述成立，那么，不管一开始的时候皇帝是正义的还是不义的，只要他戴上了这个“牧羊人的戒指”，就必然会最终变成不义的了？想想天纵英才、励精图治的唐太宗和唐玄宗在执政晚期都变成了什么样子，好像还真是这个道理呢。

如果事情真是这样的话，那也就意味着：用光芒万丈的道德情操来谆谆善诱地教化万民的，却是一个越来越向着不义滑去的皇帝？这就好像用善良、温顺、遵纪守法来教化羊群的，却是一只两眼绿光的豺狼？

——如果一套理论存在着如此巨大之漏洞的话，简直就无法自圆其说嘛。

天下间有着各种各样的理论，有对的，有错的，有精湛的，有搞笑的，但无论如何，“能够自圆其说”总该是一个基本要求吧？一个无法自圆其说的理论恐怕很难得到人们的认真对待。

那么，以董仲舒的大才，一定有办法把这个破绽给圆上吧？

说实在的，这真有点儿难为人家董仲舒，因为儒家思想发源于宗法社会（详见《孟子他说》第二册），无论是孔子还是孟子，他们生活的时代虽然早已“礼崩乐坏”，但好歹是封建体制，好歹有着贵族民主专政的遗风。而秦朝以后，封建变为专制，社会格局变得和以前完全不同了，新儒家董仲舒面对的是一个面目全非的“美丽新世界”，新世界里的政治体制专制新格局是孔孟闻所未闻、见所未见的。也就是说，传统儒家思想里根本找不出现成的解决方案，一切全要靠董仲舒自己去想方设法。

这可不止是董仲舒一个人要解决的问题，也是汉朝以后几乎所有儒家知识分子都要面对的问题。但谁让董仲舒生得早呢，螃蟹他得先啃。

不妨自己先想想：如果你是董仲舒，你会怎么把话给圆上？

如果赤裸裸地说真话，也许可以这么说："天下都是他们老刘家流血流汗打下来的，整个汉朝所有土地、所有人民，都是他们老刘家的私有财产。你们这些臭老百姓就跟猪狗一样，人家想给你们饭吃，你们就有饭吃，想把你们饭碗砸了，你们就得挨饿。——怎么着，不服气是吗？不服气的话，你们也自己打天下去，也拿血汗换去！老话说的好：'既得利益者是不会自动退出历史舞台的，无论他们已经腐朽到了何种程度。'"

——这个逻辑可不是完全虚拟出来的哦，比如哈林顿在《大洋国》的书稿里提倡共和制，委婉地建议独裁者克伦威尔功成身退，而克伦威尔只是轻蔑地说："老子靠刀剑打下来的天下，难道因为一粒纸弹的打击就轻易放弃？"随之便扣留了哈林顿的书稿，不许印发。

董仲舒虽然不知道哈林顿这个"后车之鉴"，却也明白不能拿自己的脑袋开玩笑，如果当真这么说了，自己寿数也就到了。在整个两千年的专制历史上，虽然官方经常宣传什么直言进谏、心口如一，可现实一再告诉人们：有话直说是不会有好下场的，即便现在不收拾你，早晚有一天也会秋后算账。

那，那该怎么说呢？

想来想去，董仲舒理论的这个破绽仅靠人世间的政治理论是怎么也圆不上的，非得请来老天爷不可。看，"天人感应"一点儿都不幼稚吧？能够感应得天降祥瑞的皇帝当然就是真命天子了，其合法性是勿庸置疑的，道德品质之高更是勿庸置疑的，也正是因为如此，他才不仅是我们全国人民的政治领袖，同时还是我们全国人民的伟大导师和道德楷模。

这是一个很高明的办法，我们想想，为什么历代那么多的草民在饱受地方官的欺凌虐待之后却依然坚信中央朝廷的圣洁无瑕，坚信皇帝和宰相们一心一意要让全国百姓过上好生活，而自己之所以没有过上好生活，完全是被恶毒的地方官害的。是呀，真命天子的政策全是好的，都是被地方上这些歪嘴和尚给念坏了的。

看，这样的真命天子倒很像柏拉图理想中的“哲学王”，但耐人寻味的是，柏拉图到了晚年，却对正义和教化绝口不谈，改论刑赏和法治了。

——看来德治教化之途在西方是行不通的哦，只有我们古老的东方文明才能如此。

但可惜的是，德治教化在古代中国其实也没行得通，汉武帝虽然独尊儒术，儒家思想成了官方意识形态，而真实的政治生活却一直都是外儒内法，说一套做一套。嗯，这个表达不很准确，说“儒法合流”也许更好。

不管怎么说，“天人感应”确实把理论破绽给圆上了。现在见面率非常高的“天人合一”其实最主要的一个源头就在董仲舒这里，只是我们很多人把它一厢情愿地理解成“人与大自然的和谐共处”——哦，很多很多古代概念都被我们理直气壮地错误使用着，“天人合一”不过只是其中之一罢了。

也许事情总是有两面性的，从好的一面讲，“天人感应”虽然是对专制的维护，但也对最高统治者起了一定的制约作用：好你个皇帝老儿，别看你在人世间说一不二，什么都是你最大，可你头顶上还有个老天爷呢。商纣王牛不牛，一旦不招老天爷待见了，马上就完蛋。

这情形倒很像某种黑社会类型：所有人都以为老大是最大的，是说一不二的，是拥有无限权力的，可大家不知道，老大上边其实还有个人，只是大家从来都看不见——那就是当朝的巡抚大人，他老人家才是这整个黑社会的保护伞和真正大股东。在董仲舒的体系里，皇帝就是这位黑社会老大，老天爷就是巡抚大人。惟一不同的是，巡抚大人毕竟也是个人，是人就有人类的缺点，而老天爷却不是人，他既是至高无上的，也是完美无缺的。

董仲舒这么做，也等于搞了个“皇帝上岗资格认证”，意思是说：不是所有皇帝都是拥有这个认证证书的，老天爷看着谁好，才会发给谁这个证书，然后盖个钢印。证书和钢印也就是那些祥瑞，于是，拥有祥瑞的皇帝也就是获得老天爷有效认证的皇帝，顺理成章地成为了一个道德完人，或者说是“圣人”“圣主”，而圣主自然会代表万民的利益，关心万民的利益，他是大公无私的——如果他有私心，那就不可能得到资格认证的证书，而他既然已经考上了这个证书，那他必然就是大公无私的圣主。

这个逻辑好像很严密呦，况且，就连一向被誉为东汉时期伟大的唯物论者的王充都曾经以自己的方式为董仲舒的祥瑞逻辑作过证明，[9]那么，既然皇帝是君权神授，老百姓自然该以服从为天职。

也许“神”还更要可靠一些，毕竟神是无所不知的，而且可以奖善罚恶，撤换他不喜欢的代理人。

这时候我们再来回顾一下孔子和孟子，人家可从来没有讲过什么“忠君”哎，且不谈孟子的“民贵君轻”思想，就算孔子著名的那句“君君，臣臣，父父，子子”，其中或许也有一种“你敬我一尺，我敬你一丈”的精神——老板如果对咱够意思，咱就尽到咱的本份；老板如果不够意思，嘿，老子不干了，拍屁股走人！——如果你“君不君”，那就别怪我“臣不臣”。

时代变了，传统儒家的思想行不通了，该讲无条件的忠君了，该对着龙椅宣誓效忠了。其中原因难道仅仅是“老板是老天爷的人间代理”吗？——未必，天命一说其实早在儒家尚未出现的商、周两代就有了，并不是董仲舒的原创，而且，这个理论同时还有着这样一层意思：如果老天爷变主意了，改朝换代就是理所当然的了，真到了那时候，投靠新主子也不是什么丢人的事，无非是顺应天意嘛。

但这层意思最好让它只在理论上存在（所以汉景帝要搞那个“吃马肉不吃马肝”的学术禁区），而且，从“天人感应”来看，只要不断出现祥瑞，就说明天命依然站在当今圣上一边。既然如此，大家伙儿无条件地效忠皇上自然是天经地义的。也就是说，不管老板对你够不够意思，你都得对老板够意思。

当然，说归说，这其中还有着一个很现实的因素，那就是“大一统帝国”的威力。帝国越是大一统，忠君的思想束缚就越强，原因很简单：异见分子没地方跑。——“天人感应”一说在两汉时代还比较清楚明白，越到后来就越有些含含糊糊了，毕竟黑社会老大在私心之中也不大喜欢巡抚大人的“另一面”。

这里还有着很有趣的一点：我们若要分辨历代的知识分子们对这个问题是什么态度，一般来说，只要看看他们怎么评价孟子就可以了。——有一点特别值得留心：咱们现在一提儒家思想就说“孔孟之道”，实际上“孔孟之道”这个说法是晚到北宋才有的，以前人们说的是“周孔之道”，是把周公和孔子并称。孟子是到了唐朝才经韩愈的“再发现”，后来又得到一些宋儒的推崇，这才有了后来的名满天下。

整个历史上，学孟子、像孟子最出名的应该得算王安石，当时人们读他的文章，以为是孟子复生，而王安石还曾借权势之便亲手把《孟子》列入了科举考试必读书。而作为王安石的大对头，司马光自然是头一个反孟子的，他写了一篇《疑孟》，大批孟子，说孟老头儿很会拿圣人之学给自己谋求天价讲课费，而最重要的是，孟老头儿混淆君臣之义，对国君的召见竟然故意不睬，哪像人家孔子，就算鲁哀公那样的昏庸之君，只要派秘书给打个电话，孔子马上就毕恭毕敬地跑去了，这才是为人臣之礼啊！（有趣的是，司马光那个家教严谨的儿子司马温却很是推崇孟子，曾对皇帝说：“《孟子》这书最是淳正，把王道讲得最是明白。”）李觏也是反孟子的（“乞丐何曾有二妻”那个故事就是和他有关的），说孔子之道是君君臣臣的尊卑秩序，孟子之道却是人人可以为君，这还了得！——看来，做奴隶也是会让人上瘾的。费正清曾经列举过自1607年以后中国的几位拥有超长任期的统治者，然后得出结论说：“这可以说明，中国人愿意接受一个至高无上的个人权威，而不是法律的至高无上。”[10]我不清楚的是，如果承认他的这个结论，是否意味着下面这句话也应该是相应成立的：“中国人天生就有奴性”？

我希望大家能把这个问题理解为反问句，但无论如何，相对于自由，很多人却宁愿选择服从；相对于直立行走，很多人却宁愿选择屈膝爬行，这恐怕既是人的天性所致，也是专制之下的斯德哥尔摩综合症吧？

——这种情形直到现代社会也依然不绝，拥有了自由的人们却开始逃避自由，或许自由是一种“不安全”的状态，而弱小的人类在天性上就是需要“集体”的，正如弗洛姆概括的那样：“……极权主义运动吸引着渴望逃避自由的人们。现代人获得了自由，然而在内心深处却渴望逃避自由。现代人摆脱了中世纪的束缚，却没有能够自由地在理性与爱的基础之上营造一种有意义的生活，于是，他便想以顺从领袖、民族或国家的方式，以寻求新的安全感。”[11]——相形之下，孟子的精神就更显得难能可贵了，他老人家的简单真理却原来在根子上就是在和基本人性作对啊。

孟子思想里的知识分子独立人格和“民贵君轻”在大一统时代里确实处境尴尬，忠君就得无条件地一忠到底才是正理，而当这类“忠”的意识已经在很多人的脑海里根深蒂固的时候，仅仅是“忠”却又显得不够了：一定要以“更忠”来超越“忠”，就像追求平等的领袖们从不会满足于平等，而要再接再厉地去追求“更平等”。

宋朝开国初年的宰相范质算得上“忠”的历史上的一个里程碑式的人物，他的经历对后世知识分子的尽忠观念影响极大。据《宋史·范质传》，范质小时候是个神童，文采出类拔萃，十三岁就开始钻研《尚书》——这可是一部超级难读的大部头啊，而且他这么小小年纪就开始教学生了。范质生逢五代乱世，在这五代当中，他在四代里边都当过官，进入后周的时候，范质早已是几朝元老，后来周世宗病危，范质便是一位托孤大臣。

乱世就是乱世，在周世宗咽气不久，小娃娃恭帝即位，随即便发生了一件众所周知的大事：后周武官赵匡胤陈桥兵变，黄袍加身，从此改朝换代，中国历史进入了北宋时期。范质面对这突如其来的变化，一时还没有缓过神来，可他既然已经历仕几朝，看看老天爷又变心思了，便也不在乎继续为这个新建立的宋朝效力，于是，范元老又作了赵家王朝的宰相。

范质此番为相，来了一个意义深远的破旧立新之举：此前，宰相和皇帝议事都是坐着讲话，但范质这时候可能觉得赵匡胤太伟大了，自己太渺小了，对坐议事实在说不过去，干脆，有事就写折子递上去让皇帝自己慢慢看吧。范质这一改规矩，赵匡胤也欣然接受，从此之后直到清朝，被范质改变的这个传统再也没有恢复回去。[12]

范质在去世之后又立起了一座里程碑——宋太祖看范质死了，感叹他辛辛苦苦操劳了这么多年，再看他家无余财，房子也只有自住的一套，也不经营什么产业，更是觉得这人不错。（从赵匡胤的这些感慨里，我们可以反推出当时的很多的大臣肯定都是大炒房地产成风，同时还利用权力经营产业。）赵匡胤一挑大指："这才是真宰相啊！"——更重要的评语是宋太宗赵光义作的，他说："宰辅当中若论守规矩、慎名节、重操守，没人能比得过范质。范质这人哪儿都好，但是，可惜了一点啊——他欠周世宗一死啊！"（宰辅中能循规矩、慎名器、持廉节，无出质右者，但欠世宗一死，为可惜尔。[13]）

宋太宗这个“但是”意义重大，《宋史》后文评论道：

五季至周之世宗，天下将定之时也。范质、王溥、魏仁浦，世宗之所拔擢，而皆有宰相之器焉。宋祖受命，遂为佐命元臣，天之所置，果非人之所能测欤。质以儒者晓畅军事，及其为相，廉慎守法。溥刀笔家子，而好学终始不倦。仁浦尝为小史，而与溥皆以宽厚长者著称，岂非绝人之资乎。质临终，戒其后勿请谥立碑，自悔深矣。太宗评质惜其欠世宗一死。呜呼，《春秋》之法责备贤者，质可得免乎！

这段是说：五代到了周世宗的时候，天下已经快要归于平定了。范质、王溥、魏仁浦这三个人都是周世宗提拔起来的，都有宰相之才。宋太祖接受天命当了皇帝之后，把这些超级能干的前朝旧臣一块儿给收编了，老天爷的心思真不是凡人能够揣测的啊。范质是儒生出身，却通晓军事，当了宰相以后廉洁奉公，谨守法度。……范质临终前，一再叮嘱孩子们不可以给自己请谥立碑，看来他心中是有着很深的悔恨啊。宋太宗评论范质，说他“欠（周）世宗一死”。呜呼，《春秋》笔法责备贤者，范质是逃不了这个责备喽！

——依咱们现代人看，宋太宗这就叫得了便宜还卖乖，但开国初期的皇帝们都是这样，打天下的时候是一个逻辑，坐天下的时候又是一个逻辑，打天下的时候是一个天命，坐天下的时候又是一个天命，而且还得想方设法让大家把打天下时候的逻辑和天命都给忘了，让老百姓们把打天下的时候对他们的许诺都给忘了，谁要敢旧事重提谁就是犯禁，必须给以严惩。这就是伯夷、叔齐的经典悖论，也是汉景帝那句“吃马肉不吃马肝”的另一种体现。想那范质，到底是周世宗的托孤之臣，从这一点上来说，范质也确实有点儿对周世宗不住。这个问题一经宋太宗的渲染，就成了：皇恩浩荡，臣子应当肝脑涂地。这个逻辑进一步会演变成：不管皇帝睬没睬你，只要你生在这个皇朝，那么，这个皇朝就对你皇恩浩荡，你就应该对这个皇朝肝脑涂地，如果这个皇朝被篡夺了，你就应当为此献出生命——是这个皇朝给了你生存权，所以，你自然也就欠这个皇朝一条命。（这会儿就不提天命了。）

“欠世宗一死”，这句话自宋太宗以后，就一直飘荡在历代知识分子的头顶，在一代代皇朝更替的时候起着鬼头刀的作用，嗯，再不能像五代那样历仕新朝了呀，必须从一而终，必要的时候就要勇于死节——因为你欠老皇帝一条命。

吴梅村那句最著名的诗句“浮生所欠只一死，尘世无由识九还”，出处就在这里，在明清易代之际，吴梅村因为自己没去自杀而日日夜夜地受到良心的谴责。

“皇恩浩荡，臣子应当肝脑涂地”，这两者之间真有因果关系吗？可能在宋朝的时候还有，到了后来就越发地淡了。一个典型的例子是：被电视剧渲染得清正廉明的雍正爷在真实的历史上曾经对臣下的一份奏折中“君恩深重，涓埃难报”这句话大为光火——我们一时恐怕很难理解，这八个响当当的字分明是在表忠心的呀，难道还有什么不对吗？这的确是表忠心的，也的确说得不对，雍正驳斥说："你只管去尽臣节，说哪门子君恩深浅呀！"[14]是呀，无论皇帝对你恩深还是恩浅，甚至冤枉了你，你也得尽忠，不能有丝毫二心，这个"忠"，总是要无条件一忠到底的。但这里也可能有个语境隔阂：奏折里所谓的"君恩深重"也许正是前文讲过的《菊与刀》中的那种无所不在的"恩情"。

一般人都认为"忠君"是儒家思想，其实原本不是的，孔孟不讲这一套，法家才讲，比如韩非子，谈忠孝一点儿不比后儒逊色。《韩非子》里专门有一篇"忠孝"，其中举了这样一个例子：做儿子的如果常常称赞别人的爸爸，开口闭口就说："瞧人家谁谁他爸，每天都早起晚睡，努力工作来挣钱养家，离过劳死只有一步之遥，真是个称职的好爸爸呀！"做儿子的如果尽说这种话，这不分明是在指责自己的爸爸么，这样的儿子可绝对不是个孝子。同样的道理，如果做臣子的整天都说先王如何如何好，这不也是等于在骂自己的主子么，这样的臣子也绝对不是忠臣。那么，怎样才是忠臣呢？——很简单，别提尧舜汤武那些古代圣王如何如何的好，别提先烈们如何如何的崇高，只要尽力守法，忠心不二地服侍主子，这才叫作忠臣。[15]

那么，不符合韩非子这个忠臣标准的臣子又该如何呢？《韩非子·初见秦》告诉我们："为人臣不忠，当死。"

再看这样一段话："为人臣则忠，为人父则慈，为人子则孝，能审行此，无官不治，无志不彻，为人上则明，为人下则圣。君鬼（怀）臣忠，父慈子孝，政之本也。"——这是我们很熟悉的"父慈子孝，兄友弟恭"那套，分明是儒家无疑了，但是，这段话的出处却是和儒家最无缘的——是睡虎地秦简里的《为吏之道》，是以严刑峻法著称的秦政府派发给公务员的行为准则。

看看，这是很多人以为是儒家思想的东西，其实却未必真是儒家，这就是随着社会进入专制时代之后，儒家思想开始与时俱进，法家的一些妙处就这么不动声色地融到儒家思想当中了，在“儒家”这个大标签下，其实是一锅大杂烩，而董仲舒就是以“君权神授”在传统儒家思想和法家的无条件忠君思想之间巧妙地搭了一座桥梁。

董仲舒果然厉害，把问题的源头推到老天身上，大体上弥缝了理论破绽。可我们如果多问一句的话：“他的推论真的那么严密吗？”呵呵，也不一定哦。

我们知道，“君权神授”的说法中国有，外国也有，外国董仲舒也做过一套非常相似的论证，而且正如他们一贯所表现的那样，更在意论述的严谨性，他们说：亚当的生育权是上帝授予的，所以是神圣不可侵犯的，进一步所以，亚当和他以后的父亲们对自己所生育的子女也就拥有着绝对的权威。这个论证是有着《圣经》来作支持的，因为《圣经》的“十诫”中劝告人们服从君王所用的表达是“孝顺你的父亲”。

归纳一下来说：上帝授予了人类第一个男子亚当以“绝对父权”，而“绝对父权”等同于“绝对君权”，后世的统治者是从亚当那里传承下来这个“绝对父权/君权”的，所以他们对子民也具有天然的生杀予夺的权力，而子民们则要对统治者报以绝对的服从。

别以为这仅仅是理论上的说法——首先，原始部落里确实有着这样的父权例子，比如人类学家爱德华·泰勒以巴西森林中的低级野蛮部族为例，说在那里“父亲可以随意处置他的妻子和孩子，甚至把他们卖为奴隶，而邻近的人既没有权力、也不愿干涉他的处理”，[16]而爱伦·坡的诗中以“伟大”来定义的罗马令人吃惊地也曾是这般“绝对父权”的领地：“最古的罗马法律允许家长进行严厉的统治，其严厉性是我们新时代人的思想所难以理解的，因为父亲可以对自己成年的儿子进行体罚或者把他们处死，可以强迫他们结婚或跟妻子分离，甚至把他们卖掉”；[17]其次，就在我们著名的中国盛世，就在比董仲舒稍早些的时代里，绝对父权和绝对君权就曾经有过一次真实的联手——这是汉朝初定的时候，战乱方歇，民生凋敝，粮食价格暴涨，《汉书·食货志》记载说：人吃人，全国人口减半，刘邦下令，准许人民群众卖掉孩子，准许到蜀汉地区逃荒。[18]

这无论如何也是无可奈何之下的权宜之计，可权宜到这种份儿上，总有点儿让人毛骨悚然。我们可以想象一下在那个大饥荒的岁月里，“卖掉孩子”是怎样的一种情境？怕不会是“易子而食”吧？

“准许卖掉孩子”，这一法令的言下之意就是：孩子不是“人”。——历史上的杀婴现象是层出不穷的，老百姓们虽然没什么文化，或许也没受过多少“孝道”的宣传，但在实际生活当中也对亲生骨肉行使着家长的权力。日本学者西山荣久曾经研究中国的杀婴现象，把原因居然归纳出十三条之多，后来江绍原还补充了骇人听闻的一点：“西山荣久并且在末段‘赘言’中辩明‘幼儿的尸体遗弃’与 Infanticide 不能混为一谈。他说殇儿被视为讨债的冤鬼，故不埋葬。但我们可以补充一两句：幼儿的尸体不但抛弃了‘一任犬鸦的啮食'，而且许被斫几刀，或剁成几块，以防其再来投胎（今春汉口便发生过这种事，见《大陆报》，原文附在篇末）。又，怪胎往往也享不到埋葬的权利……”⑲看来，无论谈不谈父权问题，父亲确实天然就比孩子有“权”，而在那古老的社会里，从父权到君权似乎也是顺理成章的。

那么，如果我们就在文明社会远远地冷眼旁观，会怎样理解这种父权和君权呢？上帝真的赋予了亚当以“绝对父权”了吗？这种“绝对父权”又真的可以合法演变成“绝对君权”吗？——让我们再想一步：如果老天爷或上帝暂时退席，君权的合法性难道就论证不出来了吗？

呵呵，也不尽然，比如十七世纪的英国政治学者费尔玛就大有“道法自然”的精神，说：既然“自然”建立了父权，那么，由一个人来统治大家是非常合乎自然之道的。⑳

的确，想象一下人类社会的自然发展，好像还真是这么回事，而且，儿子/子民的服从同样也是自然而然的：“即使在最民主的社会里，这种片面性和不可逆性也总是建立在社会模仿的基础上，也就是说，建立在家庭的基础上。因为父亲一直是并且永远是他儿子的第一位主人、神父和榜样。每一个社会，即使今天的社会，都是从这种方式开始的。”莫斯科维奇引用了塔德的这一段话，并且说道：“服从与家庭相互依附，接受一个就意味着接受另一个。这种联系一旦建立，群体心理学就把它引向逻辑的极端，并把父亲转变成每一种领袖的先兆。”㉑

是呀，从父权很容易推论出君权，从绝对父权也很容易推论出绝对君权，两者之中全都暗含着子女/子民对父家长与君主的“依赖和恐惧”（这两个词是套用弗洛姆的说法[22]），而当时代演进之后，绝对君权也很容易推论出“绝对国家之权”——如果我们刻意混淆“国家”的诸多定义的话。这些理论都是一脉相承的，像蔡元培这样的近现代开明大学者就曾提出：每个国民的性命和财产都是国家赐予的，所以，当国家遇到危难的时候，每个国民都应当勇于舍弃自己的财产和性命来作卫国之战。——如果我们把蔡元培的“民约国家”这个前提刻意抛开的话，那么他这番话就和董仲舒等人的君权之论没什么差别了，遗憾的是，很多人都在有意无意地忽略这个前提。

那么，绝对父权和绝对君权是可以反驳的吗？

——如果上面这个问题意味着“有没有‘权利’反驳”，这就得看时代是不是开明了；可如果它意味着“有没有‘理由’反驳”，则当然是有理由的。历史一再地告诉我们：对于同一个文本，只要你肯动脑子，就可以从中引申出无数多的解释；或者说，你想把它解释成什么样就可以解释成什么样；再或者说，你看看世上正在流行什么，统治者正在鼓吹什么，如果你很会投机的话，就完全可以从你手里的文本中论述出什么。看上去这是个不可能的任务，事实上一点儿都不难。

就拿外国董仲舒先来试试。彼得·朗巴德《嘉言录》里有这么一句“嘉言”：“基督徒对世俗权力特别是暴君负有服从的义务”，据说这话的根据是在《马太福音》第十七章第二十五节里耶稣的话：“既然如此，儿子就可以不受拘束了。”——单看这么一句话看不明白，我得把《马太福音》的上下文交代一下：

话说耶稣一行人到了迦百农，有收税的来见彼得，说：“你们的先生不纳人丁税吗？”彼得说：“要纳的。”耶稣随后就问彼得：“你觉得，世上的君王应该向谁收税呢？是向自己的儿子呢，还是向外人？”彼得说：“哪有向自己的儿子收税的道理，当然是向外人收了。”耶稣说：“既然如此，儿子就可以免税了。”

这句“既然如此，儿子就可以免税了”，也就是朗巴德《嘉言录》里引到的“既然如此，儿子就可以不受拘束了”，翻译不同而已。严格来说，单独这句话仅在字面上看是“不受拘束”，但联系上下文的话，意思则应该是“免税”。另外，原始文献我是看不懂的，但这个“儿子”和“外人”在有些英文版里译作 citizens 和 foreigners，前者特指 their own people，后者特指 the foreigners they have conquered。[23]

——这段故事至少可以给我们两个启示：第一，耶稣是上帝的儿子，自然不应该向世俗的君王纳税；第二，即便只以世俗的角度考虑，如果大老爷们都是“父母官”，那么，老百姓也自然全是“子民”，哪有父母向子女收税的道理？子女孝顺父母倒是应该，可父母却不该向子女强行收税呀，尤其是，收不上来的时候还抓子女去坐牢。

世上有很多道理都是这样充满矛盾的，看来，如果听从耶稣的教导，老百姓应该抗税不交才是？

且慢！《马太福音》的故事还有下文，耶稣的话还没说完呢。

耶稣说：“既然如此，儿子就可以免税了。”紧接着，耶稣又对彼得说了很重要的一句话：“可真要抗税不交吧，又恐怕触犯了他们。算了，彼得，你到海边钓鱼去，把先钓上来的鱼拿起来，打开它的嘴，从里边可以摸出一块钱，可以拿去给他们，作为我的税钱。”

呵呵，此言一出，故事的含义似乎就完全变了，看来，耶稣是要教导我们：就连上帝的儿子都要照章纳税，何况平头百姓乎？——搞税务的就是牛哦，连耶稣都得向他们低头。^_^

从这个角度来看，彼得·朗巴德的“嘉言”似乎就变得合情合理了：“基督徒对世俗权力特别是暴君负有服从的义务。”——我也不知道朗巴德到底是怎么论证的，只能瞎猜了。

“基督徒对世俗权力特别是暴君负有服从的义务。”这个道理怎么看怎么不是滋味。不过，事情也许并不这么悲观——作为中世纪的一代神学巨人，托马斯·阿奎那列出了大概是当时社会上曾经流行的五点反对意见，这五点意见主要也同样是从《圣经》的文本出发的：第一，如果在所有的国家，当今君主的儿女可以不纳税，而所有的国王都是受上帝支配的，那么，上帝的儿女当然更不该纳税。基督徒已经成为了上帝的儿女，正如我们在《罗马书》第八章第十六节里读到的：“圣灵与我们的心同证我们是神的儿女。”因此，基督徒在哪里都是不该纳税的，从而也就不必服从世俗的权力。

这话如果当真，全世界恐怕就没有非基督徒了。但是，这话在一定意义上还确实是真的，因为它说明了在西方世界里王权和教权对立的一面——为什么西方传统中有着权力制衡的意识，这恐怕也是原因之一。而中国历史上却是只有皇权而没有教权的，一切的一切都被统辖在皇权之下，都是为皇权服务的，所以中国最深厚的传统思想是明君专制。

阿奎那所列举的后面的四点是越来越激烈的：第二，人有了罪才受到奴役，而通过受洗，这罪已经被洗掉了，人就不该再在奴役下生活了；第三，一个较大的义务可以解除一个较小的义务，正如新法律解除了人们对旧法律的遵守一样，人通过受洗礼而对上帝负有义务；这种义务的约束力比一个人因为遭受奴役而对另一个人承担的义务要大，所以，人在受洗之后就摆脱了奴隶状态；第四，如果有机会的话，任何人都可以取回被别人非法夺走的东西，而现在，许多君主们横暴地夺取了所有土地，所以，当有叛乱发生的时候，他们的臣民并没有对他们服从的义务；第五，对于一个死有余辜的人，别人是没有义务服从他的，比如西塞罗在《论义务》中为杀死恺撒的人辩护，因为恺撒的王权是篡夺来的，所以，对这种人是不该服从的。[24]

这些话像极了孟子，但在论述上可比孟子严谨多了。前三点都是从神学立场出发，而最后两点却完全是出于世俗的考虑，因此而在现代的眼光看来才显得更有意义。不过，我们既然在讨论君权神授，就更应该关注前三点才是。其中的道理是：神授之权不是国君独有的，而是国君和老百姓同样拥有的——这是一种极有颠覆性的思想，让老百姓在国君面前不再膝盖发软。值得我们注意的是：当初的西方世界正是因为有着王权和教权的制衡，这种颠覆性思想才得以存在下去，而中国历史上的宗教却必须是从教义上就拥护皇帝的，在管理上是受政府控制的，否则就无法生存。常有人从东西方宗教的不同教义出发来解释历史，可教义未必就真有多大的作用。

托马斯·阿奎那是西方世界的圣人，是中世纪最伟大的神学家，对以上这五点意见他有点儿看不惯，于是一一展开分析——嗯，立了靶子就是为了动手去打的。阿奎那是以繁复的分析论证而著称的，他反驳说："可是，同上述静证相反的，有《彼得前书》（第二章，第十八节）的说法：'你们作仆人的，凡事要存敬畏的心顺服主人，不但顺服那善良温和的，就是那乖僻的也要顺服。'还有《罗马人书》（第十二章，第二节）的说法：'抗拒掌权的，就是抗拒神的命令。'既然抗拒神的命令是不允许的，所以抗拒世俗的权力也是不允许的。"

阿奎那摆出雄辩的架式逐条反驳，对于第一点，他说："如果统治者本人有缺点，或者和他的地位不配，这是不应该影响到他的权威的，因为，既然他的权威是上帝给的，臣民们就应该服从，而无论他有多么的不称职；而如果统治者的权威是通过非法手段得来的，比如暴力或买卖圣职等等，那么大家是有权不服从他的。"——嗯，不过，按照这个说法，难道人们对"很不称职"的隋炀帝是应该绝对服从的，而对"通过非法手段"登极的唐宗宋祖却是不应该服从的？

阿奎那大概自己也觉得这道理不大好听，赶紧补充说："如果统治者滥用权力为非作歹，臣民们是可以不服从的，而且应该反抗，正如那些神圣的殉道者那样；如果统治者越了权，臣民们也是可以不服从的，比如一个主人要求一个仆人付出他不应支付的款项，仆人就有权拒绝。"——前半句话禁不起推敲，什么才叫"滥用"，这概念很难限定，尤其是在没有宪法的时代里，而后半句话其实却隐含了对"统治者权力"的限定——统治者居然也有些

“权”是不能“越”的？！

对于第二点，阿奎那认为我们不该把洗礼的作用无限夸大，诚然，洗礼可以使人产生对未来的希望，但这并不会免除我们的原罪，我们照样会死，照样会经受许多不幸。

对于第三点，阿奎那的回答是斩钉截铁的：“较大的义务并不免除较小的义务，除非二者是互不相容的，因为错误和真理不能并存。”——可这个理由怎么看怎么都觉得糊涂。

阿奎那是基本支持第四和第五点的——这可是大权威的支持哦——他甚至还说，在暴君当政而老百姓的苦难无处申诉的情况下，“如果有人用杀死暴君的办法来解放他的国家，他是值得赞扬和奖赏的”。

阿奎那最后归结：“……按照《马太福音》（第二十二章，第二十一节）给我们的指示，“‘恺撒之物应归凯撒。’当然，除非是宗教权力和世俗权力集中在同一个人的身上，如集中在教皇身上，因为根据既为祭司又为国王的基督的启示，教皇的权力在世俗问题和宗教问题上都是至高无上的……基督是永远的祭司，是万王之王和万主之主，他的权力必然不会丧失，他的统治权将永不消逝。阿门。”

——到了最后才是正解，虽然世俗的君主们要受到这样那样的限制，但教皇的权力却理所当然是至高无上的。如果我们抛开最后这段归纳，单看阿奎那对五点意见的论述的话，或者，单独看那五点意见的话……

一个显而易见的道理是：凡是赞成君权神授的，就必然赞成独裁，必然赞成统一思想。阿奎那在《论君主政治——致塞浦鲁斯国王》一文中说道：

而且，显然可以看出，如果许多人意见分歧，他们就永远不能产生社会的统一。……既然自然始终以最完善的方式进行活动，那么最接近自然过程的办法就是最好的办法。可是在自然界，支配权总是操在单一的个体手中的。……现在并非由一人所统治的城市或省份，常常由于倾轧而陷于分裂，并不断纷争；所以，当上帝说“许多牧人毁坏我的葡萄园”（《耶利米书》，第十二章，第十节）的时候，他的话看来是要应验的。反之，由一个国王所统治的城市和省份却是一片升平气象，公道之风盛行，并因财富充盈而民情欢腾。所以上帝通过先知答应他的人民：作为一个巨大的恩惠，他要把他们放在一人之下，只有一个君主来统治他们大众。[25]

社会达尔文主义不但早于达尔文，还早得不是一点半点，而一位著名的神学家早在达尔文降生之前几百年就说出了近乎于社会达尔文主义的观点，倒真是一件值得深思的事情。另外值得留意的是，阿奎那在这段讲完“君主制是最好的政体之后”，紧接着就讲“暴君政治、即君主政治的腐化变质是最坏的政体”，这就与我们中国古人的担心与忧虑如出一辙了，而真实的历史上永远上演着君主制走向腐化变质和暴君政治的节目——前者是后者的主要原因，后者是前者的必然结果。

——再来换个角度，从神学换到历史，我们如果从历史角度反驳外国董仲舒的绝对父权和绝对君权之说，就像从同样的角度反驳中国董仲舒一样容易：《旧约》时代普遍是氏族时代，家族里的爸爸一般也就是最高首脑，我们现在可以用“父家长”这个专业名词来称呼他们，并且，正如梅因在《古代法》里所说的那样：“从历史表面上所能看到的各点是：——最年长的父辈——最年长的尊属亲——是家庭的绝对统治者。他握有生杀之权，他对待他的子女、他的家庭像对待奴隶一样，不受任何限制；真的，亲子具有这样较高的资格，就是终有一天他本身也要成为一个族长，除此以外，父子关系和主奴关系似乎很少差别”；[26]然而时代变了，社会结构变了，“父家长”和国君虽然字面上都是指最高首脑，但实质却是完全不同的，简直是没有可比性的，就像汉武帝和尧舜禹汤文武周公没有可比性一样。（孟德斯鸠也对费尔玛这类观点做过有力的反驳：“父权的例子并不能证实任何东西。因为，如果父亲的权力和单独一人的统治有关系的话，那么父亲死后兄弟们的权力，或是兄弟们死后堂表兄弟们的权力，也与几个人统治的政体有关系了。政治的权力也就必须包括几个家庭的联合了。”）

可我们这样的反驳只能是事后诸葛亮，如果换到当时当地，就用当时当地的主流观念来作反驳，这才是高手之风。

英哲洛克就是这样的一位高手。

作为外国董仲舒的反对派，自由主义老前辈洛克同样从上帝创造亚当出发，论证出了居然完全相反的结论：亚当虽然是人类之始祖，我们所有人都是他老人家的后代，但我们的生命（灵魂）却不是亚当赋予的，而是得自于上帝，所以，我们每个人所拥有的不但不是“天赋的服从”，反而是“天赋的自由”。

洛克继续论证：董仲舒们如果想使自己的推论成立，就必须首先证明出下面这两个前提：第一，亚当的这种绝对权力不随他的死亡而终结，而是在他死后全部转移给另外某人，并且子孙万代一直这么转移下去；第二，现在的君主们都是通过一种正当的方式获得了亚当传下来的这一绝对权力的。[27]

——看，同样是以老天/上帝为出发点，有人论证出了皇帝拥有绝对君权，而洛克却论证出了人民拥有天赋自由。董仲舒应该庆幸自己没遇上洛克，洛克也应该庆幸自己没生活在董仲舒时代的中国。

这种有趣的例子并不是绝无仅有的，我们就此再来考察一下所谓的“儒家思想”。

“亚洲四小龙”经济腾飞那阵子，不少人论证出儒家思想对政治经济现代化的推动作用，而当初韦伯的名著《儒教与道教》和《新教伦理与资本主义》却似乎从儒家思想推出了完全相反的结论，他的结论在很长时间以来都被许多人奉为圭臬。这时再想起韦伯开宗明义的“价值无涉”的学术姿态，越发让人摸不着头脑。

到底谁说的对呢？

既然“亚洲四小龙”都已经经济腾飞了，应该是那些现代专家说的对吧？呵呵，却也未必。其他因素就不说了，那些都和本文无关，我举这个例子其实想说的是：大家争论的这个问题，问题本身就是很不周密的。

如果反问一句：都说儒家思想如何如何，你们说的到底是哪个儒家思想呢？

——从上文我们已经看到，儒家仅仅发展到了汉朝，就已经和先秦时代大大不同了，董仲舒的主义里既有墨家成分，又有法家成分，孔孟如果在世，非得被小董气死。这还没完呢，董仲舒还融合了阴阳学说和五行学说，把一个无神论的儒家给搞得神神道道的。（阴阳和五行原本并非一家。）而在董仲舒之后，儒家也每每与时俱进，反正通常都是政治改造思想，而不是思想改造政治，我们甚至可以想象：如果汉武帝不是独尊儒术，而是独尊道术，或者独尊法术，这“道术”和“法术”最后也都会变成和被独尊的“儒术”并无二致的思想。

所以，当我们在说“儒家如何如何”的时候，其实是在作一个很不周密的表述，如果我们再常常搬出孔子、孟子来论证之，那就很容易犯刻舟求剑的错误了。

说回董仲舒的“天人感应”，因为洛克的缺席，也因为“老天”或“老天爷”在人格化的程度上比“上帝”要低，所以这个逻辑倒也说得上圆满周密，毫无破绽。但即便这样，皇帝心里也会打鼓：祥瑞真能来么？如果祥瑞迟迟不出现，反倒三天两头灾荒、地震什么的，那不是质疑我的合法性吗？

这似乎真有点儿让皇帝揪心，但好在一般来说，这个怀疑只会在理论上成立，现实总有现实的逻辑。

比如说各级地方官员通过作假呈报地方上的祥瑞。——有些正直的人可能不以为然：“如果换了是我，我不求升迁就是了，就是不去造假，谁又能奈我何？孔子不是说嘛：‘邦有道，危言危行；邦无道，危言行逊。’这是说国家政治清明的时候，我们应该正直地说话，正直地办事；国家政治黑暗的时候，话我们还应该正儿八经地说，但做事却要谨小慎微才是。”

如果真有这样的人问出这样的问题，我首先要钦佩他的正直。但是，做事和说话真是截然不同的两件事吗？想起有一段时间，以赛亚·伯林的思想流行，大家津津乐道于他提出的“积极自由”和“消极自由”，把这两个词作一下庸俗化的理解：我们未必选择 be free to，但我们可以坚持be free from——当造假事件涌现的时候，我们不一定以卵击石地前去声讨，但至少应该不去参与造假，不去助纣为虐、为虎作伥。

这两种自由，我觉得，倒都有着非常诗意的解释。一是柳宗元的《酬曹侍御过象县见寄》：

破额山前碧玉流，骚人遥驻木兰舟。
春风无限潇湘意，欲采蘋花不自由。

（有件轶闻可作注解：程千帆在《桑榆忆往》一书中，回忆读书时到胡小石先生家去，见胡先生在读唐诗，正是这首《酬曹侍御过象县见寄》——胡先生“念了一遍又一遍，总有五六遍，把书一摔，说：‘你们走吧，我什么都告诉你们了。’”）

二是陈寅恪的《答北客》：

多谢相知筑菟裘，可怜无蟹有监州。
柳家既负元和脚，不采蘋花即自由。

这两首诗，上下悬隔千年，而“蘋花”或采或否，自由或有或无，都是“把书一摔”，便已经全说清楚了。而以这两首诗来注解伯林所说，恰当与否，我也东施效颦，“把书一摔”好了。这境界，不比“拈花一笑”还要高些？^_^

回到造假的问题，到底人们有着什么样的“自由”或者“不自由”呢？“萍花”当采还是不当采呢？想来想去，大白话还是那句：“当造假事件涌现的时候，我们不一定以卵击石地前去声讨，但至少应该不去参与造假，不去助纣为虐、为虎作伥。”这总可以吧？

可是，这样真的可以吗？

真的可以吗？

举一个小例子好了：王莽准备篡位的时候，天下各地到处都有祥瑞出现，不但如此，还有大量童谣流行，全是歌颂王莽的。官员们单是上报这些祥瑞和童谣就几乎把全部的工作时间占满了。如果你也是此中一官，你会如何呢？

当时，公孙闳和班稺就没随大流。公孙闳比较过分一些，直言地方灾情，结果没多久，就有积极分子弹劾两人，说：“公孙闳伪造灾情，班稺拒绝反映祥瑞，两人都是对朝廷的圣明心怀不满，实在大逆不道！”

当时当政的王太后心肠还算不错，下诏说：“不宣扬祥瑞和伪造灾情应该分别处罚。班稺是班婕妤的弟弟，看在这层关系上，从轻发落好了。”结果，公孙闳入狱被杀，班稺引咎辞职。㉘——看，这时候到底有多少“消极自由”可谈呀？正直的人，不是被逼得学坏，就是被淘汰出局。这就像大家列队，别人都往前跨了一步，只有你原地不动，那落后分子就是你了。我们都知道“学如逆水行舟，不进则退”，其实造假使坏、溜须拍马这些勾当更如“逆水行舟”啊。

齐白石有则轶闻，说某天有外宾来访，对齐老赞不绝口，可细心的翻译注意到，齐白石的脸上始终带有一丝不悦。送走外宾之后，翻译忍不住来问齐老：“人家那么夸您，您怎么还不大高兴呢？”齐老板着脸回答：“他没挑大拇指。”——这则轶闻原本是着意描绘老艺术家有一颗孩童般的纯真的心，可我们却可以从中体会出人情世故的另外一个侧面：当夸赞已经成为家常便饭的时候，夸得不够火候都会惹被夸者不快。

这种现象发生在某个个体身上的时候，倒也透着可爱，可如果一个国家也变成这样，那就只显得可怕了。当歌功颂德成为每个人必修的功课时，不歌颂，甚至仅仅是歌颂得不够肉麻都会把自己从人群当中凸显出来，任身家性命作了聪明人邀功请赏的战利品。

当然了，这些聪明的古人同样可以从儒家思想里找到理论依据：我们是以德治国哎，皇上是圣明天子，朝廷是好人政府，社会是完美无暇的，即便掐喉咙拿薪水，可掐的都是坏人的喉咙。

但问题是，即便真是好人政府，就一定不会犯错误吗？英国老诗人弥尔顿曾经对此就很是不以为然，他说：“一个好政府和一个坏政府同样容易犯错误。试问有哪一个官员敢保证不听错消息？尤其当出版自由被少数人垄断的时候就更加如此了。”——弥尔顿并不是一个思想家，而是一位诗人，人们知道这个名字往往是因为《失乐园》《复乐园》和《力士参孙》这三部不朽的长篇叙事诗，但他在《论出版自由》这篇小文里并没有诉诸什么深邃的思考，而仅仅是提出了一些常识。的确，有些问题是仅靠常识就可以判断的。弥尔顿的这句话提出了一个有趣的问题：少数人垄断出版自由是为了（至少表面是为了）不听错消息，或者说不让大家听错消息，然而，少数人垄断出版自由这件事情本身恰恰最容易使这“少数人”以及大家“听错消息”。嗯，这是不是一个常识性的判断呢？

明清易代之际的大儒王夫之对这个问题也发出了一句来自常识的判断：“其上申韩者，其下必佛老。”[29]意思是说：最高领导人如果搞的是申不害和韩非那套法家路线，他手下这些人必然都是佛家和老庄的处世之道。正经话不必正经来听，不正经的事却必须正经去做。——听上去不大让人舒服哎。可是，自从汉武帝以后，中国历朝历代不都是儒家思想一统天下了吗？关申不害和韩非什么事呀？儒家思想可都是仁义当先，教人学好的哎！

——儒家确实一统天下了，但那只是幌子，历史常常展现给我们的是：是政治选择思想，而不是思想选择政治；是政治改造思想，而不是思想改造政治；反过来说，是思想迎合政治，而不是政治迎合思想。所以，汉以后的儒家还是孔孟的儒家吗？独尊儒术真的是独尊儒术吗？这都是要多打上几个问号的。

法家要塑造的是强权皇帝，但这事最好关起门说；儒家要塑造的是圣人皇帝，这事可最好敞开了满世界去说。

圣人皇帝确实是一个美好的憧憬，就像民间故事里的亚瑟王、就像电视剧里的乾隆爷、雍正爷，看着这些圣明的“爷”们剪除敌人，把权力大揽在手，然后坚决肃贪，贪官们看见他们就浑身发抖，他们还如此亲民，笑呵呵地走访穷困的乡亲，他们还如此俭朴，一件衣服打了补丁穿很多年……是呀，这是老百姓们最最喜闻乐见的了，这真要感谢一些天才超卓的造梦本领，也见得老百姓心里永恒的期望。

人们总是期待着以道德完人面目出现的圣主明君，这种期待是如此真诚而漫长，以致我们不禁要问："历史上真的有过这样的人吗？"

的确有过。在中国的历史上，尧舜禹汤文武周公，他们都是拿过货真价实的资格认证证书的，但他们的事迹过于遥远，禁不得死脑筋的人去较真，而且遥远的事迹也含混不清，让人看不出具体的面貌。

如果真想看一下圣主明君的具体面貌，我们只好到外国去找了。不，这并不是说外国真的有过这样的人，相反，从没有过——我们又可以自豪一下了哎——但他们在理想中却有过对圣主明君的非常具体而微的勾勒。

首先值得一看的是柏拉图的《理想国》，苏格拉底在那个古代民主制度的城邦里和格劳孔（我们已经认识过他了）讨论如何"选择和任命统治者和护卫者的总办法"。——看，苏格拉底谈的是"选择和任命"，而不是董仲舒谈的"听天由命"，我们往下会看到，即便在古代民主的"选择和任命"里，一个英明统治者的俊朗模样也会显得是多么的遥不可及。

苏格拉底煞有介事地讲了一个"荒唐的故事"，说我们大家虽然都是一土所生，彼此都是兄弟，但老天爷在造人的时候配料却搞得很有差别：他在有些人身上加了黄金，所以这些人是最高贵的，适合做统治者；他在另一些人身上加了白银，这些人适合去作国家的护卫者；还有些加了铜和铁的，就是那些工人和农民了。

这故事听上去好像是出身论哦，难道这种金属血统也会遗传吗？苏格拉底说：确实是会遗传的，但有个麻烦，那就是：金子的爸爸有时也会生出铜铁的儿子，铜铁的爸爸有时也会生出金子的儿子。所以，老天爷交给人间统治者的一项最重要的任务就是：要好好来做他们的后代的监护人，认真了解他们后代的灵魂中究竟混进的是哪一种金属，如果发现孩子的含金量太低，而脸蛋儿上却能吸得住磁铁，这可是个危险的信号呀，要赶紧把孩子安排到铜铁的位子上去，让他去做工人、农民，绝对不能让他做国家的统治者和护卫者！

这道理也可以反过来说：如果在工人、农民的孩子当中发现了含金量极高的，那就应该把他提升起来，让他来做国家的护卫者或者统治者。神谕说过："铜铁当道，国家破亡"，就是这个道理啊！

那么，由黄金通体打造出来的统治者和护卫者应该是什么样子呢？

在说明"应该是什么样子"之前，苏格拉底先用了一个比喻来说明"不应该是什么样子"：对牧羊人来说，人世间最可怕、最可耻的事情莫过于把那些帮助他们管理羊群的牧羊犬饲养成这个样子：它们因为放纵、饥饿或是什么坏脾气，反倒去伤害那些本该被自己保护的羊群。它们更像是豺狼而不像是牧羊犬。

苏格拉底的这个比喻看似精辟，其实是有些毛病的：人、牧羊犬、羊，这三者的关系让人想不清楚。苏老师的本意可能是："人"代表的是统治者，统治者雇佣了护卫者（牧羊犬），护卫者护卫着羊群（人民群众）。但当时是个古老的民主社会，所以，"人"是应该由"羊群"来选择任命的，并且，这个"人"其实也是羊群中的一只或几只羊，只不过它们获得了羊群的同意，坐上了

“人”的位子。这一制度的逻辑应该是：牧羊犬对人负责，人对羊群负责，最后让羊群里的羊都能过上好生活。

所以，这个有些缺陷的比喻也许倒更适合于专制社会：“人”就是皇帝，“牧羊犬”就是官僚集团与军队，“羊”就是老百姓，“人”雇佣“牧羊犬”来管理“羊群”，因为“羊群”是属于“人”的，所以“人”要求“牧羊犬”把“羊群”管好，好让“羊群”能为自己生产更多的羊肉和羊毛。那么，既然最终的目的是羊肉和羊毛，“牧羊犬”再怎么折磨“羊群”都无所谓，只要羊肉和羊毛的供给量能够满足“人”的需求。

——事情也许并不会这么糟糕，如果这个“人”真的是集老天的祥瑞于一身的道德完人的话。

苏格拉底接着对格劳孔阐述“应该是什么样子”的问题：请考虑一下，如果让他们做优秀的护卫者，那么，下述这种生活方式、这种住房条件能行吗：第一，除了绝对必需品之外，他们中的任何人都不能有任何私产；第二，他们中的任何人都不许有私人住宅，房子和仓库都是大家公有的。至于他们的食物，全由其他公民供应，以作为支付给他们的报酬。这些食物按照需要，每年定量供应，既不会过多，也不会短缺。他们必须同吃同住，像士兵在战场上一样。至于金银，我们一定得告诉他们：他们已经从神明那里得到了足够的金银，藏在心灵深处，所以再不需要人世间的金银了，他们不应该让神明的金银和世俗的金银混杂在一起，否则就是对神明的亵渎呀。世俗的金银是万恶之源，而心灵深处的金银则是纯洁无瑕的至宝是也。国民之中只有这些护卫者不敢和金银发生任何关系，甚至不敢摸它们一下。他们不敢在身上挂一丁点儿的金银饰品，也不敢用金银酒杯喝酒。他们就这样来拯救自己，拯救自己的国家。他们如果接受了土地、住房或者金钱，那他们就去种地、去做生意好了，不能再搞政治、作护卫者了。他们这是从人民的盟友蜕变为人民的敌人了，蜕变为暴君了。他们憎恨人民，人民也憎恨他们；他们算计人民，人民渴望打倒他们；他们终生处于恐惧之中，对本国人民的惧怕远远超过对外国敌人的惧怕。最后，一定会出现这样的结果：他们和国家一起走上灭亡之路，同归于尽。

苏格拉底说话可真够狠的，听起来不像是位智者，倒像是个愤青。这时候，听众当中有位阿得曼托斯按捺不住了，出来问难说："老苏，你就忽悠吧，照你这么说，要想做城邦护卫者就得让自己成为一个毫无幸福的人，既不能像平常人那样获得土地、建造豪宅，也置办不起任何奢侈品，要是来了客人，连顿像样的饭都招待不起，只能带人家到路边无照小摊吃碗面条？你说你这像人话么！"

——如果换在我小时候，我是绝对支持苏格拉底，反对阿得曼托斯的。我那时就很奇怪：为什么职位越高，待遇也就越高呢？按说职位越高，就职者的思想觉悟也就越高；或者说，思想觉悟越高，也就越应该升到更高的职位，所以，应该是职位越高，待遇越低才合理呀！不怕大家笑话，这个问题可真困惑了我好多年呢。

苏格拉底和小时候的我站在一起，回答阿得曼托斯说："你说的这些还远远不够呢，他们还没钱给女朋友买礼物，也不可能随便就去旅游，诸如此类我还能补充很多很多呢。但是，我们的护卫者过着这种生活却是很幸福的，因为，我们建立这个国家的目的并不是为了满足某个阶级特殊的幸福，而是为了全体公民最大的幸福……打个比方，比如我在给一个人体塑像上颜色，有人质问我说：‘人体最漂亮的部分是眼睛，颜色里最漂亮的是金色，你为什么不用金色来画眼睛呢？’我会回答说：‘如果我真把眼睛染成金色，那它们就不是眼睛了。半夜里一双金灿灿的眼睛瞪着你，你不觉得头皮发麻呀？’同样的道理，不要把我们认为的那些幸福强加在我们的护卫者身上，如果他们得到了那些幸福，他们也就不成其为护卫者了。就像我们给农民穿金戴银，让工人吃喝玩乐，那他们也就不成其为工人和农民了。”

苏老师说的好是好，但说的到底是个“理想国”（从中译本的字面理解）呀，能够当真吗？曾经实现过吗？

——不要轻易否定哦，还当真实现过的，这世界上曾经出现过许许多多的由高人们精心设计出来的人类生活实验场，比如，有莫尔的“乌托邦”，有康帕内拉的“太阳城”，有安德里亚的“基督城”，这里边都有苏格拉底的余音绕梁。

这三个鼎鼎大名的“理想国”既有共性，又各具特点。从共性上说，最主要的就是这三大世界都是圣主明君的开明专制：乌托邦里有个哲学王，太阳城里有个“太阳”，基督城里是三位领导联合执政，看起来像是寡头体制——要同时满足专制和寡头这两个条件可殊为不易呀。

因为伟人完美周密的设计，三大世界里的人民从衣食住行到生老病死全被安排得井井有条。我们窥一斑而知全豹，先看看基督城的生活好了：在这里，食物是定量配给的，衣服也是，而且每人只有两套，颜色非白即灰，没有任何花样和装饰；住宅也是国家统一分配的，所有的住宅楼都长得一模一样，一律三层；当然，最主要的是，这里的人民都具有高尚的思想情操——这一方面是因为领导人起到了良好的表率作用，上梁既正，下梁也就不歪；一方面和他们重视教育有关，每个人的德、智、体、美都在良好的教育之下得到了全面发展。[30]

再来看看太阳城：太阳城里的妇女生育政策很值得单独提出来看看——在这里，“在古雅典的体育学校上课时，所有男人和女人都要按古代斯巴达人的风俗把衣服脱光。这样，领导人就能够根据他们体格的情况，来确定哪个男人最适合同哪个女人性交；他们只需很洁净地洗过一次澡后，就可以每三夜进行一次性交。体格匀称和美貌的女子，只同体格匀称和健壮的男子结合；肥胖的男子与消瘦的女子结合，消瘦的男子与肥胖的女子结合，为的是能使他们得到有益的平衡。”——这还不是最让人吃惊的，他们还会“妇女初次与男子性交后而不受孕者，便被配给另一个男子；如果多次与男子合欢而仍不受孕，便被宣布为‘公妻’，而且也就不能像主妇那样在‘生育会议’上，在神庙和公共食堂中受人尊敬了。”[31]

——看，不分古今中外，一些伟大的社会蓝图都是由这位或那位伟人精心设计出来的，这样的蓝图是如此的周密而完备，只要我们把自己当作蓝图中被设计出来的某个零件而按照该零件被设计出来的功能落脚在相应的位置上，这就够了，等大家都一起运转起来，这个蓝图就会变成真实的天堂。

人间天堂可绝不仅仅只有以上这三处，它们只是最为有名罢了。十七世纪的法国作家维拉斯写过一本《塞瓦兰人的历史》，同莫尔和康帕内拉他们一样，维拉斯也在书中构建了自己的天堂，并且也同他们一样认为自己设计的这个天堂是“古往今来的国家制度的楷模”。我们来看发生在塞瓦兰人政治生活中的一个禅让的故事：七十高龄的塞瓦兰人的国君已执政了三十八年，感到年迈力衰，于是决定把政权禅让给年富力强的新人。禅让是成功的，再者，出于高尚的道德观，老国王过上了真正的平民生活，不再有任何特权可言。[32]

这真是个让人感动的故事呀，维拉斯大概没听说中国古史上尧舜禹禅让的传说，所以，难免会令人疑惑的是：如此温和感人的禅让制度真会一直延续下去吗?

思想家摩莱里的《自然法典》发展了维拉斯的思想，他假想了一位“英明的立法者”到美洲去，“到那些还生活于自然状态的‘野蛮民族’那里去，这位立法者向野蛮人传授新的饮食方法、新的艺术、正确的劳动组织，但还是原封不动地保存了财产共有制，以满足共同的需要。摩莱里断言，大家都会欢迎这位立法者的倡议的，实行他这个计划的一切条件都是良好的。”[33]

同在十七世纪，英国的掘土运动领袖温斯坦莱写成了《自由法》。与莫尔等人不同的是，他注意到了在其他人的天堂里都普遍缺乏制度约束观念，他这可算是天堂设计师的一个较大进步了。[34]于是，太阳城里的领导干部终身制和塞瓦兰人中的禅让制在这里受到了强烈质疑，而普选和监督则被提到了日程上来。天堂日新月异，哈林顿的“大洋国”更把法律提高到了众人之上的位置——这就是前边提到的受到克伦威尔轻蔑讥笑的那部稿子。[35]

是呀，所有的天堂都是稿子，我们也许应该为此感到无比的庆幸。在比较著名的例子里，似乎只有欧文和中国明朝的何心隐曾经把纸上的天堂蓝图小范围地付诸实现（不太著名的例子就很多了，比如几十年前西方的行为学派心理学家搞的试验田等等，另外，据说列宁也曾经小范围地搞过公社实验）——我们这回应该庆幸的是：欧文和何心隐毕竟都只是一介匹夫，只能小范围地搞个试验田，却没有足够的权力在更大的范围里轰轰烈烈地大搞一场。

以上的几个人间天堂，绝大多数都是圣主和教化并重，我们回过头来再看董仲舒的儒家修正主义理论，真有异曲同工之妙。还有一点值得注意的是：在查看天堂蓝图的时候，我们应该把蓝图的设计者一并考虑进去。那么，一个至关重要的问题是：人，如果仅仅是人，有能力设计出一幅周密的天堂蓝图吗？

是呀，仅仅是人，即便是位伟大的圣人，他可以吗？

儒家的思想，或者说中国的传统思想里，通常都是圣人或贤人决定一切，比如，蓝图是圣人勾勒的，对具体事件的意见要听贤人的，而多数人的意见通常不被重视，除非这多数人是一个贤人群体。汉朝人曾经流行着一种说法，认为《春秋》是孔子预先为汉朝写下的一部宪法，而儒家“十三经”里的《周礼》也是假托大圣人周公制订的一整套理想的政治框架。这两幅蓝图从未经过完整的实施，但这似乎还不足以否定它们具有被付诸实施的可能性。人的理性应该是有能力勾画出完整周密而且充分可行的天堂蓝图的——哎，这可不是我说的，这是笛卡儿的意见。我这只是扯大旗做虎皮罢了，但随之而来的另一面大旗却是康德的《纯粹理性批判》，康德大声质疑道：绝对理性真的存在吗？

值得注意的是：算起来，康德也是个很古老、很古老的人了。

对绝对理性的否定在政治领域里其实也就是对“以德治国”和“以计划治国”的否定，毕竟道德完人和千手千眼的超人是从来都不存在、未来也不可能出现的。现在我们谈起这个问题，一般都会想到一些著名的经济理论，其实这个思想渊源甚早——还是康德。

康德对柏拉图的“哲学王”不以为然，他认为君王搞哲学和哲学家成为君王这都是可遇而不可求的，原因很简单：权力会腐蚀理性。

康德对人类的私心私欲洞若观火，他虽然在伦理学领域造诣极深，却丝毫也不认为人类可以通过提升道德水准来达到天下大治——嗯，那就民主好了。一个古典的伟大哲学家、伦理学家提出这样的观点简直令人难以置信，但康德确实认为：民主制度的形成并不依赖于人民的道德素质，当然也不依赖于统治者的道德素质，这些人尽管各有私心，但合理的宪政体制会迫使他们彼此互为制约。他们虽然坏心依旧，却受制于彼此间的约束而干不了多少坏事。而且，别说人类可以如此，就算是一群魔鬼，只要他们都是具有理性的，也一样可以如此。

再把康德的意见归纳一下，大致是——

因为：1）人的私欲永不可免；

2）道德完人永不可求；

3）绝对理性绝对没有；

所以：1）“以德治国”绝无可能；

2）当以民主宪政使人们彼此互为制衡时，在这个制度之下，就算是魔鬼，也只能空有无限坏心却做不了多少坏事了。其含义是：人民群众的普遍素质哪怕再低，也不

> 会妨碍到民主制度的运作，进而也不会妨碍社会总体福利水平的提升。

董仲舒当然远比康德“古典”，他如果对汉武帝说什么“最高领导人也有私欲，在权力不受限制的情况下私欲也会无限膨胀”，那他的下场也就可想而知了。无论如何，领导人一定是道德完人，是道德楷模，是全国人民学习的榜样。可我们如果把冠冕堂皇暂且抛在一边，躲在自家书房里关上门偷偷琢磨琢磨——哎呀，如果绝对理性是可疑的，如果圣人是可疑的，如果祥瑞是可疑的，那么，由此而派生出来的人间天堂和德育教化等等等等，岂不全都成了空中楼阁了么？

还好，对绝对理性的怀疑也许一直都不是一个中国本土的问题，而圣人即便当真是可疑的，但他毕竟是迎合广大人民群众和知识分子的呼唤的，这就等于抛出了一个强有力的市场信号，于是乎，有需求便会有人创造出供给，这是人类社会行为的一个一般规律。

是呀，只要有需求，便不愁没有供给。这个简单朴素的道理直到现在还依然有许多人不太明白，所以才会一直纠缠在“为什么那么多虚无飘渺的东西会存在了那么久，并且现在还一直存在着，既然存在，肯定合理”这样的问题上去——要知道，在这里起决定性作用的并不是“真”和“假”，而是“需要”或“不需要”。

老百姓需要圣主，于是便有了圣主。

知识分子需要圣主，于是便有了圣主。

统治者需要把自己打扮成圣主，于是便有了圣主，于是便也出现了不少上赶着把自己的主子打扮成圣主的聪明的奴才。

有需求自然就会刺激供给，如果需求的东西并不存在，自然也会有西贝先生以假乱真。——这是个不争的事实，也是个很容易被人们忽略的事实。儒家的“礼仪”正是造假的最绝妙的技术，它以森严的等级秩序（外在的和内在的）把统治者高高地架在空中。是的，这个统治者也许是个不折不扣的坏蛋，但当他端坐在高耸入云的金銮殿，穿着和别人迥然不同的华贵衣着的时候，“仪式化”给他带来的万丈光芒往往使仰望的百姓们崇敬不已。嗯，当我们在午夜的长街仰望一支巨大的霓虹灯时，我们是看不到灯管上的灰尘和鸟粪的——这就是“礼仪”的一个重要意义。

（二）

“天人三策”之二——形式主义必不可少——“明受之于天，不受之于人”——“用人不疑，疑人不用”，对吗？——汉承秦制——家天下、家庭行为和家长行为——要“国富民强”还是“国强民弱”？

汉武帝读了董仲舒的第一道对策，非常欣赏，随即又对大家提出了一轮新的问题：“我听说大舜治理天下的时候，这家伙成天溜溜达达、游手好闲，可也真怪，天下居然太平无事！要说大舜是我们当领导的榜样吧，可大圣人周公却搞的是另外一套：天天忙得不可开交。结果呢，天下一样太平无事。我可真是纳了闷了，这治理国家到底有没有一定之规呀？让我们做领导的学哪个才对呀？

“再有，上古那些勤俭的领导连旗子都省，可到了周朝，领导人却大兴土木，大搞歌舞。真把我给搞晕了。就连至理名言也各说各的理，有说‘美玉不需要雕琢’，也有说‘没有华丽的排场就不足以辅佐德政’，这互相之间明明是矛盾的呀，我该听谁的才好呢？

“商朝为了惩治犯罪，用了严刑峻法，整起人来狠着呢，可到了周朝，周成王和周康王废弃刑罚四十多年，监狱全都空了。这就够矛盾的吧，可秦朝采用了商朝的办法，严而又严，天天搞严打，搞得全国人口锐减，就像遭了自然灾害似的。

“我这个皇帝很发愁呀，古代圣王用的招儿都是互相矛盾的，这不是存心难为我么！我朝思暮想，我辗转反侧，想的可都是我的事业呀！我是个很有事业心的年轻人。我自己觉得，治理国家的关键在于两点：一是搞好农业，二是任用贤人。我可不是光在嘴上说说，我当真都去做了：亲自去种田，给农民做出好榜样，鼓励孝悌行为，尊重有德之人，我还派出了很多使者，去慰问穷苦人家，救济鳏寡孤独——哎，你们还别不信，这可都有录像作证，那些老百姓感动着呢，对我千恩万谢的。他们能不谢我么，他们得的那点儿好处可都是我万岁爷开恩赏给他们的！（说句心里话：就算我不开恩，他们也不能怨我不是？再说了，社会上总得有点儿穷苦人家才好，如果没有他们，政客们上哪儿去展示满腔高贵的同情心呢？）

可我着急呀，能想的办法都想了，能使的招数都使了，可怎么看不见明显的效果呀？现在这世道，唉，别提了，阴阳不调，黎民过不上安稳日子，到处都是寡廉鲜耻之人，荣辱观错位，好人坏人分不清，真真假假看不明，所以我才特意召集你们这些五湖四海的杰出人士，想听听你们的意见。可，可，可你们，你们实在太让我失望了。瞧瞧你们，一百多号人，打麻将能凑三十桌了，可提的都是什么意见，不是不着调的就是不着调的！难道因为你们心存顾虑吗？放心，我这可绝对不是引蛇出洞，大家有话就说，有什么说什么，我不会找你们秋后算账的！”

汉武帝言辞恳切，这次提问的重点是：第一，古代圣王在治国的方针上是猫有猫道、狗有狗道，完全没有一定之规，可全都达到了良好效果，这是怎么回事呢？我们汉朝的政治方针又该学习哪位前辈才对呢？第二，我自己现在抓了农业，抓了用人，我觉得这都是治国的重中之重，可为什么到现在还不见效果呢？

——这两个问题如果让我来回答，容易得很。关于第一个问题：什么大舜垂拱而治呀，什么周公吐哺呀，全是扯淡，那都是后人要么托古改制、要么借古讽今给编出来的。有没有大舜这人还不一定呢，即便真有，他那时候也还是原始氏族社会呢，跟汉朝完全不具可比性；至于周公，说他制礼作乐，设计了一套完美周密的政治蓝图——忘了前边刚刚讲过的吗，人类是没有这种能力的，虽然完美周密的设计确实是有的，但把这种设计全面付诸实施，并且取得良好成果，这种事直到二十一世纪也从来没发生过，而且已经被学者们证明为不可能了。休谟讲过一句至理名言：“法律先于国家而出现”，社会的习俗、规则，很多很多都是自发形成的，是缓慢成型的（其中也包括一度被卢梭认为“天赋”的人权——回忆一下洛克，他在《人类理解论》里说：“人心中没有天赋的原则”），周公制礼作乐充其量是在旧有习俗的基础上改造、总结了一下而已。还有，周公那个时代也刚刚才进入封建的门槛，和汉朝一样是没有可比性的。

对了，这里顺便提一句：大家一般都以为老子强调无为而治，其实并不尽然，儒家也是强调无为而治的，像儒家推崇的圣人大舜，他的风格就是“垂拱而治”，《论语》里孔子还说过“以德治国，就像北极星，待在自己的位置上一动不动，所有星星都围着它转。”（为政以德，譬如北辰，居其所而众星拱之。）这就是说，领导不必费心去抓具体工作，只要自己是个道德完人，那就会很快地感染身边的人，而身边的官员如果都被感染了，他们也一样会感染自己治下的老百姓。这就是以德治国的逻辑。这个逻辑最怕反推：当领导号称自己“以德治国”的时候，你发现老百姓满是刁民，地方官满是蛀虫，你反推出这都是因为最高领导人缺“德”——嗯，逻辑虽然成立，可你的小命难保。

董仲舒当然不会像我这样说话，他对第一个问题的回答是：皇上您说的那些古代圣王，确实是既有废寝忘食的，也有好逸恶劳的，事情也确实不能一概而论，不是说废寝忘食的就一定光荣，好逸恶劳的就一定可耻。他们治国的大方针其实都是一样的，都是沿着我前边说的那条“道”在走，之所以劳逸有别，是因为时代有不同啊。尧当老大七十年，天下大治，舜接了尧的班，什么都不做，只由着社会按照惯性向前发展就足够了，实在是尧给打的底子太好了。可周朝推翻商朝，商纣王留下来的却是个十足的烂摊子，任谁也没办法“垂拱而治”，于是，领导人不得不风风火火、废寝忘食。

董仲舒接着解释圣王大搞形式主义的问题，说：从《春秋》来看，政权交替的时候，新政权应该改变历法，改变服装和饰物的颜色，以此来表示接受了新一轮的天命。所以，建筑呀、歌舞呀、旗帜呀，在这些东西上多费些心思可并不是穷奢极欲呀。孔子既反对奢侈，也反对吝啬，他不是说什么“奢则不逊，俭则固”么，所以，太节俭了，太抠门儿了，这都不是圣人喜欢的。（看，艰苦朴素、勤俭节约，这可都不是正统的儒家观念呦，人们最早有这种误解恐怕是被颜回和原宪这两个穷光蛋楷模给害的。）

我们应该承认，这些“形式主义”确实有着安定人心的作用——从宏伟的方面来说，正如贝格尔所谓“最初的一切秩序化都具有神圣的特征……从历史看，人类的世界大多数都是神圣化了的世界，事实上，似乎首先只有借助于神圣者，人才有可能设想一个宇宙”，[36]从实用的方面来说，这就好比一家公司新换了领导，首先得搞搞表面文章：把办公楼重新装修一遍，以前是红色的主色调，现在改为蓝色，给员工每人发一套全新的制服，颜色、款式也和以前大有区别，哪怕任何实质性的工作都没做呢，这也可以轻易地全部营造出一副焕然一新的新气象，同时暗示每一个员工：我们和过去告别了，从此进入新领导的新时代了。

可别以为这只是搞搞形式主义而已，事实上，形式的重要性经常远远大于内容——好比说佛教吧，如果全世界所有的佛经全都失传了，对寺庙里香火恐怕不会有一点儿影响，但如果修庙造像和各种开光呀、超度呀之类的仪式全不搞了，会有什么后果可想而知。

而说到汉朝，都说汉朝初年休养生息，可就在汉高帝刘邦平城兵败刚刚回到长安的时候，就看见萧何在大兴土木，把皇宫建筑群的规模搞得奢华无比，大有不让后人之势。刘邦越看越气，质问萧何："天下匈匈，劳苦数岁，成败未可知，是何治宫室过度也？"萧何的回答是："正因为天下未定，才应该大建宫殿，况且天子以四海为家，宫殿不壮丽不足以立威。"这话果然在理，刘邦马上又高兴起来。[37]

萧何话中的"四海为家"这个词现在已经变成了四处流浪的意思，古人的原义是说"四海之内都是皇帝的家"——把马三立的"黄土马家"等比放大，也就是专制皇帝的"四海皇家"。

萧何这话说得简略，"正因为天下未定，才应该大建宫殿"，为什么呢，他没说原因。其实原因很简单：以安民心。——我年轻时读《摩西五经》，对那些人民群众的所作所为总是无法理解：他们为什么放着个那么神通广大的上帝还不安心，偏要时不时地造出个神像来膜拜一下，折腾得摩西这位领袖两头救火，这到底是为什么呢？很久以后才想通了：当年上帝严禁偶像崇拜，"摩西十诫"里就有这一条，可老百姓在心理上是一定要有个高大巍峨的东西来膜拜的，不然心里就不踏实，而基督教严禁给上帝造像，把大家搞得没偶像可拜，逼得他们只好另觅途径。而萧何就深明此理，所以才在宫殿的修建上不惜工本。这真是很有讽刺意味，人们总是嘴上希望统治者平易近人，可心底却深深膜拜着那些高高在上的家伙。后来王夫之论及此事，说萧何的话虽然鄙俗，却未尝不是人之常情。游士们都爱往王公巨卿的门口跑，并不一定是因为他们能在那里讨到富贵；道教和佛教的寺观金碧辉煌、笙吹钟鸣，谄媚之人匍匐在地以求保佑，他们未必就是真心信仰道教或者佛教的教义，只不过是被那金碧辉煌与笙吹钟鸣所感染罢了。帝王的愚民之术也是一样的道理。[38]

形式主义不仅要搞，而且要常搞，在改朝换代这等重大事情上就更要人搞特搞。事实上，儒家的专长就是形式主义，而形式主义在实际的政治生活中意义极其重大——我们现代生活里种种形式主义的痕迹：开张剪彩、婚丧嫁娶、开幕式、闭幕式、签约仪式、电影首映式、新专辑首发仪式，等等等等，在原本都属于儒家的专业范围，从这层意义上说，专业的司仪、主持人、DJ，这些人都可以被命名为“新儒家”——大家可别以为“新儒家”都是梁漱溟那样的大学者，不是的，梁漱溟他们只能说是儒家学说的研究者和学术继承人，真正在现实生活中起到儒家功用的其实是那些司仪和DJ，而儒家思想的重中之重其实也就在这个“仪式”上边，这一点留待后文再作详说。至于现在讲到的这个王朝开国的仪式，改黄历、换logo和整体VI，看似幼稚，其实实用意义很大——在东汉的儒家官方权威典籍《白虎通义》里专门提到过这些形式主义工作的伟大意义：这是告诉大家江山换主人了，现在的主人和上一朝的主人没有继承关系——这点很重要哦，江山不是从前朝继承下来的，而是从老天爷手里接过来的，老百姓们都得明白这一点才行！我们来看《白虎通义·三正》这一节：

王者受命必改朔何？明易姓，示不相袭也。明受之于天，不受之于人，所以变易民心，革其耳目，以助化也。故《大传》曰：

“王者始起，改正朔，易服色，殊徽号，异器械，别衣服”也。是以禹舜虽继太平，犹宜改以应天。王者改作，乐必得天应而后作何？重改制也。《春秋瑞应传》曰：“敬受瑞应，而王改正朔，易服色。”《易》曰：“汤武革命，顺乎天而应乎民也。”

翻来覆去地引经据典，无非是强调这一句“明受之于天，不受之于人”——向大家表明我这改朝换代是老天爷安排的，可不是我从上代王朝手上搞过来的。这个逻辑可值得我们万分留意，这里分明在说：每一代王朝都是各不相干的，交接的两者之间绝对没有继承关系。如果这个逻辑在古代当真被人们普遍接受的话，这就意味着：一个有着延续性的“中国”的概念其实是不存在的，秦朝就是秦朝，汉朝就是汉朝，唐朝就是唐朝，每个朝代分别是每个皇室的独立的私有财产。于是，正如我在《孟子他说》里详细说明过的那个道理：下一个朝代不会以上一个朝代的版图作为自己王朝版图的合理依据[39]，比如说，刘家王朝的财产是一千万平方公里的土地，到了李家王朝，土地变成了五百万平方公里，但李家王朝没有理由去说“刘家有地一千万平方公里，所以我们李家也应该拥有同样范围的土地”，这就没有道理了，毕竟前朝的事是前朝的，本朝的事是本朝的，在私天下的时代里，每个朝代的土地都是各自皇室的私有财产，而既然是私有财产，自然可以被物主随意处置——送给外国也好，干脆放弃不管了也好，怎么处置都行，尤其重要的是：刘家的私有财产和李家的私有财产之间并不存在继承关系。

作为现代人的我们恐怕不大容易理解这个问题，我们觉得理所当然的是：从前（清朝、明朝，甚至更早的朝代）属于中国的地盘，现在自然也该属于中国。所以我得强调一下：别拿现代眼光去想古代问题，古人那时候一般都没什么“中国”的观念，只有各个王朝的观念。——顺便一提的是，即便说“春秋大义”当中的“华夷之辨”部分地消解了《白虎通义》上面引文中的“明受之于天，不受之于人”的意义的话，那么，蒙元和满清的正统性便该受到质疑了，接下来的问题就是：难道蒙元和满清的领土规模有理由成为后面的时代里新政权的领土依据吗？——这是个两难的问题，如果承认为“是”，那就否定了《白虎通义》里“明受之于天，不受之于人”的正统理论，也否定了“春秋大义”里的“华夷之辨”，更给未来开了个以现实论历史的口子；可如果承认为“否”……

如果是在汉朝，无论西汉还是东汉，这问题的答案必定为“否”，新旧两个王朝之间的关系是一定要被强调为“不属于继承关系”的，所以，改黄历、换 logo 和整体VI，都是在向大家强调这个概念，形式主义是一定要搞的。

——这样看来，治国也不难嘛，尧舜行，我也行！只要接手的是个好摊子，搞搞形式主义就可以了，这也实在太容易了！做领导的完全可以那什么垂拱而治、无为而治啊，对了，就像齐桓公那样。

不错，成功的例子就摆在那里鼓舞着我们，远的有大舜，近的有齐桓公，可是，如果追问一下的话：料理一个国家，总得有不少工作要做吧，都垂拱、都无为，那谁来真正做事呢？

当然得有人做事，他们不但要做，还要吃苦耐劳、任劳任怨地去做。领导的垂拱而治也好，无为而治也罢，全都得建立在手下人努力工作的基础上——有称职的小弟在打理，老大才能专心享福呀，没有他们的辛苦，哪有少数人的享乐，他们的存在和维持现在的状态是很有必要的。所以，从这层意义上说，“无为”的关键就在于用人。齐桓公不就是用了个管仲么，人家管仲可一点儿都不“无为”。

事情正是如此。董仲舒在解释为什么尧会给舜留下一个好摊子的时候说：尧在刚刚作老大的时候并不好过，但他致力于搞掉坏蛋、任用好人，于是，没过多少日子，尧手下的坏蛋纷纷死走逃亡，而能干的好人则被一个个提拔了上来，天下由此渐渐走向大治。

——这是儒家政治思想的一个重要的、也是影响尤其深远的主张：组建好人政府。用诸葛亮的话说，就是“亲贤臣，远小人，此先汉所以兴隆也；亲小人，远贤臣，此后汉所以倾颓也”。（《前出师表》）归根结底，搞好政治的关键就在于“用人”两字，只有把“用人”一关把好了，领导才可以“无为”。

在人治的大背景下，“用人不疑，疑人不用”，听上去掷地有声，可仔细一捉摸，这用人之道岂不成了掷色子——齐桓公不疑管仲，这是掷了一把“豹子”；唐玄宗不疑安禄山，这是掷了一把“蹩十”。一国政治的好坏，全要仰赖赌徒的眼光和老天爷给的运气？！

“用人”的这个思想直到现在都还很有市场，评书里给我们讲了无数忠臣和奸臣的故事，让我们了解到：搞掉奸臣、信任忠臣，就可以万事大吉。“用人不疑，疑人不用”这八个字是紧承着“亲贤臣，远小人”而来的，同样是千百年来广泛流传的至理名言。最好的统治者应该做到的就是：有一双明亮的眼睛，能够准确识别出谁忠谁奸，然后，赋忠臣予重任，给他充分地放权，让忠臣可以不受束缚地大展拳脚。

这一理论/理想在一部部的评书和电视剧里得到了无数次光彩照人的实现，也似乎赢得了人们的普遍认同，但是，如果考察真实的历史和真实的生活，我们却会惊讶地发现：如此一个妇孺皆知的浅显简明的道理，却很少真正地发挥过什么作用。

也许因为，这一道理受到了以下三个至少同样重要的道理的挑战：

1）人是趋利避害的；

2）没有人是一成不变的；

3）权力是最好的腐蚀剂。

聪明的领导无论嘴上说什么，对这三句话无不心知肚明。我们来回顾一个尽人皆知的故事：韩信在平定齐国之后，派使者向刘邦请求封自己为代理齐王，惹得刘邦差点儿当时就翻了脸。我们如果把这件事反过来想想：韩信如果不向刘邦提出这个“过分”的要求，刘邦对韩信会怎么想呢？——这是一个权力场上的通则，所以萧何镇守大后方的时候会故意去广置房地产，甚至还做出了一些抢男霸女的勾当；所以王翦在统率大军攻打楚国的时候，一次次地向秦王写信要求赏赐。韩信的这个要求其实并不像《史记》里所暗示的那样“过分”或者“幼稚”，如果换了我，我恐怕也得这么去提要求。韩信、萧何、王翦，乃至许许多多朝代里许许多多的臣僚，他们用这种手法往往都是在向天威难测的主子作出一种明确的暗示：我的野心不过如此哎，请您千万放心！而这种暗示因为符合基本人性，符合上述三条原则，所以是比较容易被领导相信的。这甚至向我们昭示了一个非常令人不快的道理：在权力场上，作贪官乃是保全自己的一种有效手段，适度的贪更容易让领导对你放心。

“亲贤臣，远小人”和“用人不疑，疑人不用”看上去已经显得有些可笑了。对皇帝而言，能够让自己放心的正是那些有适度办事能力的贪官而不是清官，这也就意味着，在专制体制下，所谓反腐，往往只是权力博弈的手段和副产品（详见《孟子他说》第二册“绵羊世界”一节），机灵鬼们谁也不会拿反腐这个名词当真，因为真正让皇帝顾忌的恰恰是那些光彩照人的清官，所以这些人才是最容易被清理的对象。

我们这里说的都是货真价实的清官。首先从技术层面来看，清官不好管理。这就好比你开了一家公司，以业绩提成的方式来激励员工，但有这么几个员工出身豪门，钱多得几辈子花不完，来上班只是为了消磨时间，还有几个是苦行僧出身，视金钱如粪土，所以，他们自然有自己强有力的一套工作观念，你想用提成和处罚来控制他们，可人家拿你那点儿小钱根本就不当一回事。你就算拿开除来威胁他们，人家也毫不在意。所以，这样的员工是没法管理的，即便他们能力再强，用起来也很不顺手。当初赵构问岳飞国事如何可为的时候，岳飞回答了一句千古名言：文官不爱财，武将不惜命。——可是对皇帝来讲，如果手下文臣武将全都符合岳飞的这个标准，国事反倒根本不可为了：奖励对他们没有激励作用，惩罚对他们也没有震慑作用，没法使唤呀！而更加要命的是，这句名言虽然听上去光芒四射，被一代代的草民们无限憧憬着，可当草民们真的置身于不爱财的文官或不惜命的武将的治理之下的时候，反倒有可能燃起对贪官的怀念呢。《老残游记》也有一段名言，正好适合拿来和岳飞的名言配对来读：

赃官可恨，人人知之；清官尤可恨，人多不知。盖赃官自知有病，不敢公然为非；清官则自以为不要钱，何所不可，刚愎自用，小则杀人，大则误国。吾人亲眼所见，不知凡己矣。

清官们正因为觉得自己不爱财、不惜命，毫无私心，占据了道德上的制高点，做起事来便了无顾忌，于是草菅人命者有之，祸国殃民者有之，老百姓们看着他生活之俭、执政之勤，再加上那一脸的正气，也就只有感动的份，哪还看得见有多少滔天大祸都是他一手造成的。

不妨使劲想一想“用人不疑，疑人不用”的方方面面，或许也可以找另一句名言配对来读——这是杰弗逊说的：信任是专制之母。那么……

从另一方面来看，完全没有欲望的人是不存在的，贪财和怕死是所有正常人的正常情感，个别人不贪财、不怕死倒有可能，但如果拿这个标准来作为文武官员称职与否的考核指标，估计90%以上的人都得落马。但又因为当官是件一本万利的买卖，大量竞争者自然会涌进这个行当。——在这两方面因素的共同作用之下，越是厚颜无耻之徒越容易毫不脸红地把自己扮成既不贪财、又不怕死的道德楷模，而正派人往往又拉不下脸来和小人比虚伪。于是，在这样一种高尚的游戏规则之下，只能是口号日渐响亮，人渣步步高升。

中国传统文化最擅长的就是讲道德，可两千年来，每个时代都在感叹“世风不古”，这真是个莫大的讽刺。而更有讽刺意味的是，直到今天，还有不少人在鼓吹传统文化的道德样板，这至少会让一百年前的郭嵩焘死不瞑目的。

那么，有什么办法能达到这样的效果：“即使是坏蛋，为公益服务也符合他自己的利益？”这话是英国老哲人休谟说的，很典型地代表了东西方关注点的差异，是呀，这个问题就其本身来说似乎也是荒谬的，更何况它几乎从未被东方文化所认真关注过。

退而求其次，在中国传统文化当中，孟子劝齐宣王的那些话倒像是个合情合理的办法：贪财不要紧，领导有钱赚，要让大家一起有钱赚；怕死不要紧，领导保平安，要让大家一起保平安。[40]另一方面，如果以小人之心揣度，一个拿小钱不当回事的人很可能是在流着口水盯着大钱，一个人如果没有常人共有的那些欲望，那他很可能所图甚大。还有，清官是容易赢得民心的，这一点也足以引起皇帝的担心。想想田姓篡齐、王莽篡汉，这不都是由能力强、清誉高的小弟把老大给推翻了么！

即便在上上下下贪成一片、民怨沸腾的时候，皇帝照样会喜欢贪官，而且，也会更加忌讳清官。因为越是这种情况，清官越容易赢得民心；而老百姓憎恨贪官，却常常期望九天之上的皇帝会出面制裁。和皇帝争民心无疑是最冒险的行为，回忆一下前文所讲：功劳永远要归于领导。

——这才是专制体制下真实的权力运作，儒家知识分子口口声声的“亲贤臣，远小人”的劝导虽然在两千年来回音不绝，让我们几乎信以为真，但是，它始终只代表了一些善良人们的善良愿望和一些聪明皇帝的表面文章。

我们说儒家两千年传统如何如何，在这个问题上，“说”的传统归儒家，“做”的传统却是要归法家的。

儒法不两立，他们常常会为了“立”自己而先“破”对方。董仲舒在对策里继续说道：周朝开国大搞德治，于是乎天下太平，而秦国却搞法家那一套，社会风俗迅速败坏，“诛名而不察实，为善者不必免，而犯恶者未必刑也”——看，董仲舒后来搞的“《春秋》原心定罪”正是直接反动秦法的。

说到这里，有人可能会怀疑：“古代学者们经常虚构历史，既然儒家可以把尧舜禹美化到无以复加，是不是也同样地把秦国贬低得一无是处呢？秦国，乃至秦朝，当真这么差劲吗？”

当然不可能真差劲到这种程度，不然毛主席怎么会盛赞秦始皇呢。他还写过这样一首诗送给郭沫若：

劝君少骂秦始皇，焚坑事件要商量。
祖龙魂死业犹在，孔学高名实秕糠。
百代多行秦政治，十批不是好文章。
熟读唐人封建论，莫从子厚返文王。

诗里有两句话尤其值得注意，一个是“祖龙魂死业犹在”，一个是“百代多行秦政治”，似乎是说秦始皇虽然死了，但他的核心政治精神却永远活在后代皇帝的心中。——如果往下继续讨论的话，就会进入一个颇有争议的话题，比如钱穆就认为中国专制传统绝非一成不变的。所以，为了谨慎起见，我们还是把这句话的含义苛刻地局限在“核心政治精神”上好了。

那么，董仲舒所谓的秦国在法家精神的指导下社会风俗急骤恶化到底有没有可靠的佐证呢？感谢考古发现，睡虎地出土的竹简向我们展示了秦国的一些法律条文，里边居然详细写出了对儿子和父母之间偷窃财物的处理办法；还有：作妻子的如果举报了干了坏事的丈夫，自己的财产可以免于充公；如果是丈夫举报妻子，妻子的财产可以用来奖励丈夫。看来即便是父子夫妇这样的至亲关系，也都各有各的财产，睡觉的时候还要睁着一只眼留心对方！

儒家知识分子对这种情况是最为痛心疾首的，贾谊《新书》里有一篇“时变”，描写秦国法家当道下的社会风俗，说：商鞅这坏小子违背伦理，治国方针全部就两个字：一个是“耕”，一个是“战”，老百姓全都成了国家大机器里的一个个螺丝钉，只知道种地和打仗，多收了粮食能拿提成，多斩了人头也能拿提成，全部生活就只有这些了。也就是两年的光景，秦国的风俗变得惨不忍睹。秦国人生了儿子，如果家境富裕，儿子长大之后就要分家独立；如果家境贫寒，儿子长大之后就得入赘到老婆家去。如果父子之间借把锄头啥的，换了咱们，还提什么借呀，直接拿过来用就是了，用坏了也无妨；可在人家秦国，儿子要是借给亲爹一把锄头，马上就会面露得色，好像施了多大的恩德似的！还有哦，儿媳妇给婴儿喂奶，能毫无芥蒂和公公坐在一块儿；婆婆和儿媳妇很少能有和睦相处的，摔摔打打已经成了日常生活必不可少的一部分。[41]

——现在常有人说陕西一带民风淳朴，看来这得感谢新社会，两千多年前的秦地风俗想想也让人脊背发凉。不过呢，贾谊这话也不知道写实性到底多强，他前边才说了儿子长大之后就离开父母，后边紧接着却说儿媳妇和公婆相处的事，好像有点儿矛盾哎。

儒家千载说商鞅，几乎只有一个骂字，但《史记·商鞅列传》却持截然相反的说法：商鞅的改革搞到十年的时候，秦国人民都很满意，社会上路不拾遗，山无盗贼，一派太平盛世的景象。[42]——那么，到底谁说得对呢？

我也不知道谁说的对，但苏轼在《东坡志林》里有一篇《司马迁二大罪》，说司马迁有两大罪状，就是论商鞅和桑弘羊之功，而这两位仁兄都是自汉代以来的学者们一致耻于讨论的，至于说商鞅的改革成果，诸如"路不拾遗，山无盗贼"云云，分明是战国游士的邪说诡辩，却被司马迁道听途说之后载之史册。[43]

——苏轼此论，似乎有他借古讽今的一面，矛头应该是指向王安石变法的。但从语气上看，苏轼倒也不像是在编造历史来迎合己意。那么，到底商鞅的改革成果是怎样呢，到底事情的真相如何呢，反正我是没法判断的，惟一能说的是，无论正方还是反方，字里行间都在强调着"风俗"的重要性。

儒家是非常重视"风俗"的，他们认为风俗具有极高的政治意义——想想杜甫诗句里的"致君尧舜上，再使风俗淳"。商鞅的法家之道看起来让人心寒，好像这是和"风俗淳"南辕北辙的。孔子讲过一个故事，说父亲偷了人家的羊，儿子不但不检举，反而包庇，这就是"直"啊，社会风气就应该这样才对。[44]可在商鞅政策下的秦国，具有代表性的画面却是"儿子要是借给亲爹一把锄头，马上就会面露得色，好像施了多大的恩德似的。"（假父耰鉏杖彗耳，虑有德色矣。）——一个是"证羊"，一个是"借鉏（chú）"，对比鲜明，陈寅恪曾经用这两个典故作了一首七绝：

"证羊见惯借鉏奇，生父犹然况本师。不识董文因痛诋，[45]时贤应笑步舒痴。"诗中第三句"董文"之"董"恰是董仲舒，而最后一句的"步舒"则是我们前文讲到过的董仲舒的高足吕步舒——这三个字也正是陈寅恪这首诗的题目。

恐怕一般老百姓都会同意，作为风俗来说，"证羊"总比"借鉏"要好，而儒家知识分子的任务就是：让统治者也能有这种认同感。果然，贾谊还在另外一篇《俗激》当中议论过移风易俗对于国家政治的重要性：

夫邪俗日长，民相然席于无廉丑，行义非循也，岂为人子背其父，为人臣因忠于君哉？岂为人弟欺其兄，为人下因信其上哉？陛下虽有权柄事业，将何寄之？管子曰："四维：一曰礼，二曰义，三曰廉，四曰丑。四维不张，国乃灭亡。"使管子愚无识人也，则可；使管子而少知治体，则是岂不可为寒心？今世以侈靡相竞，而上无制度，弃礼义，损廉丑，日甚，可谓月异而岁不同矣。逐利乎否耳，虑非顾行也。今其甚者，到大父矣，贼大母矣，踝妪矣，刺兄矣。盗者虑探柱下之金，掇寝户之帘，搴两庙之器，白昼大都之中，剽吏而夺之金。矫伪者出几拾万石粟，赋六百余万钱，乘传而行诸侯，此其无行义之尤至者已。其余猖蹶而趋之者，乃豕羊驱而往，是类管子谓四维不张者与，窃为陛下惜之。

以臣之意，吏虑不动于耳目，以为是时适然耳。夫移风易俗，使天下移心而向道，类非俗吏之所能为也，陛下又不自忧，窃为陛下惜之。夫立君臣，等上下，使父子有礼，六亲有纪，此非天之所为，人之所设也。夫人之所设，弗为不立，不植则僵，不循则坏。秦灭四维而不张，故君臣乖而相攘，上下乱僭而无差，父子六亲殃僇而失其宜，奸人并起，万民离畔，凡十三岁而社稷为墟。今四维犹未备也，故奸人冀幸，而众下疑惑矣。岂如今定经制，令主主臣臣，上下有差，父子六亲，各得其宜，奸人无所冀幸，群众信上而不疑惑哉。此业一定，世世常安，而后有所持循矣。若夫经制不定，是犹渡江河无维楫，中流而遇风波也，船必覆矣。悲夫！备不豫具之也，可不察乎！

贾谊忧心忡忡：哎呀呀，世风日下啊，笑贫不笑娼，礼义何在啊！我们一定要重视精神文明建设，可不能再这么下去了，国家要乱的呀！在家是逆子，在朝必定是奸臣。管仲当年提过“四维”的概念，我觉得很好，值得提倡。所谓“四维”就是“四个纲领”，即：礼、义、廉、耻。我建议组织各级政府深入学习“四个纲领”，对“礼义廉耻”我们要天天讲、月月讲、年年讲，还要组织群众学习讨论，让大家知道什么是礼义，什么是廉耻！看看现在，啊，看看现在，太令人痛心了，大家都在追逐私利，根本忘记这世上还有道德了。刑事案件里有杀害祖父母的，有伤害养父母的，有刺伤兄长的，小偷们也比以前更有胆色了，敢偷帝王陵墓了——那天抓着一个，这小子居然还敢嘴硬，扛着把洛阳铲硬说自己是考古工作者！我真是气不打一处来：你考古也没人说什么，可你挖的那坟，那是古墓吗？呸，先皇才死了半个月不到啊！唉，还有光天化日在闹市抢劫官吏的，这些老百姓也不知都是从哪儿听说的，以为是个当官的至少都趁几百万！还有更离谱的，有人诈称朝廷之令，从国家粮仓诈骗走了十万石粮食，粮仓主管都给气哭了，说：“我这个官仓鼠两年了才贪掉八万石，我不平衡！”还有喜欢现金的，骗走了朝廷六百多万税款，查都没法查，因为朝廷的统计数字从来就没有真实过——主管官员都习以为常了，有一次我看见一个小孩缠着老师非要改考卷的分数，这孩子考得不错，一百分，可他非让老师给改成八万分，我好奇一问，这孩子说拿一百分的卷子回家他爸爸会打他——唉，这个动荡的世界呀，礼义廉耻全都不见了，实在该是号召全国来学习“四个纲领”的时候了！

——贾谊说话简直像个愤青，可是，我们如果仔细一想，这里面好像有问题呀：贾谊在《时变》里斥责的是秦国的法制，反正被推翻的政权全是坏的，屎盆子可以随便扣，可在《俗激》这篇里，贾谊怎么说的全是他本朝的事啊？汉朝政治号称反秦之道而行，可从这里看来，社会风俗怎么竟和秦国相差不多呀？

政治的两面性开始露头了。改朝换代的一般原则是：被推翻的那个朝廷罪大恶极，而新朝则反其道而行之，敌人反对的我们就支持，敌人支持的我们就反对，汉朝这个时候可供参考的历史经验并不太多，大家很奇怪为什么庞大的秦王朝仅仅十四年就土崩瓦解，这可真是史无前例的。学者们深入研究，发现秦朝实行法治，不行仁义，既然认清这是祸根，那我们汉朝就多行仁义，少搞法治好了。贾谊和董仲舒就全是持这种观点的。我们很多人都知道汉朝初年的休养生息政策，这是不假，秦朝尽搞国家工程，劳民伤财，又打了那么多年仗，老百姓实在吃不消了．好好休息吧；可事情的另一面是，在“休养生息”之外还有一个词叫作“汉承秦制”，顾亭林在《日知录》里就说："汉兴以来，承用秦法，以至今日者多矣"，古人这类说法很多，话比较重的还说汉朝延续了秦朝的弊政，总而言之也就是说，汉朝自己没搞过什么原创性的政治改革，而是拿来主义，全盘秦化。比如，当年针对老百姓苦于秦朝的繁密刑罚，刘邦提出了深得人心的"约法三章"，而实际上，这"约法三章"并没有实行太久，萧何后来给汉朝编制法律，直接就把秦朝的法律条文拿过来稍加修改就用上了。所以我们不要以为汉朝前期法网真有多宽，有宽的时候那也是因为放松执法的关系，而不是说立法上有多么宽疏简单。钱穆评论秦汉两代，说过秦始皇和汉武帝都是中国历史上的雄主，秦始皇焚书坑儒，以吏为师，严禁有人以古讽今，而汉武帝恰恰相反：表彰六艺，追慕尧舜，尊行上古圣王之法。可这种"恰恰相反"只是表面上的，汉武帝设立五经博士，这和秦始皇的焚书坑儒性质是一样的；汉武帝求仙、封禅，和秦始皇如出一辙。汉武帝把尧舜当作偶像，很瞧不起秦始皇，可所作所为和秦始皇却并无二致。汉武帝以为自己上承三代圣王，却不知自己正是亡秦的延续。原因在哪儿呢，汉朝自从刘邦以来，恭俭无为，搞的全是拿来主义，照抄秦朝。汉武帝虽然发愤图强，想像上古圣王一般有一番伟大作为，平治天下，其实还没脱离照抄秦朝的老路。学者们推崇尧舜，痛斥秦朝，可眼光也都限制在秦朝的历史局限性里。因为说来说去，上古的事情到底全是虚的，而秦朝的事却是实实在在摆在眼前的，秦汉同是大一统王朝，相似之处很多，一不小心就学上了。[46]

这么看来，汉朝初期所谓的"无为而治"倒有两层意思，除了"休养生息"之外，却是自己在政治上并无创新，只是照抄秦朝，投机取巧。至于个中原因，钱穆以为是刘邦那伙人除了张良具有贵族血统之外，其他人全属草根阶层，让这些人制订国家法典什么的那可真是难为他们了。现在把贾谊方才那两篇文章拿来一加对照，这可着实露出了他的马脚：好你个贾谊，把你说的那些坏人坏事抹去时代背景，嗯，怎么看不出来是秦是汉呀？——难道是近似的政治框架终于搞出了同样近似的不良后果？

还得说董仲舒把握得住，在“天人三策”的第二策里大谈秦朝苛政，把批评紧紧地绑住秦朝：“是以百官皆饰虚辞而不顾实，外有事君之礼，内有背上之心；造伪饰诈，趣利无耻；又好用憯酷之吏，赋敛亡度，竭民财力，百姓散亡，不得从耕织之业，群盗并起。是以刑者甚众，死者相望，而奸不息，俗化使然也。”和贾谊说的那些都差不多，反正就是秦政府乱搞法治，不体恤百姓疾苦就是了。董仲舒随后转而表扬本朝，以作为和暴秦的鲜明对照。

董仲舒说：“皇上您如今一统天下，四海无不顺服，太牛了呀！”——其实这话如果不作为转折，直接放在坏典型秦始皇身上也是一样合适的。

董仲舒接着说：“皇上您太了不起了，万里之外的夜郎、康居这样的国家都被您的德政感化，向您归顺！”——这是儒家“以德服人”的政治思想，前边讲过萧望之就是拿这种思想用在匈奴身上的，结果赢得了空前的政治胜利。但现在的问题是，董仲舒这句话可能有假，因为夜郎和康居这时候还没归附汉朝呢。所以有专家怀疑“天人三策”存在着被后人篡改的嫌疑——这倒不是没有可能，古书尽是被篡改的，所以后世写历史的家伙里边，有些人写推理小说也很擅长。^_^

我们先不必去纠缠文献真实性的问题，反正，即便这里遭到篡改，篡改者也必是儒家无疑，出发点大概是要把这篇汉儒经典点缀得更加完善吧。我们不妨糊涂一下，把它当作董仲舒自己的话好了。董仲舒在举了夜郎和康居的例子之后，话锋突然一转，说：“海外都纷纷归附了，这充分说明了皇上您德治光辉普照四方、充满天地，但是，国内老百姓怎么没得着您什么好处呢？”——董仲舒对这个话题没有深入，其实他已经点出了一个专制朝廷的通病：对内对外两副面孔。

专制体制的特点是：全国所有土地、所有人口、所有物品，全是皇家的，虽然政策上可以允许私有权，但这是出于皇帝的恩赐，皇帝予取予夺，看谁不顺眼就可以剥夺谁的私有权。所以，全国之人谁都不具备和皇帝的人格平等性，他们都是皇帝的私产，要像狗一样无条件地忠于皇帝。而外国领导人却是和我们的皇帝有着人格上的平等性的，即便是个小国领袖也是如此，大家坐在一起就像大财主和小财主坐在一起，大财主尽可以财大气粗，小财主尽可以卑躬屈膝，但两人都是财主，都有自己或大或小的一份产业，是可以坐在一起说话的。而再小的财主也是财主，再大的家奴也是家奴。某个财主觉得自己经营有方，家大业大，很想炫耀一番——这是人之常情——但财主的苦恼是，家里虽然有无数家奴，虽然有无数忠狗，但总不能向他们炫耀吧，真要显摆显摆泱泱大财主之风，也只能在那些小财主面前炫耀，而在一个财主社区里，大财主也往往更希望有更多的小财主拥着自己。大财主既然家大业大，自然给得起好处，金钱乱抛之下，小财主纷纷拥来，不亦乐乎。赵翼就曾经笑话郑和下西洋主要就是给明成祖挣面子去的：毕竟万国来朝方显大国威仪。[47]

所以说，国际外交就是大财主的社交活动，国内政治就是大财主的家内事务——家再穷也不能在外人面前丢了面子！大财主有时会勒令或哄骗家奴们勒紧裤腰带，挤出钱来供自己在外边一掷千金，而小财主的作为也往往会像穷光蛋借钱请客一样，这种事在历史上绝不罕见。理解这个道理并不需要依靠什么深奥的理论，这仅仅是一个简单的常识罢了。既然我们知道专制体制是“家天下”，就应该更多地去从“家庭行为”和“家长行为”的角度来理解当时的历史事件。但这个常识是常常被人忽视的，因为人们很容易忽略“家天下”的特性，而去思考什么国家民族利益之类的宏大主题。

老百姓对这种作风有时是深恶痛绝的，而民间的好恶常常在俗文学中体现得淋漓尽致，比如《隋唐演义》痛斥隋炀帝在扬州接待外国使节，为了显示国家繁荣，不但花大价钱假装出一副歌舞升平的气象，甚至嫌树叶凋谢影响美观，竟着人把扬州城里大小树木的枝桠上扎满绿色丝带，这还真把一众外国使节唬得不轻。可隋炀帝也有百密一疏，忘记把使节们从边境进入扬州的沿途路线上也照方抓药布置一番了，结果被人家看出了破绽。

但要注意的是，我说的是“老百姓对这种作风‘有时’是深恶痛绝的”，为什么要独独加上“有时”这个限定，因为统治者只要弄些障眼法，老百姓还是很容易就被糊弄过去的。“老百姓的眼睛是雪亮的”吗？如果真是，皇帝们天天都得冒冷汗了。好在障眼法是很少失效的，呵呵，就连“老百姓的眼睛是雪亮的”这句话本身，不也是一个美妙的障眼法吗？

“国家民族”这些高尚的字眼也常常会被作为优美的口号鼓舞着士气人心，但正如我在《孟子他说》里分析过的，爱国是个现代社会的观念，而先秦时代并没有什么爱国观念，爱家先于爱国；专制时代也没有什么真正的爱国观念，爱国只是作为忠君的附属观念，而其意义实质上只是“维护主人的私有财产”。对于家天下的家奴们来说，理论上应该无条件效忠当前的主人以及主人的合法继承人，一些脑筋灵活的家奴则有时会想：效忠这个主人还是效忠那个主人，或者干脆找机会自己作主人？家奴只有主人，没有国家，任何高于主人之上的价值标竿都是被严厉禁止的。而主人是有权任意处置自己的财产的，包括国土和人民——正如我们无法要求一个财主不得把自己的土地割让给别的财主，我们也同样无法要求财主不得杀掉他自家的牲畜。

自然，家天下里的家奴也好、忠狗也好、牲畜也好，有时也会过上美满的生活，但这一切都是来自主人的恩赐，主人既然可以恩赐给他，也有权力随时把恩赐收回。家奴们会因为美满或自以为美满的生活而由衷地歌颂主人的恩赐，这无可厚非，但他们可曾想过：靠恩赐而来的幸福是不可以安心地揣在怀里的——这次第，像极了皇宫里的那些女人。

从法家的观点来看，主人是切忌让家奴们收入过高、生活太好的，因为人富了也就不好管了，所以法家追求的并非我们熟知的“国富民强”，而是“国强民弱”，只有做到“国强民弱”了，朝廷才可以轻易压得住人民，可以充分用赏罚来操作众人。人民越是愚、越是弱，朝廷操纵起他们来也就越是顺手。这就好比现代企业，高级技术人员往往并不好使，但流水线上的小工却是最容易控制的。

法家这种论调是完全站在君主立场上的，是真真切切地为君主着想，自然也就深得君主的喜爱。儒家的以民为本的想法就越发显得不合时宜了——如果当真“以民为本”，皇帝不就成了给人民群众打工的了么？

不过，皇帝常常还真以打工者自居，也还常常能骗得大家的信任和感动。是的，统治者会使老百姓们把统治者本人的奋斗视为全体人民自己的奋斗，“并且要求他们作出必要的牺牲”。[48]呵呵，看来愚民并不是件太难的事哦。

再来回顾一下董仲舒方才那个问题：“海外都纷纷归附了，这充分说明了皇上您德治光辉普照四方、充满天地，但是，国内老百姓怎么没得着您什么好处呢？”董仲舒自问自答：“国内老百姓之所以没能像海外小国那样感受到您的恩德，那是因为您的心思没在老百姓身上啊。”

按照“以德治国”的逻辑，如果皇帝想要恩加于百姓，先要端正自己，然后把自身的光芒辐射到一众官员身上，官员们受到了圣光的感染，便也越来越道德，越来越圣洁，最后再各自在各自的地盘上发出圣光，辐射到老百姓的身上。这用禅宗的诗境来说，就叫作“一波才动万波随”。

所以，董仲舒继而提倡教育，提倡道德的吏治，他给地方官下的定义是：从省级干部到县级干部，都是人民的导师，是人民的表率，秉承皇上的恩泽进而宣化下民；如果导师是坏导师，表率是坏表率，那么皇上的恩泽可就遇到瓶颈了。董仲舒感慨现实："现在这些地方官呀，既不好好担负起教化人民的责任，又没有认真执行皇上的法令，暴虐百姓，专和坏人扎堆，从中牟取私利，致使弱势群体中常常有人流离失所，被屈含冤。于是乎阴阳错乱，天地间充满怨气，老百姓越来越难活了。这都是因为地方官不地道啊！"

董仲舒指出了办教育和选拔人才的办法，建议让诸侯和地方高官定期推荐贤才，这一招可开了后世科举制度之滥觞。董仲舒说："皇上您就照我说的去做，过不了多久您就是当代尧舜了。"

——大臣谏君经常拿出尧舜的大帽子，皇帝们也不知一代代地听厌了没有，我们这里倒值得关注一下地方政府的特殊角色，以便更好地体会一下"以德治国"的特殊逻辑。

地方官们不但是地方的君长，还是地方的导师，有时候也要兼一下地方的宗教领袖。让郑振铎来替我说两句吧："每一个县城，我们如果仔细考察一下，便可知其组织是极为简单的。在县衙的左近，便是土谷祠；和县长抗颜并行的便是城隍，也是幽冥的县官。还有文昌阁、文庙，那是关于士子的；此外，还有财神庙、龙王庙、观音阁等。差不多每一县都是如此的组织或排列着的。这还不和帝王之都的组织有些相同么？一县的县官，其责务便俨然是一位缩小的帝王。他初到任的时候，一定要到各庙上香。每一年元旦的时候他要祭天，要引导着打春牛……他们是具体而微的'帝王'；'帝王'是规模放大的'地方官'。他们两者在实质上是无甚殊异的。"㊾

郑先生把事情讲得过于绝对了些，但这段话仍不失为帮助我们理解德治逻辑的一把结实的梯子。

（三）

“天人三策”之三——“问鬼神”和“问苍生”并不矛盾——《搜神记》的怪力乱神——汤祷——龙图腾和龙王——端午节到底纪念谁?

汉武帝继续提问，这一回详细问到了天人感应之事。我们很多人都熟悉李商隐一首咏叹贾谊的七绝：“宣室求贤访逐臣，贾生才调更无伦。可怜夜半虚前席，不问苍生问鬼神。”这是感叹政治新星贾谊好容易又得到了汉文帝的召见，本拟有机会施展抱负，可汉文帝关心的却只是鬼神之事，并非天下苍生的福祉。

其实若说起大搞“封建迷信”，汉武帝比汉文帝可强出太多了，汉文帝再怎么着也不过是请个高知来问问情况，汉武帝却是把特异功能大师接二连三给弄到宫里，金银财宝不说，还把女儿往外赔。但是，从另外一层意义来看，“问鬼神”和“问苍生”并不矛盾，甚至还可以说是一事的两面，因为天和人是互相感应的：人世好了，就会天降祥瑞；人世坏了，就会天降灾异。这也就是说，当你发现UFO满天飞、麦田怪圈无处不在、妖魔鬼怪四处显灵、到处都有灵异事件发生的时候，你就应该知道，这都是国家政治没搞好闹的。

——反正董仲舒就是这么解释的，他一本正经地说：“这可不是我拍脑门拍出来的哎，我是有理论依据的。”他的这个理论依据，自然就是孔圣人的《春秋》。

董仲舒说：“孔子作《春秋》，上查天道，下验人情，网罗古事，考察现实。所以《春秋》所讥讽的，也就是灾害所侵犯的；《春秋》所憎恶的，也就是灾异所降临的。”

有人读到这里可能会大为不屑：“《春秋》怎么这么写呀，这还哪像是正史所为呀，还什么中国第一部编年史呢，哼，说野史还差不多！”

从历代官方说法来看，《春秋》原本还当真是部野史，因为孔子不过是个私立学校的校长，是没有权力来修治史书的。修史书是史官的职责，是官方的行为，从古至今都是如此，这也表现了历代官方对历史的重视。如果放任私家修史，你这么写，他那么写，一个人一个说法，也没有人来给敏感事件统一口径，这样的历史哪还有严肃性呢！所以，《孟子》里边提到孔子作《春秋》，说孔子感叹着“知我者《春秋》，罪我者《春秋》”，原因很可能就在这里，就是因为孔子自己也清楚自己这种私家修史的做法是一种僭越行为。

那么，如果真拿私家野史的标准来衡量，《春秋》大谈灾异似乎倒也说得过去。可事实上，这根本就不成为一个区分正史与野史的合理标准，因为在官方正史当中，灵异现象其实是无处不在的。当然，这也许是因为《春秋》对后世的影响力实在太大的缘故吧。

赵翼的《廿二史箚记》里专门有“《晋书》所记怪异一条”，

说："采异闻入史传，惟《晋书》及《南》《北史》最多，而《晋书》中僭伪诸国为尤甚。"这好像还真呼应了董仲舒的说法，在乱世最乱的时候，在三天两头有坏蛋僭越称帝的那些时代里，灵异现象总是在全国风起云涌。赵翼提到刘聪时代里，天上掉下来一块大陨石——现代科学告诉我们，地球上每天都得掉个一吨半吨的陨石，这没什么稀奇，可这块陨石稀奇的是：大家以为它是石头，走近一看，却是一大团肉？！哎呀，都说天上不能掉馅饼，这还真就掉下一个来，看来馅饼的皮儿是在和大气层的摩擦当中燃烧掉了。这一大团肉，长有三十步，宽有二十七步，几里之外都闻得见味道，更有奇怪的，这肉旁边还有哭声！

一件怪事的降临也许只是一系列怪事的开端，就在这个时候，刘聪的皇后生孩子了，生的是一对双胞胎，可惜不是人，而是一蛇一虎。这一蛇一虎伤人而走，大家去找，却在怪肉旁边找见它们了，而怪肉的哭声也奇怪地停了下来……

赵翼又举一例：干宝的《搜神记》，尽人皆知书里全是怪力乱神，可干宝其人在晋朝却是位出色的官方知识分子，他曾被皇帝委任编修国史，成就出一部《晋纪》，颇受好评，时人称之为"良史"。可就是这样一位出色的史家，家里边却出了一桩史笔难以描绘的灵异事件：干宝的爸爸很宠一个婢女，等爸爸死后下葬的时候，失去了靠山的婢女被妒火中烧的干家老妈活活推进墓中，就这么连活人带死人一块儿埋了。干宝那时候还小，不大懂事，也就没受太大的刺激。又过了十多年，老妈也死了，干家人安排合葬事宜，挖开了当初埋干宝爸爸的坟墓。这一挖，只见地底下场面骇人，那个婢女栩栩如生地趴在棺材上，就像活人一般。大家用车把婢女载回了家，过了一天，婢女竟然醒过来，回忆墓中生活，说干宝的爸爸对她很好，给她好吃好喝，两人恩爱非常。后来，干家把这婢女嫁了人（也许是不敢把这么一位奇人留在家里吧），她婚后居然还生了孩子。

单是这么一件事，倒也没什么太让人奇怪的，也许这婢女是个特异功能大师呢。可让赵翼感觉奇怪的是，这事居然是堂堂正正记载在正史《晋书》里的？！赵翼说：这事怎么想怎么不可信，但干宝正是因为自家出了这件怪事，这才四处搜罗灵异事件，编写出了《搜神记》来的。如果这是干宝瞎编的，他这不是自曝爸爸的隐私和妈妈的妒忌么，念过书的人是不会做这种事的呀。也许真是天地之大、无奇不有吧。

赵翼举例只是随手点检，而《晋书》里紧接着还记载了干宝家另外一桩奇事：干宝的哥哥曾经断了气，一连好几天，身体都僵硬了，后来却奇迹般地醒转，述说自己见到了鬼神，宛如一场大梦，不记得自己曾经死过。

——我现在深夜写字，写到这里也仿佛见了鬼：赵翼说的婢女复生事件确实《晋书》有载，可在《搜神记》里却没有这篇呀，只有两三个类似的故事而已。如果不是版本问题，那就真是见了鬼了！咳咳！

两晋南北朝天下大乱，正史里居然也鬼怪满街跑了，也许老天和人世当真有着什么奇妙的感应吧？当然，也许是写历史的人出于安全第一的考虑，不大着墨于人世而更多地着墨于鬼怪了。世界名著《鬼家村》也许就是这么写出来的吧？^_^

司马迁在《报任安书》里说过一句非常著名的话，说他写作《史记》是要“究天人之际，通古今之变，成一家之言”。这三句排比荡气回肠，很容易稀里糊涂就读过去了，如果细看一下，这个“天人之际”还能是什么意思呢？——要知道，司马迁可是在董仲舒门下听过课的，而且，以前的历史学家同时还得是天文学家。

进一步来说，很多人都知道“天人感应”是董仲舒提出来的，而事实上，这种观念由来已久，董仲舒不过是在一个恰当的时间、恰当的地点，作了一次恰当的阐发而已。那么，这种观念到底由来多久呢？嗯，至少在《春秋》里就已经有了。董仲舒在“天人三策”里论道：

孔子作《春秋》，上揆之天道，下质诸人情，参之于古，考之于今。故《春秋》之所讥，灾害之所加也；《春秋》之所恶，怪异之所施也。书邦家之过，兼灾异之变；以此见人之所为，其美恶之极，乃与天地流通而往来相应，此亦言天之一端也。古者修教训之官，务以德善化民，民已大化之后，天下常亡一人之狱矣。今世废而不修，亡以化民，民以故弃行谊而死财利，是以犯法而罪多，一岁之狱以万千数。以此见古之不可不用也，故《春秋》变古则讥之。

这段是说：孔子作《春秋》，上查天道，下证人事，参考历史，分析现实。所以《春秋》所讥讽的，也就是灾害所侵犯的；《春秋》所厌恶的，也就是怪异所降临的。孔子是把国家的过失与灾异现象写在一块儿的，以此来彰显善恶。古代掌管文教的官员致力于以道德感化万民，人民全被感化之后，监狱里也就一个人都没有了。而现在，古风不存，人民得不到教育感化，心里已经没有仁义了，为了赚钱可以连命都不要，所以犯法的人才这么多，一年里边摊上刑事官司的人就有成千上万。这样看来，古法是不可不用的，所以《春秋》对改变古代制度的事情总是大加讥讽的。

董仲舒在这重要的一段里暴露了三个问题。一是他的“天人感应”理论来自《春秋》；二是《春秋》的核心精神之一是“复古”；三是露了狐狸尾巴——前边一直都说秦朝法制横行，刁民逐利犯法，结果一不小心说漏了嘴，敢情汉朝如今也是这样啊！

还是着重说说第一个问题好了：《春秋》当真是大讲“天人感应”吗？既然都说《春秋》是孔圣人所作，而孔圣人又一贯“敬鬼神而远之”，一贯“不语怪力乱神”，那《春秋》难道真会讲什么灾异吗？

——这还的确是真的。

《春秋》记事非常简略，一年的事情也统共不过几句话（前边咱们已经见识过了），全书一共也不过一万多字，可对日蚀就记了好几十次，另外还有不少对彗星、流星雨等等“怪异”天象的记载。天上如果发生了什么不寻常的事情，人间可就真得好好地捉摸捉摸。

那么，《春秋》就是“天人感应”的源头么？

——也不是。我们看看《论语》最后一篇“尧曰篇”里有这样一段：

予小子履，敢用玄牡，敢昭告于皇皇后帝：有罪不敢赦。帝臣不蔽，简在帝心。朕躬有罪，无以万方；万方有罪，罪在朕躬。

这里的“予小子履”就是商朝的开国之君商汤，这段话是他在一次祭祀活动当中的重要讲话：“我用黑色的公牛献祭，告诉伟大的上帝：有罪的人我不敢擅自赦免，您的仆人我对您老人家不敢有任何隐瞒，这您是知道的。我如果有罪，您就惩罚我一个，别牵连天下人；天下人如果有罪，都由我一个人承担！”

对这段话的解释历代专家们是有些分歧的，我这里姑取一说，大意不差。虽然有人怀疑“尧曰篇”晚出，但这里的思想似乎倒也与孔子相合。《论语》这种语录体的东西有一点很讨厌：经常不给出上下文，只是孤零零一句话拿出来让人去猜。好在这事在其他书里另有记载，让我们可以一窥端详。

——有趣的是，如果说这事《论语》有载、不属于“怪力乱神”吧，可偏偏《搜神记》这部“怪力乱神大全”里也有收录：

汤既克夏，大旱七年，洛川竭。汤乃以身祷于桑林，翦其爪、发，自以为牺牲，祈福于上帝。于是大雨即至，洽于四海。

《搜神记》讲得非常简洁：商汤灭了夏朝之后，连续遭逢七年干旱，洛水枯竭。商汤剪掉指甲和头发，以自己的身体为牺牲，在桑林中向上帝祈祷。大雨立刻降下，全世界都得到了滋润。

其实这个故事在古代文献里非常常见，《搜神记》是比较晚的，早些的还有《墨子》和《国语》等等。也许正因为商汤也是儒家吹捧的圣王之一，而天和人又可以如此感应，所以流风绵延到秦、汉以后，直到晚清、民国，皇帝要祭天、祭地、祭祖，也要这样作作自我批评——“朕躬有罪，无以万方；万方有罪，罪在朕躬”，这句话成为了皇帝们的经典台词。当然，皇帝如果这么说，大家听了自然也会舒舒心，可皇帝心里是否真这么想，这却要打个大大的问号了。

可能有人早就怀疑了：“旱灾就旱灾好了，不过饿死一批草民罢了，只要加强管制、加强宣传，连哄带打别让他们闹事就行了。商汤一国之君，难道一遇到自然灾害还真拿自己当牺牲啊？！——什么是‘牺牲’，就是献给神的祭品，一般都用猪、牛、羊，是要活活杀掉的。商汤这要么就是当真感动上帝了，要么就是运气好，可如果在他祈祷完毕却还是没有下雨，他这一国之君的小命难道还真会丢在这里不成？董仲舒对汉武帝大谈天人感应，如果哪天汉朝也闹旱灾了，汉武帝也学着商汤的榜样去祈祷，万一不灵，难道汉武帝就这么死了？两千多年来这么多皇帝，到底有几个是真把自己作牺牲而死在祭坛上的？！”

是呀，这事仔细一想，确实处处透着荒诞。商汤的事迹渺茫难考，随便那些知识分子怎么说就怎么是，看来我们也只能拿它当故事听了。这也就是说，在后世如此重要的一个理论/行动，竟是部分地扎根在一则虚构的故事之上？！

事情也许并非如此。在那个遥远的年代，这个故事也许确实是合情合理的。郑振铎有一篇《汤祷篇》，把这个问题说得很透。

郑先生不愧是搞文学出身，在《汤祷篇》的一开始，就以文学的笔法渲染了全部的汤祷场面，说连年干旱，搞得人心惶惶，于是——

没有下田或采桑的男妇，他们都愁闷的无事可作的聚集在村口，窃窃的私语着。人心惶惶然，有些激动。左近好几十村都是如此。村长们都已到了城里去。

该是那位汤有什么逆天的事吧？天帝所以降了那末大的责罚，这该是由那位汤负全责的！

人心骚动着，到处都在不稳的情态之下。

来了，来了，村长们从城里拥了那位汤出来了。还有祭师们随之而来，人们骚然的立刻包围上了，密匝匝的如蜜蜂的归巢似的，人人眼睛里都有些不平常的诡怪的凶光在闪露着。

看那位汤穿着素服，披散了发，容色是戚戚的，如罩上了一层乌云，眼光有些惶惑。

太阳蒸得个个人气喘不定。天帝似在要求着牺牲的血。

要雨，我们要的是雨，要设法下几阵雨！

祷告！祷告！要设法使天帝满足！

该有什么逆天的事吧？该负责设法挽回！

农民们骚然的在吵着喊着；空气异然的不稳。

天帝要牺牲，要人的牺牲！要血的牺牲！我们要将他满足，要使他满足！——仿佛有人狂喊着。

要使他满足！如雷似的呼声四应。

那位汤抬眼望了望；个个人眼中似都闪着诡异的凶光。他额际阵阵滴落着豆大的黄汗，他的斑白的鬓边，还津津的在焦聚汗珠。

诸位——他开始喊叫，但没有一个听他。

抬祭桌——一人倡，千人和，立刻把该预备的东西都预备好了。

堆柴——又是一声绝叫，高高的柴堆不久便竖立在这大平原的地面上了。

那位汤要喊叫，但没有一个人理会他。他已重重密密的被包围在铁桶似的人城之中。额际及鬓上的汗珠尽望下滴。他眼光惶然的似注在空洞的空气中，活像一只待屠的羊……[50]

七十年前的白话文现在读起来倒别有一番风味。郑振铎“逼真再现”了商汤的那一次影响深远的桑林祷告，我就简洁一些来复述好了：后来，商汤被推上了柴堆，诚心诚意地向上帝祷告——这时候他没法不诚心诚意，因为当真若再不下雨，祭师和村长们就该在柴堆上放火了。

也不知道是商汤的诚意感动了上帝还是事有凑巧，就在千钧一发之际，终于下雨了，商汤于是在众目睽睽之下，被祭师和村长们护拥着走下柴堆，享受着人们的欢呼。

——这事在我们看来实在匪夷所思，难道帝王祭祀就是这么搞的吗？真要是雨下得再晚一些，商汤还不就真被烧死了？可没听说过秦皇汉武们这么搞过呀！这样的领导谁敢作呀？试想一下，如果董仲舒这么样让汉武帝去搞“天人感应”……

但是，郑振铎这里绝非小说家言，在“逼真再现”之后就是详实的考据工作了。我们也跟着他的考据来看看事情到底是怎么回事。

郑老师先是讲了历代专家对汤祷一事的分析质疑，质疑得最为有力的要算清代的辨伪大家崔适。崔适广征博引，认为此事太过不合情理，他赞同明人李九我的逻辑：“商汤是位著名的圣王，兢兢业业治理国家，难道上帝看不见他终日的辛劳，却只相信他两句话的祈祷词？上帝这也太没头脑了吧！”

李九我这番话非常有力，但这在解决了旧问题的同时，却带来了新问题：既然上帝是有头脑的，既然“天人感应”是确实存在的，那么，像七年大旱这样的超级自然灾害只应该降临在暴君当政的时代，却怎能出现在圣王统治的时期呢？

是呀，这可真难回答了。我们想想，刚才讲过两晋南北朝灾异频频，分明是昭示乱世；如果大臣向皇帝进谏，也常会借灾异来说这是老天爷在发警告了。所以，“天人感应”理论的逻辑分明是：圣主有祥瑞，昏君有灾异。可到商汤这个例子上，怎么却讲不通了呢？

照理说，如此重要的一个问题，是不可能留到明清才让人研究的，董仲舒要圆上自己的理论，必然要对这个问题作一个完满解答，不然的话，一经其他学者问难，张口结舌答不上来，这个面子可就跌大了。

董仲舒自然给过解答，崔适自然也没有忽略，他说：“董仲舒当年是这么说的：商汤时期的超级旱灾不是商汤招来的，而是上任夏朝暴君夏桀留下来的余虐。”

——这么说也很有道理哦，我们都知道上古时代有两个著名的暴君，一个是夏朝的末代君主夏桀，一个是商朝的末代君主商纣。夏桀实在太坏了，搞到天怒人怨，所以，商汤虽然推翻了他，建立了全新的商朝，可夏桀留下来的烂摊子不是一下子就能清理干净的。

我还得再插一句：古人的引述一般并不像现代人这样严谨，经常不核查原文，只凭记忆一写，大意差不多就行。所以呢，崔适这里引的董仲舒的说法并不是人家的原话，在《春秋繁露·暖燠常多》，董仲舒说的是：

禹水汤旱，非常经也，适遭世气之变而阴阳失平，尧视民如子，民视尧如父母，《尚书》曰："二十有八载，放勋乃殂落，百姓如丧考妣，四海之内，阏密八音三年。"三年阳气厌于阴，阴气大兴，此禹所以有水名也。桀，天下之残贼也，汤，天下之盛德也，天下除残贼而得盛德大善者，再是重阳也，故汤有旱之名，皆适遭之变，非禹汤之过，毋以适遭之变，疑平生之常，则所守不失，则正道益明。

这段是说：商汤时期的大旱只是特殊情况罢了，与此相同的还有大禹时代的洪水，都是起因于世道变化而产生的阴阳失调。话说尧圣人当领导的时候，把人民群众当成儿女一样，人民群众也把尧当成父母一样。《尚书》里说："尧死的时候，老百姓们都悲哀得像死了亲爹亲妈一样。这悲哀的情绪弥漫在四海之内，没有了音乐，也没有了娱乐，就这样一连过了三年。"——看，一连三年啊，这三年里，阳气一直被阴气压抑，阴气盛行，所以后来才有全国范围的大洪水了，所以才有了后来的大禹治水。商汤大旱的道理也是一样：商汤改朝换代，灭了夏桀，而夏桀是天下头号大坏蛋，灭了他就导致阳气旺盛；商汤是天下头号大好人，他掌了权，使盛德布满天下，这也是促使阳气旺盛的。而同一时间里阳气全都旺在一起了，这就像人上火一样，所以就有了大旱了。（熊逸按：这两句原文有些费解，加之我的水平有限，解释得不一定准确，但想来大意应该不差。）所以呢，大禹时代的洪水和商汤时代的大旱都是事出有因的，偶然而已，并不证明大禹和商汤不够圣王的标准。

这就是董仲舒的经典解释。看似说得很圆，可如果较真一下的话，如果汉武帝的时候天降灾异，完全可以托词说那是秦始皇暴政的余虐呀。这天人之间的感应如果不一定是即时生效的，很多事情可就真都说不清了。

可惜崔适没和董仲舒生活在同一个时代，不然的话，他去问难一番，肯定很有看头——崔适对董仲舒的解释明显抱持不屑的态度，他说："按您董老这个逻辑，嗯，商纣和夏桀可是同一个级别的坏蛋，那为什么武王伐纣那次改朝换代就没有商纣的'余虐'呢？那时候可是丰年啊！看来这事不可信，商汤以己身为牺牲的说法尤其不近情理。"

崔适的问难似乎言之成理，但郑振铎批评崔适说：不该以后人的常识来判断古代事情的有无。

郑振铎这话很是在理，每个时代都有各自的社会风俗和道德观念，文明开化程度也不相同。郑振铎举了两个《史记》里以活人来做牺牲的事情：一个是妇孺皆知的魏国西门豹治邺为河伯讨老婆，一个是"六国年表"里的"秦灵公八年，初以君主妻河"。

可郑先生的这两个例子似乎并没有足够的说服力。以活人来作牺牲，这在古代并没有什么新鲜的，后世打仗还常有杀人祭旗的呢，要举例子一定得举以国家领导为祭祀牺牲的事情才好。

那么，"初以君主妻河"，好像有点儿这个意思，是不是说：把国君扔到河里给河伯当老婆？——怪怪的哦？

同一个词，古代也有，现代也有，可意思不同，读起来最是让人糊涂。古人说“君主”通常并不是在说国家最高领导人，而是说“公主”。所以，“秦灵公八年，初以君主妻河”，意思就是：在秦灵公八年，开始以公主作河伯之妻。估计就是把公主给沉到河里去了。

郑振铎给出的更有说服力的例子却是外国的事情：

希腊古代神话里，曾有一个可怖的传说：Athamas做了Achai地方的国王。古代Achai人在饥荒或瘟疫时，常要在Laphyatius山的高处，把国王作为牺牲，献给Zeus。因为他们的先人告诉过他们，只有国王才能担负了百姓们的罪：只有他一个人能成为他们的替罪的，在他的身上，一切毒害本地的不洁都放在他们身上。所以，当国王Athamas年纪老了时，Achai地方发生了一场大饥荒；那个地方的Zeus祭师，便将他领到Laphyatius山的高处而作为Zeus的牺牲……我们的汤祷的故事和此是全然不殊的。汤的祷词：“余一人有罪，无及万夫，万夫有罪，在余一人”的云云，也可证其并不是什么虚言假语。

后来的帝王，无论在哪一国，也都还负有以一人替全民族承担的灾患的这种重大责任。我们在希腊大悲剧家Saphocles的名剧《Oedipus the King》里，一开幕便见到Thebes城的长老们和少年人，妇人们，已嫁的和未嫁的，都集合于王宫的门前，有的人是穿上了黑衣。群众中扬起哭喊之声，不时的有人大叫道：

“奥狄甫士！聪明的奥狄甫士！你不能救护我们么，我们的国王？”这城遭了大疫，然而他们却向国王去找救护！但在比较文化进步的社会里，这一类的现象已渐渐的成为“广陵散”。国王也渐渐的不再担负这一类的精神上的或宗教上的大责任了。然而在我们的古老的社会，却还是保存了最古老的风尚，一个国王，往往同时还是一位“祭师”，且要替天下担负了一起罪过和不洁——这个不成文的法律到如今才消灭了不久！[51]

回顾一下郑老师的意见，嗯，他有些话说得不够严密，比如商汤时期未必就真有什么城乡之别，但他的意见确实给人以很大的启发。这样看来，董仲舒在文明社会里提出的“天人感应”理论，其源头竟然有可能是原始氏族社会的风俗习惯——虽然时代早就变了，世界早就变了，但人在思想上总还有些胶柱鼓瑟的意思。更加要命的是，当事人往往对此浑然不知。——这样的事，无时无刻不在历史和现实当中发生着。

郑振铎很好地解答了汤祷问题，但作为读者的我们，很容易又从此产生出一些新的疑问。比如说吧，疑问之一：传统上，求雨不都是向龙王来求吗，为什么商汤是向上帝来求呢，这时候龙王在干什么呢？疑问之二：郑先生的这句话“因为他们的先人告诉过他们，只有国王才能担负了百姓们的罪：只有他一个人能成为他们的替罪的，在他的身上，一切毒害本地的不洁都放在他们身上”，读着虽然不太通顺（可能是编排有误吧），但猜想其中心意思应该是说国王身上担负了全部老百姓的“毒害本地的不洁”——如果这样的话，国王岂不是成了麻风病人的角色，人们的合理逻辑应该是：既然我们所有的“不洁”都在他一个人身上了，那么，把他给烧死（或者用其他什么类似的办法处死）不就同时也把所有的“不洁”

都消除了吗？疑问之三：等社会发展了，国王的权力更大了，国家机器更厉害了（比如董仲舒及其以后的时代），国王（或皇帝）如果也面临商汤当时一样的巨大灾异，并且祭祀无效的话，那又会面临怎样的结果呢？反正肯定不会真被扔到柴堆上烧死的吧？（至于商汤为什么要剪掉头发和指甲，深究起来也颇有一些意义，不过我就不扯那么远了，有兴趣的人可以看看江绍原的《发须爪——关于它们的迷信》。）

先来说说“疑问之一”。

如何求雨，这在古代农业大国可当真是件大事。商汤的求雨看上去并没有太高的技术含量，可到了董仲舒这里，运用《春秋》精神，杂糅阴阳观念和五行观念，专门写了一篇“求雨篇”（《春秋繁露·求雨》），整个儿就是一篇《求雨实用操作技术手册》。因为内容太多，我只好简要讲讲：

原则上说，求雨一定要闭住阳气、释放阴气，在人间搞出阴盛阳衰的效果，上天被人间的阴气感应，就该下雨了。这个原理如果应用到现代社会，我们可以说，为什么这些年总有大雨，总有洪水，都是因为女子体育项目经常出彩，可男足总也踢不出亚洲。

董仲舒的求雨方法在操作上是极其复杂的，[52]比如，春天在求雨期间禁止砍伐山林，把侏儒聚到一起，把女巫暴露在太阳底下晒着，建坛挂旗等等，祭祀共工，找来三岁大的雄鸡和公猪，烧烤完后放在神庙里，关南门，在门外放好水，开北门，门外放一头公猪……如果真下了雨，就以一头猪来答谢老天爷。（看来老天爷也真够没出息的，闹了半天原来就是贪一头猪吃？！）

那，龙王呢？为什么是祭祀共工，而不是祭祀龙王呢？

答案是：龙在这时候还没有成为“王”呢。[53]

当然，求雨不是单单祭祀共工，而是春天祭祀共工，夏天祭祀中雷，秋天祭祀少昊，冬天祭祀玄冥。——反正说到底也没有龙王什么事。

没有“龙王”却有“龙”。在董仲舒的求雨设计里，确实有不少工作是要龙来担纲的，但龙只是被用来舞的，并不是被高高地供奉起来的，这也就是说，那些酒肉祭品龙是一点儿也吃不着的。

春夏秋冬舞的龙各不一样，哪一天开始舞、舞多长时间等等，这里边有很多繁琐的技术细节和规矩讲究，搞仪式正是儒家之所长啊。

我们现在熟悉的龙的形象基本就是在这个时候确定起来的。据阎云翔反驳闻一多“龙图腾”的说法：“……无论如何也不会发生蛇氏族在不断的征服过程中也不断地将被征服者之图腾融于自己的图腾物上的事。这是现代人想象出来的征服者历险记，缺乏人类学报告的证明。……所谓具有多种动物特征的龙之定型不会早于汉代。只是从西汉开始，龙的形象才逐渐趋于统一，而在此之前，除了长身之外，龙的其他部分变化万千，互不相同。”[54]（顺便一提，在2006年末，有所谓专家否定龙图腾的事成了热点新闻，其实正如“引子之一”所说的，新问题常是老问题，阎老师在他这篇文章里就详细论证过这个问题，其中讲到：“在远古时候，中国的土地上由一个龙图腾的华夏民族代表着中国文化，这种说法可能适应现代人的心理，但并不符合事实。”[55]——这篇文章原载于香港《九洲学刊》1988年第2卷第2期，差不多是二十年前的旧事了。（阎云翔“无论如何也不会发生蛇氏族在不断的征服过程中也不断地将被征服者之图腾融于自己的图腾物上的事”这句话如果辅以涂尔干的图腾考察，也许蛇图腾被拆分成蛇头图腾和蛇肚子图腾才是更近情理的，况且土著们的图腾通常只是平常事物而已。）如果前推一百年，还有更能激怒大众的说法呢——“章鸿钊先生认为中国的龙就是西方文化中的毒龙（Dragon），约在黄帝时期传入中土。”[56]章文详见1919年北京法轮印刷局（别误会哦）出版的《三灵解》。当然，这个说法现在已经不被专家们当真了。）

看来西汉时代对于龙来讲是一段重要的日子。及至东汉，富有刺儿头精神的大学者王充论证黄帝不曾升天仙去，所着力攻击的一个重点就是黄帝乘龙的传说。王充说：“龙是不能真正升天的，它们只是随雨云而起，又随雨收云散而落入深渊罢了。如果黄帝当真骑上龙了，那等雨停的时候还不和龙一起落到深渊里了？”[57]

龙终于变成操纵降雨的神物而获得官方的祭祀，这大概始于六朝隋唐，到了宋朝就相当普遍了。龙忍了这么多年，总算可以吃上丰盛的祭品了，地位提高了就是不一样呀。这真是货真价实的“多年潜龙勿用，一朝见龙在田”。但饱餐祭品的龙未必就真的快活，因为宋朝人祭祀的神灵实在太多了，龙混在芸芸众神里边毫不显眼。这就像我们的小学生争取入队，好容易戴上红领巾了，却发现全班已经成为“红领巾班”了。——单说求雨要祭祀的神灵们，说出来简直就像开玩笑，比如有子张和子夏，这两位都是孔子的学生，还有神医扁鹊，也不知道这些人和下雨究竟有什么联系，最搞笑的是，这里边居然还有单雄信，听过评书《隋唐演义》的应该都熟悉这位英雄吧？[58]

后来，历元、明、清三代，龙的地位越来越高，而龙的地位到达顶峰还得说是在近现代：闻一多率先提出龙为图腾[59]，但他的论证并不足够有力，自然也没有成为定论，直到很近很近的时候，归功于一首歌曲的流行，国人普遍认同了“龙的传人”这一充满感情色彩的说法，龙也许终于算是修成正果了。至于董派的求雨技术，也一直沿用到近代——1927年6月，北京某地绅商联合各界求雨三天，《世界日报》的报导是：“是用寡妇二十四名，童男女各十二名，并用大轿抬了龙王游行，用人扮成两个忘八，各商家用水射击他，鼓乐喧天，很是热闹。”当时周作人看着这个消息，大惑不解：“……那些家伙是什么用意呢？水淋甲鱼，大约是古时乞雨用蛇医的遗意，因为他是水族，多少与龙王敖广有点瓜葛，可以叫他去转达一声。那个共计四打的寡妇童男女呢？我推想这是代表‘旱’的吧？经书上说过‘若大旱之望云霓也’，或者用那一大批人就是表示出这个意思来的？”[60]——我们对照一下董仲舒的《春秋繁露·求雨》，[61]就能解一些周作人之惑了。不过，周作人的困惑正好说明了古老传统在经历了漫长的时间之后，很多本意都已经湮灭不清了，在细节上也慢慢发生着变化，比如，汉朝可没有什么龙王敖广的——舞龙求雨虽然不假，可龙只是一个配角，真正的主角当是女巫，而当女巫退出了社会主流之后，龙的地位就开始上升了，毕竟一出戏总是得有人唱主角的。

再来看看疑问之二，回顾一下问题先：郑先生的这句话“因为他们的先人告诉过他们，只有国王才能担负了百姓们的罪：只有他一个人能成为他们的替罪的，在他的身上，一切毒害本地的不洁都放在他们身上”，读着虽然不太通顺（可能是编排有误吧），但猜想中心意思应该是说国王身上担负了全部老百姓的“毒害本地的不洁”，如果这样的话，国王岂不是成了麻风病人的角色，人们的合理逻辑应该是：既然我们所有的“不洁”都在他一个人身上了，那么，把他给烧死（或者用其他什么类似的办法处死）不就同时也把所有的“不洁”都消除了吗？

——这是一个合情合理的逻辑，我们可以参考一下五月初五端午节的龙舟竞渡。

先提一个小小的、或许不是问题的问题：龙舟竞渡是为了什么？

呵呵，这问题如果是一个白痴来问，那就是一个十足的白痴问题，可是由我来问，必然是有缘由的。^_^

龙舟竞渡源出屈原投江，最早的记载应该是南北朝时代的一本笔记，叫作《荆楚岁时记》。人们引述龙舟出处往往会追溯到这本书，说当年荆楚百姓划船去寻屈原，于是留下了这个风俗。但《荆楚岁时记》并没有把这个说法当作定论，书中还谈到了另外一个说法，说事情不是源于屈原，而是源于伍子胥。

——对这个问题很多专家都作过考证，我这里只简要谈谈江绍原的《端午竞渡本意考》。[62]

江先生说，端午竞渡的来历在文献里有很多不同的记载，吴人认为是源于伍子胥，楚人认为是源于屈原，越人还认为是源于勾践，都拿自己地方上的名人说事。——看来这种风气不是现在才有的，而是古已有之呀！

认真考证一下，竞渡风俗可能和以上三位名人都没什么关系，而是为了禳灾。江先生的重要依据是《古今图书集成·岁功典·武陵竞渡略》，书中说道：划船直奔下游，烧祭品，把酒倒进江里搞仪式，诅咒一切灾害、瘟疫、妖孽，煞是热闹。竞渡完后，人和船还是要回来的，可回程的景象却和竞渡恰成对照：也不张旗，也不打鼓，偷偷把船划回来，拖上高岸，还要拿东西给盖住。今年的事就算完了，再搞就要等来年了。如果有人生病，还会用纸做成龙舟的样子，拿到水边给烧了。

配合龙舟竞渡的，还有一大堆的巫术活动，所作所为怎么看怎么都像禳灾，却看不出纪念活动的样子，更看不出和屈原有什么关系。[63]至于五月初五这个时间，事实上也并非各地普遍遵守的，还有五月初一、十五、十七，或者其他日子，惟一相同的是：全在五月。

再往下考察，发现五月在传统上一直被认为是个不好的月份，禁忌很多，究其原因，大概是人们发现夏至以后白昼渐短、黑夜渐长，是谓阴盛阳衰，于是心存畏惧。再往下推论，如果五月是个“恶月”，那么，也许“五”这个数字不大吉利，那么，两个“五”叠在一起应该更不吉利才对，于是，五月初五尤其为人所忌。（哦，五十五可明明是大衍之数哎！）——江先生没有讲到的是，第一，还有一些地方把五月初五当作介之推被烧死的日子而加以纪念，风俗是一连三天不生炉子，只吃冷饭，这看来是和寒食节的传说混在一起了[64]；第二，把五月初五视为不吉，在史料里不乏例证，比如孟尝君据说就是这一天出生的，所以一直不受爸爸待见，晋朝有个将军叫王镇恶，为什么爹妈给起了“镇恶”这么个名字，就是因为他生在五月初五，《风俗通义》明确记载，说这天出生的孩子，男孩会害爹，女孩会害妈。

王充《论衡·四讳》也说过这事，拿孟尝君举例子，说俗传在正月和五月出生的孩子会杀父母，又说这传说由来已久，并给出了一个尝试性的解释。[65]我还曾见《南社诗集》里郁庆云《东京柳枝词》，其中有“五月蒲人解辟邪，更开黄屋建高牙。生儿不相淮阴背，赤帜分明属汉家。”词下小注：“俗生儿于五月五日，张大帜曰五月帜。”看来近代日本竟也有这个风俗，却不闻纪念，只见辟邪。

——如果你自己或是你的孩子恰好也是五月初五出生的，那你就当我前边这些话没说好了，只要记得自己生在满怀伟大爱国主义情操的端午节就好。

不过呢，如果我们较真一下，这个五月初五的传说，当初从风俗传说上或许当真属于不祥的日子，但从历史查看却未必如此：孟尝君不就是一个典型的反例么，还有汉朝的王凤，也是这一天出生的——据《西京杂记》说，父母本来顾忌风俗传闻，不敢养他，是王凤的叔叔举出了孟尝君的例子，这才把孩子抚养起来，结果这位王凤后来非常发达，权势和地位就像是包青天故事里的那位著名的庞太师。

我还曾不止一次地在国外人类学作品中看到过以下的说法，或许多少也有一些参考价值：部落里的人因为生活资料匮乏而不得不杀死婴儿，这到底是个残忍的做法，于是他们发明出来一些折衷的办法，比如规定出吉利的日子和不吉利的日子，在吉日出生的孩子就让他活下去，在不吉利的日子出生的孩子就被杀掉或者被抛弃在森林里。而即便社会已经发展得使杀婴或弃婴行为变得毫无必要了，这类行为还是会顽固地以风俗或仪式等等形式被虔诚地传承下来，虽然谁也不知道为什么要这样做。嗯，这或许正是“路径依赖”的强大作用——伟大的经济学家亚当·斯密在他的伦理学著作《道德情操论》里这样说到：“遗弃婴儿，即杀害新生婴儿，是几乎在全希腊、甚至在最有教养和最文明的雅典人中间都被允许去做的事；无论什么时候，父母的境况使他们难以把这个婴儿养大，从而把他遗弃在外任其挨饿，或者被野兽吃掉，都不受到责备或非难。这种做法可能始于最野蛮的未开化时代。人们在社会发展的最初阶段就已熟悉了这种做法，对这种习惯做法始终如一的承袭，妨碍了后代的人去察觉它的残暴。”[66]——“习惯做法始终如一的承袭”，这是后文将要说到的一个重点。

——好了，对第二个问题的解答只能到此为止，很难更进一步了。但以此来反溯汤祷的传说，似乎也能够给我们一些隐约的启发，虽然我们无法确切地说出如此这般或是如此那般。

再看疑问之三：等社会发展了，国王的权力更大了，国家机器更厉害了（比如董仲舒及其以后的时代），国王（或皇帝）如果也面临商汤当时一样的巨大灾异，并且祭祀无效的话，那会面临怎样的结果呢？反正肯定不会真被扔到柴堆上烧死的吧？

——简单来说，这问题的答案是显而易见的：如果事情当真如此，谁还敢当皇帝呢！

如果深究个中原委，却也值得多费一些口舌。

先别说“等社会发展了”云云，只说商汤其人，他老人家当真那么窝囊吗？

《尚书》里边有一篇《汤誓》，是商汤准备讨伐夏桀时对手下人发布的总动员令，这可是真正的“重要讲话”：

王曰："格尔众庶，悉听朕言，非台小子，敢行称乱！有夏多罪，天命殛之。

"今尔有众，汝曰：'我后不恤我众，舍我穑事而割正夏？'予惟闻汝众言，夏氏有罪，予畏上帝，不敢不正。

"今汝其曰：'夏罪其如台？'夏王率遏众力，率割夏邑。有众率怠弗协，曰：'时日曷丧？予及汝皆亡。'夏德若兹，今朕必往。

"尔尚辅予一人，致天之罚，予其大赉汝！尔无不信，朕不食言。尔不从誓言，予则孥戮汝，罔有攸赦。"

翻译过来就是：大王说："大家都过来，听我讲话。不是我胆敢发难，实在是夏朝作恶太多，上帝命令我去消灭它。你们当中有人会说：'我们的大王不体恤人，为什么要我们荒废农活儿去打夏朝呢？'你们的想法我不是不知道，可这不是我想打仗，是上帝派我去打仗，我不敢违背他老人家的命令啊！

"你们当中还会有人不理解，说：'夏朝犯什么罪啦？'我来告诉你们吧，他们的领导夏桀驱使民力为自己建设都城，他们的人全都怨声载道，气愤地赌咒说：'你这个日头呀，赶紧完蛋吧，我们宁可跟你同归于尽！'啊，你们看看，夏桀够不够坏，所以我们非出兵不可！我们要解救那些生活在水深火热当中的夏朝人民！

"你们都得帮我才行，执行上帝的命令去讨伐夏朝。你们不会白辛苦，大王我是不会吝惜赏赐的。你们也别不相信我，我这人说话算话。当然，丑话也得说在前边，如果你们不守誓言，嘿嘿，我会让你们去当奴隶，我还会大开杀戒！你们掂量着吧，我是不会手软的！"

——嗯，大家看出疑点了没有？

在这篇《汤誓》里，商汤不但公然谎称上帝的命令，对手下人还有着相当大的生杀予夺大权，如果这篇“重要讲话”属实，汤祷一事就显得可疑了。反正，这两者实在难以并存。

而事实上，汤祷的传说和这篇《汤誓》其实都很可疑，张飞和李逵谁也别说谁黑。郑振铎对汤祷传说的结论是：“虽然‘旱’未必是‘七年’，时代未必便是殷商的初期，活剧里主人公也许未必便真的是汤，然而中国古代之曾有这幕活剧的出现，却是无可置疑的事。——也许不止十次百次！”

至于《汤誓》，专家们从文字的风格上觉得，这东西不大可能是商朝的货色，尤其不可能是商朝初期的，而且，从周代文献里看，《国语》引述《汤誓》，引的句子是“余一人有罪，无以万夫；万夫有罪，在余一人”，[67]正是汤祷传说里商汤的祷词，却不载于《尚书·汤誓》，而见于《尚书·汤诰》；《墨子》里引述《汤誓》，引的句子是“聿求元圣，与之戮力同心，以治天下”，[68]也是《尚书·汤誓》所无，却和《尚书·汤诰》里的“聿求元圣，与之戮力，以与尔有众请命”很是相像。

这时候却看出郑振铎的“不厚道”了，他考释汤祷传说，连《尸子》这样的冷门书都检索到了，却放着《尚书·汤诰》这等醒目的文献不予理会，也不知道是什么道理。我们查一下《尚书》，会发现“其尔万方有罪，在予一人；予一人有罪，无以尔万方”这句话在这里根本就不是商汤求雨的祷词，而且和求雨一点儿关系都没有！整篇“重要讲话”，是商汤灭掉夏朝之后返回首都，向同盟诸侯作的总结，说：“凡是归顺我商朝的诸侯，不能无法无天，要以遵纪守法为荣，以好逸恶劳为耻。如果你们做得好了，我不会隐瞒；如果我有了过错，我也不会原谅自己，上帝全都看得一清二楚呢。”紧接着的话就是那句“其尔万方有罪，在予一人；予一人有罪，无以尔万方”，联系上下文，这句话应该翻译成：“如果你们四方诸侯有了罪过，这是我的罪过；如果我有罪过，好汉做事好汉当，我不会连累人家。”

唉，先秦文献可真是一团乱麻呀。

乱子还没完，继续深究一下，又会发现《汤诰》似乎也不大可信，因为这篇文章仅见于“古文《尚书》”，却不见于“今文《尚书》”，八成属于伪作。

这笔糊涂账咱们暂且放过不论，反正专家们的基本意见是：《尚书》里的《汤誓》绝非原文，至于真假成分各占多少，那就真不好说了。“古文《尚书》”和“今文《尚书》”之别，背后是古文经系统和今文经系统之争，可谓是从汉到清两千年学术史上的第一大案，这里先放个话头，容后再讲。

话说回来，我们眼下的疑问是，商汤他们到底只是个大的氏族部落呢，还是已经有了比较成型的文明国家，这也不大好说。有一句流传极广、脍炙人口的格言，在现在的小学课本里我还见过，叫作“苟日新，日日新，又日新”，这话是“四书”中的《大学》引述的商汤时代一件器皿上的铭文。如果商汤时代能有如此深刻的道德箴言，想来文明程度已经相当之高了。可郭沫若对此起过疑心，他是金文专家，觉得商周两代金文多多，可拿道德箴言来作铭文的却绝无仅有。遗憾的是，这件器皿早已失传，没法拿实物来作验证了。郭沫若想来想去，终于发现，《大学》作者看到的那件青铜器应该是件残缺的东西，缺了顶上的一小部分，所以文字也就跟着残缺了，如果补上顶端的话，这句箴言就变成了“父日辛，祖日辛，兄日辛”，这就顺理成章了。[69]另一位专家徐宗元则认为这三句话是历代大儒读了错别字，应当是“考日辛，且日辛，兄日新”。总之，无论郭说还是徐说，这句古话读出来都是商王的世系，而绝非道德箴言。——呵呵，这可不怪我们见识浅，要知道，从东汉顶尖大儒郑玄到唐代顶尖大儒孔颖达，再到宋代顶尖大儒朱熹，对这句话全是按照道德箴言来解读的。还有一点要说的是，这件青铜器（如果当真存在的话）只能推断出是属于商代的，却不一定就是商汤本人或商汤时代的。

把时间再往后推，商周两代之中，高宗雉雊、帝乙慢神、宋景守心，这几个著名的故事我在《孟子他说》里都已讲过。再往后看，滑过十四年的短暂的秦朝，就到了汉朝了。现在我们知道，董仲舒的“天人感应”理论，阴阳五行学说，在当时并非全新的东西，并非突然间横空出世，而是早有了至少数百年、甚至上千年的历史铺垫，只有如此，董氏理论才能够水到渠成——这正是社会发展的一般规律，而在我们的传统当中，总是把发明权归到少数名人的身上，比如周公制礼作乐，而像礼乐这样的复杂的社会行为规范和政治框架，如果当真是全新的东西，恐怕一经使用就会全盘砸锅呢。